でも、古文読解からは逃げられないのだ

古文は絶対に読める

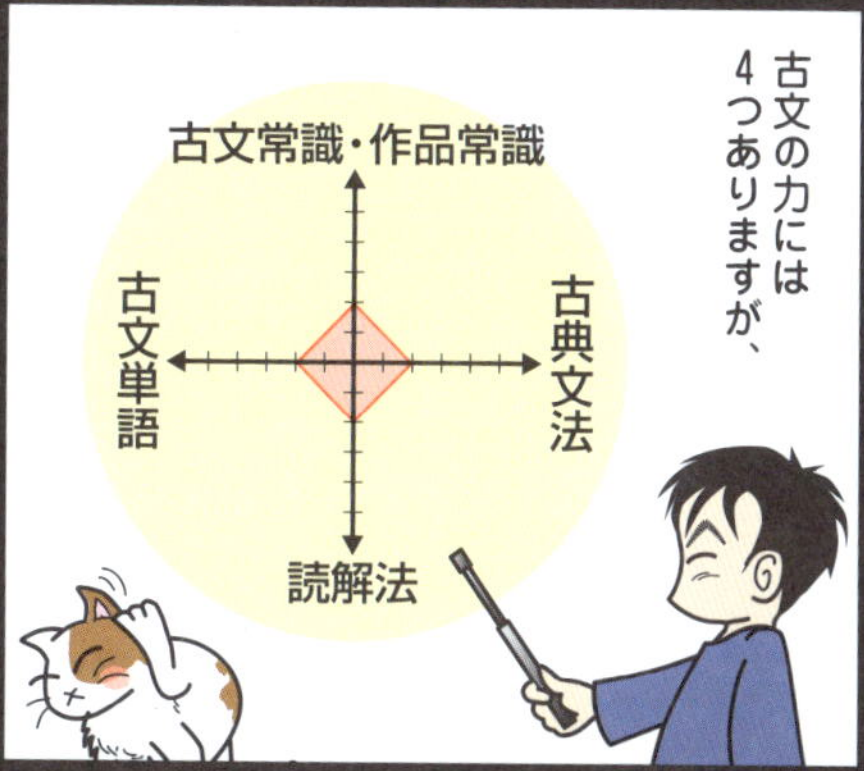


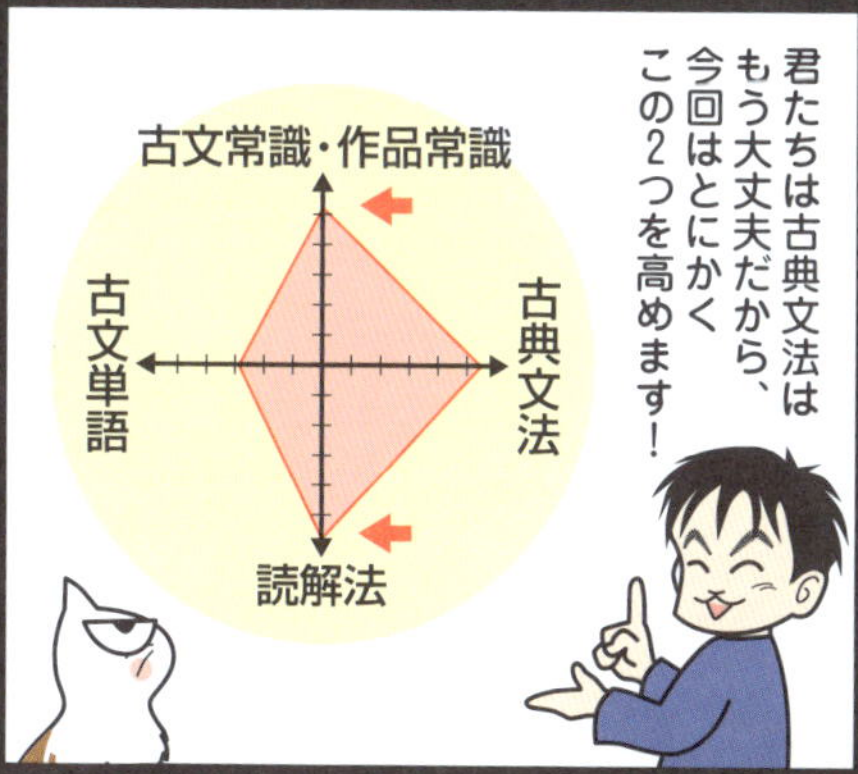


本当に読解力が伸びる

それを信じて、ボクたちは歩き出したのだ

大学受験
気鋭の講師シリーズ

# 富井の古文読解をはじめからていねいに

東進ハイスクール講師
富井健二

東進ブックス

あらすじ
ある日突然、鬼ヶ島からやってきた鬼たちがキクを誘拐。
大切な仲間を奪われた富井先生・ブタネコ・三日ネコは、キク奪還の決意を胸に、鬼ヶ島へ向かって今旅立つのだった――。
23
22
21
20
19
18
17
16
15
14
13
12
11
10
9
8
7
6
5
4
3
2
1
スタート

# はじめに

## マニュアルを身につけて、どんどん古文を読解していきましょう！ 結局、古文を読むことでしか、古文は得意になりませんよ!!

みなさんは古文という教科を攻略するために、どのような手段・やり方を想像しますか？

受験生は一様に、「古文単語と古典文法を身につけなければ」と最初に思い浮かべますよね。確かに古文は、単語や文法といった知識的な条件がそろっていないと、読み始めの一行目から何が書いてあるかが全くわからず、パニックになってしまう恐れがあるのも事実です。

ただ、単語や文法を一通り暗記しただけで、スラスラと古文を読解することができるのでしょうか。実際のところ、なかなかそうはいかないのです。なぜならば、古文単語も古典文法も、「文脈」を理解してはじめてその知識が生かされるからです。

例えば、次々と古文に出てくる古文単語の意味には色々ありますが、暗記した意味が一〇〇％そのまま使用されているとは限らず、結局はその文脈に合った意味をあてはめなければなりません。古典文法においても同じです。確かに助動詞の意味の決め方にはテクニックが存在しますが、最終的には文脈を考慮して意味を決定しなければなりません。つまり、**本書でやるような「読解法」を学び、どんどん古文を読んで文脈をつかむ力をつけなければ、単語や文法の知識を殺してしまう**ことになるのです。

受験生のみなさんを見ていると、単語や文法の知識を身につけるための時間は、もしかしたら私が受験生のときよりも多いのではないかとすら感じます。しかしその反面、そうやって覚えた知識を、実際の古文を読みながらどんどん使って確認していくという時間が非常に少ないように思われるのです。それでは古文の試験で合格点を取ることができません。単語や文法の意味をある程度チェックしたら、どんどんと古文読解をしていってほしいと思います。定着と実践の同時進行、それが古文の上達するポイントなんです。

さて、その古文読解ですが、そこには確固たる「読解法」なるものが存在します。本書では、ともすれば複雑・難解に感じられてしまうことの多いこの**古文読解法を、はじめからていねいに、最大限ビジュアルに解説**します。少しずつ無理なく進むスモールステップ方式ですので、次第に実力をつけていく感覚も味わっていただけるかと思います。本書を読み終えたとき、みなさんの手もとには古文の読解法が凝縮された別冊「**ビジュアル古文読解マニュアル**」が必ず残りますから、楽しみにしてついてきてください。

ちなみに、今回は本書の姉妹書『富井の古典文法をはじめからていねいに』で登場したブタネコ・三日ネコと共に、鬼ヶ島に鬼退治に行くという対話式ファンタジー仕立てになっておりますので、このネコたちをみなさん自らの姿に投影して学習していただければ幸いです。

古文は本当に楽しく、奥の深い教科です。古文読解の力がついてくるうちに、この科目の本当の魅力に気づくことでしょう。真の実力とは、真の興味のもとに宿るものなのです。

富井健二

# 本書の使い方

ハイ、みなさんこんにちは！
富井健二です！
ま、とにかくにも、
この本の使い方、
まずはこれを説明しますね！
まず、この本は本冊と別冊に分かれています！
富井の古文読解をはじめからていねいに
講師 富井健二
1年分の講義がこの1冊に！
古文常識・作品常識も一挙にマスター!!
本冊
別冊
あ、別冊は引っ張れば分離するにょね？
基本的に、ふつうに読んでいってください。高1生でもわかるように、古文の「読解法」をはじめからていねいに話していますからね！
STEP 2
主語同一用法
本冊

STEP 2
主語同一用法
ちなみにね、この本冊のこの下の部分にある脚注には、本文の補足説明とか、文学史的な面白い話とかを掲載してますから、なるべく飛ばさないで読むこと!
キクからのメールもありますしね
脚注
あと、本文の重要なポイント、つまり古文読解の「武器」となるポイントには、このようなマークが入ってますから、ここはしっかり覚えてください!
weapon
magic
key point
武器をたくさん身につけてボス鬼を倒すのだ!
本冊はとにかく読めばいいのだな? で、別冊は何に使うのだ?
?
おっ、いい質問ですね
別冊はね、簡単に言うと「本冊のまとめ本」なんですよ
別冊

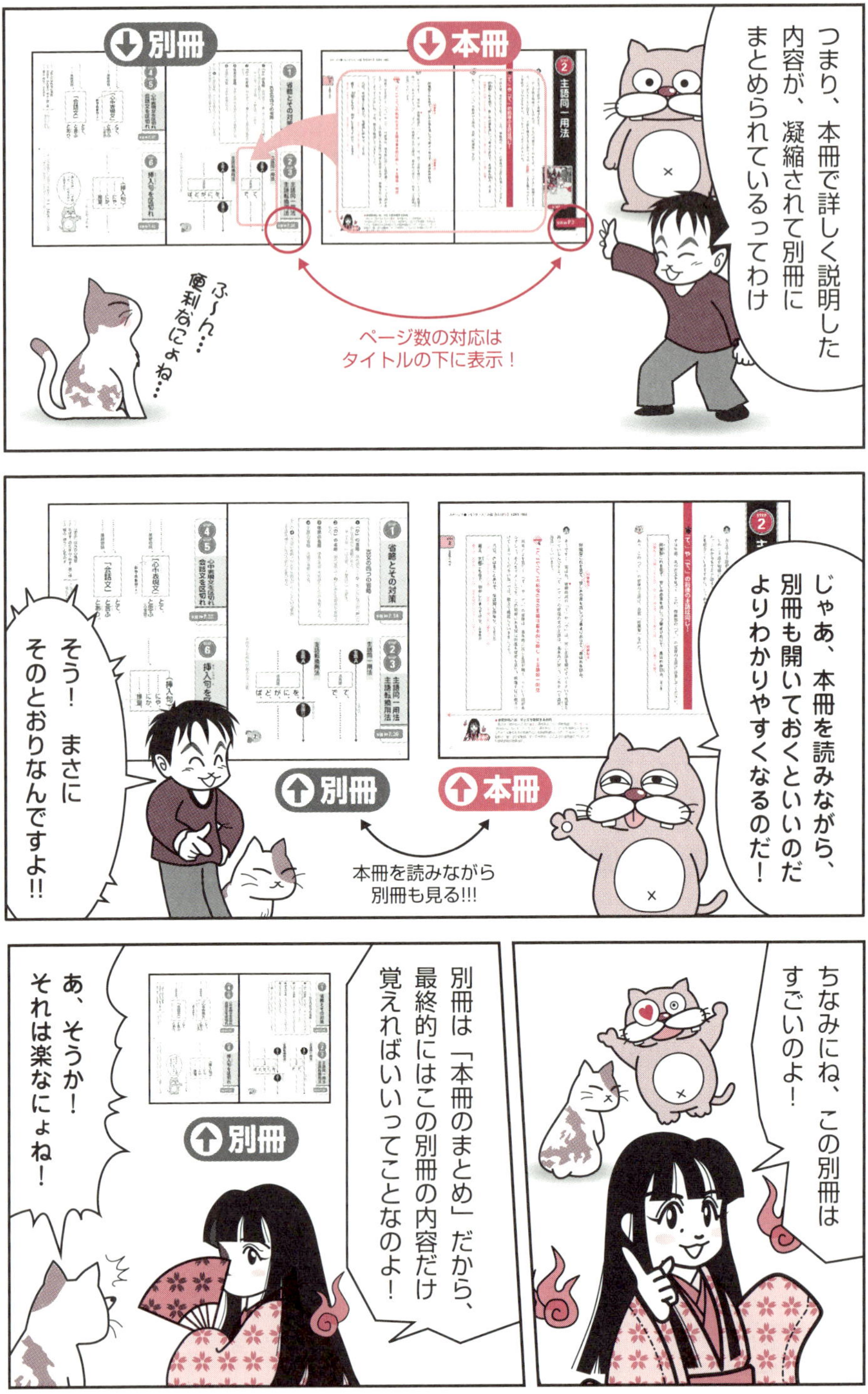
つまり、本冊で詳しく説明した内容が、凝縮されて別冊にまとめられているってわけ
本冊
別冊
ページ数の対応はタイトルの下に表示！
ふ〜ん…便利なにょね…
じゃあ、本冊を読みながら、別冊も開いておくといいのだ よりわかりやすくなるのだ！
本冊
別冊
本冊を読みながら別冊も見る!!!
そう！ まさにそのとおりなんですよ!!
ちなみにね、この別冊はすごいのよ！
別冊は「本冊のまとめ」だから、最終的にはこの別冊の内容だけ覚えればいいってことなのよ！
別冊
あ、そうか！ それは楽なにょね！

## 登場キャラクター紹介

**ボス鬼《おに》**

キクを誘拐した、鬼ヶ島の鬼たちのボス。カオスの世界からやってきたといわれる。

**キク**

三日ネコの守護霊として現世に具現化した、平安時代の貴族の娘(の霊)。誘拐されている。

**三日《みか》ネコ**

ブタネコをライバル視するちょっとオマセな猫。何をやらせても三日坊主なので続かない。

**ブタネコ**

古典文法が得意な富井先生の愛猫。純朴な性格で、キクに憧れている。口癖は「～なのだ」。

**富井先生**

受験古文を極めた、人情味あふれる敏腕熱血講師。好きな女性のタイプは小野小町。

## プロローグ

ハイ！　というわけで、これからみなさんと一緒に鬼ヶ島まで行かなければなりません。そして、そこにいるボス鬼の出す古文問題を君らが解く！　そうすれば、さらわれたキクを取り返すことができる！　という漫画みたいな展開になってしまったわけですね。

早く行くのだ！　キクがピンチなのだ！
でも、このまま行っても、古文問題なんて解く自信がないにょね…。

そう！　そこで、私が一緒に行って、君たちに古文の「**読解法**」というのを教えていくんです！　鬼ヶ島まで行くためには、『「センテンス」の森』・『「常識」の洞窟』・『「ジャンル」の海』を越えなければなりません。その最中に、少しずつ、それこそ「はじめからていねいに」古文の読解法というのを伝授していきますから、しっかりついてくること！　いい？

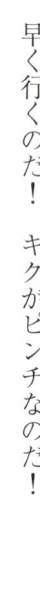

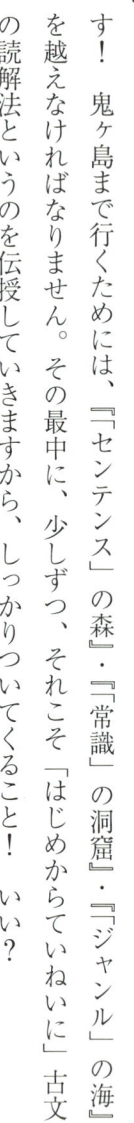

古文の読解法って…なんかムズカシそうなにょね〜。

いやいや、正しく順を追って勉強していけば、決して難しくはありませんよ。それに、いきなり三日ネコ君に細かいことを教えても、理解できないことくらいわかってますから(笑)。今回は極力「複雑で細かい知識」は扱いません。そのような知識は、基礎が完成してからドンドン読解問題を解いていけばいくらでも足していけますから、まずは基礎からしっかり固めていきましょう！

わかったのだ！　でも、古文の読解法って、そんなものがあるのか？

あるんです！　じゃ、まず君たちにこの別冊**「ビジュアル古文読解マニュアル」**を紹介しましょう。これはね、これから教えることすべての「総まとめ本」です。復習をするときや、覚えたことを忘れてしまったときのチェックなどに使ってください。

さ、この別冊を開いて！　開くとすぐに、「ビジュアル古文読解マニュアル」という図が見開きであるでしょ。要するにこれが古文の読解法なんです。テスト用紙が配られてから、どんな手順で古文を読解していけばいいのか、そのマニュアルが一挙に公開されているんですよ。

…でも、これだけじゃ何が何だかわからないにょね…。

あたりまえでしょ！　これだけですべてのポイントを理解されて

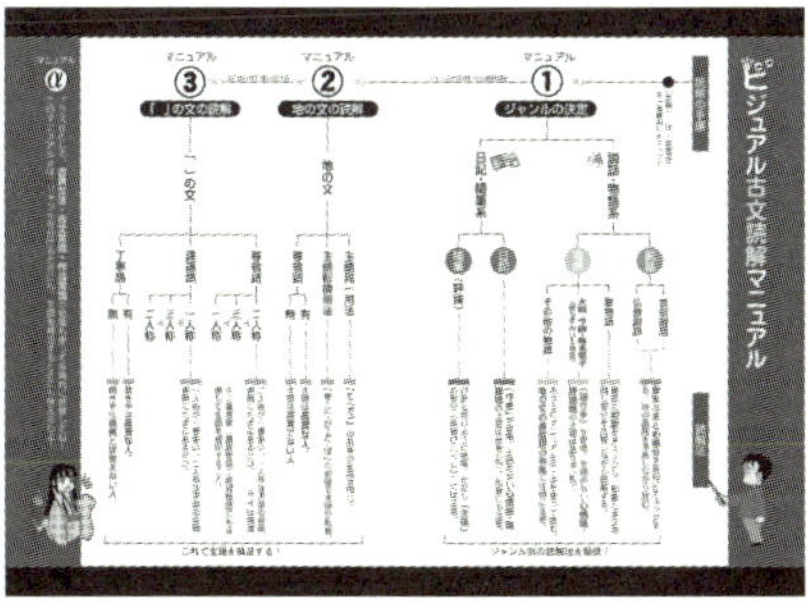

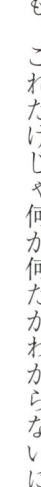

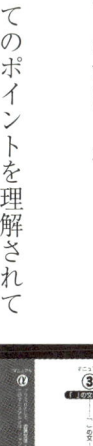

しまっては、私の立場がありません（笑）！　というわけで、みなさんがこの「ビジュアル古文読解マニュアル」を理解できるように、これから少しずつ講義していくんです。私の話をしっかり聞いていれば、ボス鬼と戦う頃にはこのマニュアルを使いこなすことができるようになっているはずですから、安心して、大船に乗ったつもりでついてきてくださいね。

わかったのだ。とにかく先生の話を聞いていればいいのだ。三日ネコも頑張るのだ！

でも、にゃんかこのマニュアルの見方がちょっと気になるにょね。最初にちょっとだけ教えてほしいにょね。

そうですね。最初に概略を話した方が、後の理解も早いでしょう。じゃ、別冊の「ビジュアル古文読解マニュアル」を見て！　いい？

古文の読解法というのは、大きく分けると次の二つが中心なんですよ。

**A　その古文問題の「ジャンル」を決定する**（マニュアル①）

↓それぞれのジャンル別の読解法を駆使する

**B　主語を補足しながら文章を読んでいく**（マニュアル②・③）

↓地の文と「　」の文に分けて、それぞれの補足方法を駆使する

※これに「古典文法・古文常識・作品常識」などの知識をプラスして読解していく

で、簡単に分けると、STEP①～⑲でBの読解法を学んで、STEP⑳～㉓でAの読解法を学んでもらおうというわけです。

にゃるほど。つまり古文は、まず**ジャンルを決定**して、**主語を補足**しながら読んでいけばいいということなにょね？

ま、簡単に言うとそういうことです。それを基本軸として、さらに色々な角度から読んでいく必要があるのですが、詳しいことはオイオイやっていきますから大丈夫です。

ちなみに、今回は「読解法」中心に講義しますので、「古文単語」に関しては特に詳しくは扱いません。覚えなければいけない古文単語の数は多く、中途半端にとりあげてもあまり意味がありませんし、話の脱線にもつながりかねませんからね。

古文単語は、どうせまた別に勉強するからいいのだ。とりあえず読解法をしっかり教えてほしいのだ。

ハイ、では早速、キク救出の旅に出かけましょう！

**●古文単語は別冊の「ミニマム古語辞典」でチェック！**

古文単語を完璧に覚えてなくても、古文読解はできます！　**どんどん古文を読んで、その中で単語を覚えていく**というのも大事なんですよ。別冊の巻末には、受験生はこの単語だけを覚えればいい！という「**ミニマム古語辞典**」を付けましたから、わからない単語はこれで調べましょう。まとめて古文単語を学習したい人には『古文単語FORMULA600』がオススメ！

CONTENTS 目次

# ステージ I
# 「センテンス」の森

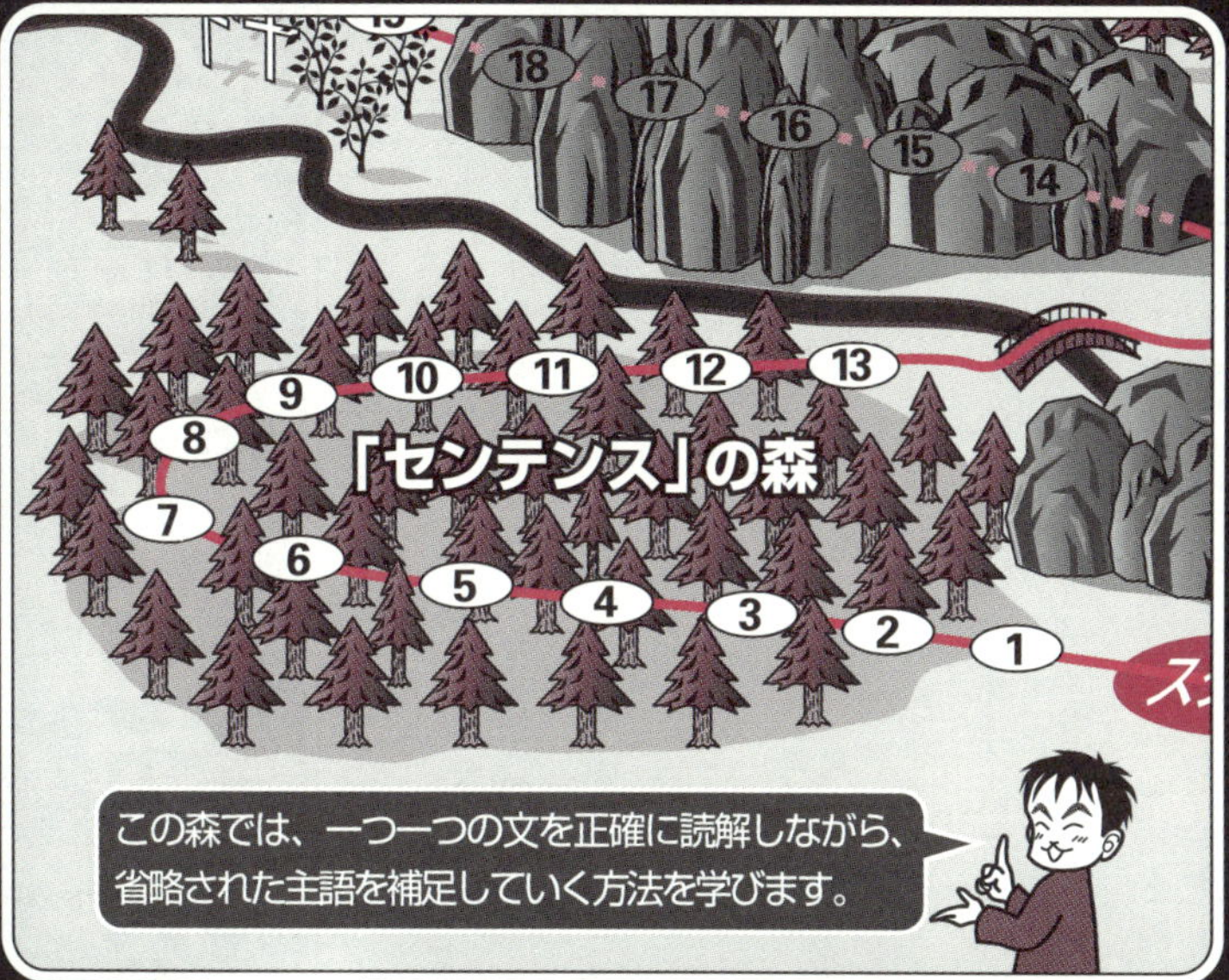


▸STEP ①〜⑬

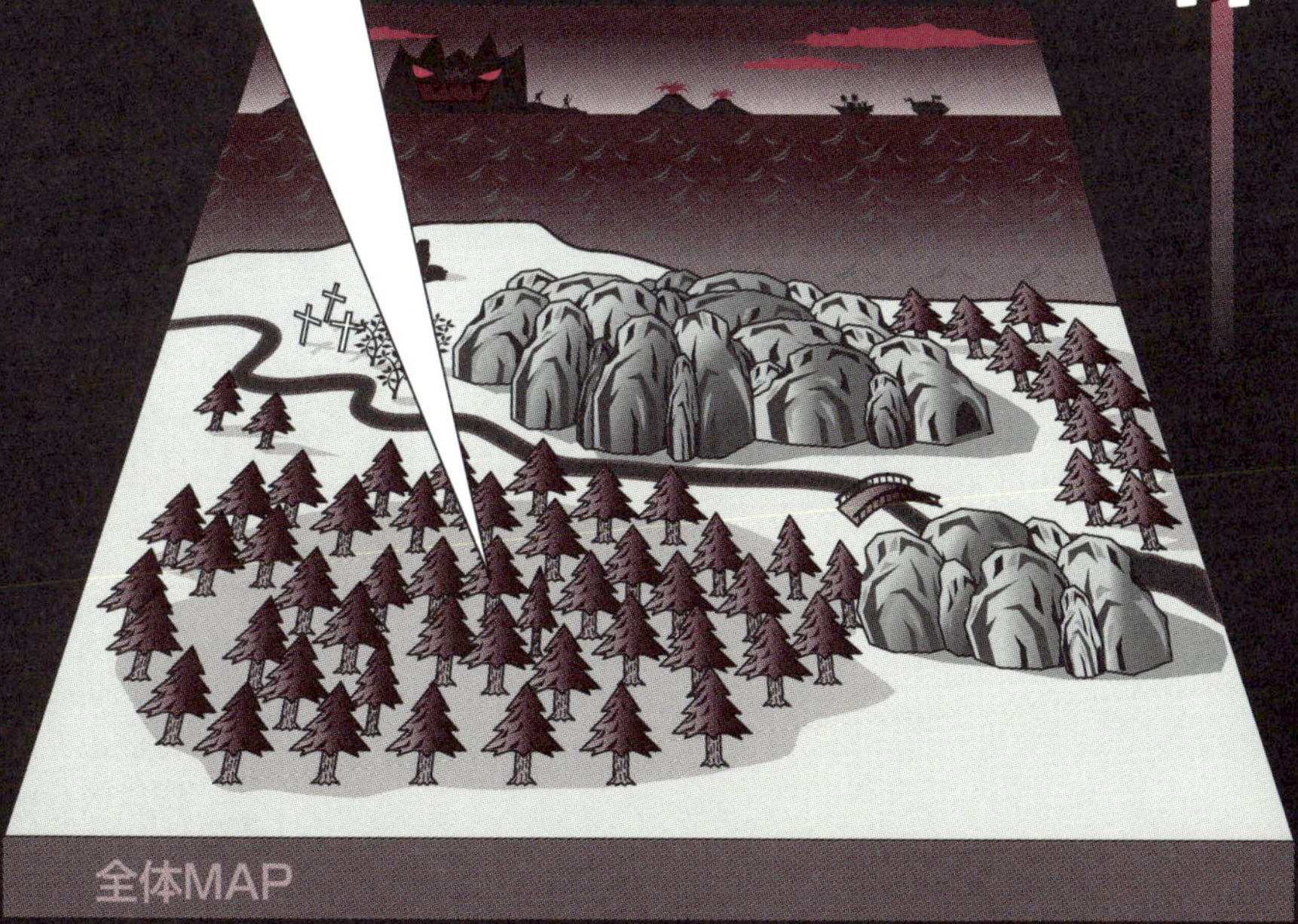

STEP 1

# 省略とその対策

はい、では行きましょう。スタートです！

ステージⅠは「センテンスの森」ですね。


「センテンス」って何なにょ？


「センテンス」とは「文」という意味です。

英語でもそうですが、長い文をスラスラと読めるようになるには、まず一つ一つの文を正確に読めるようにならなくてはダメですよね。

このステージⅠでは主に省略された主語を補足する方法というのを中心に学びながら、一つ一つの文をわかりやすく正確に読むための力をつけていきたいと思います。

まぁ、つまりこの「センテンスの森」では、**よくわからない古文をわかりやすく正確に読む方法**を、君たちに教えていくということです。

別冊 ▶▶ P.2

要するに、先生の話をちゃんと聞いていれば、古文がサクサク読めるようになるのだ。

にゃるほど。まぁ、よくわからにゃいけど、とりあえず前に進めばいいにょね。

## 主語の補足は古文読解の生命線！

ところでブタネコ君。どうして古文って読みにくいのかわかる？

う〜ん…。まず、何か色々と省略されているからなのだ。

そう！　つまり古文にはとても**省略が多い**んですよ。それが古文を読みにくくしている一つの要因です。古文全体の読解に入る前に、まず省略されたものを正確に補足できる能力を身につけないと、古文をスラスラと読めるようにはならない、ということなんですね。

ふーん。古文にはどんなものが省略されているにょ？

いい質問ですね。実はね、古文には色々な省略がありますが、まず次の四つの省略に注意してほしいんですよ。

◆古文の注意すべき四つの省略

❶「が」の省略…現代語で「～が…をした。」などの「が」にあたる部分が省略される。

**今は昔、震旦《しんたん》に漢の高祖と云《い》ふ人有りけり。**（今昔物語集）

今となっては昔のことだが、震旦の国（中国）に漢の高祖という人**が**いた。

❷「の」の省略…現代語で「～の（もの）」にあたる部分が省略される。

**風のはげしく吹きけるを見て、**（宇治拾遺物語）

風が激しく吹いた**の**を見て、

❸体言の省略…体言（名詞・代名詞のこと）が省略される。

**男も女も、若く清げなるが、いと黒き衣着たる〈以下省略〉**（枕草子）

男も女も、若々しく美しい**人**が、たいそう黒い衣を着ている

❹主語の省略…主語が省略される。

**今は昔、竹取の翁といふものありけり。**

今となっては昔のことだが、竹取の翁という者がいたそうだ。

**野山にまじりて竹を取りつつ、よろづの事に使ひけり。**（竹取物語）

（**竹取の翁は**）野山に入って竹を取っては、（**竹取の翁**はその竹を）色々なことに使っていた。

このような四つのパターンの省略に注意しながら読解するわけです。

ここで、特に注意しなくてはならないのが、❹の「主語の省略」です。主語がはっきりしていない文は、誰が何をしたのかがわかりにくく、読みづらいですよね。

そこで、古文を読むときには主語を補足しながら読んでいくことが大切になるわけです。

**主語の補足は古文読解の生命線**といってよいと思います。

## 言わなくてもわかるから主語は省略される

主語の省略といっても、深く考えなくて大丈夫です。主語の省略は現代文でも頻繁にありますし、私達もその省略された部分を補いながら読んだり聞いたりしているんですから。

ブタ日記

例えばね、ここにブタネコ君の「ブタ日記」があります！

あ、僕が昔つけていた日記なのだ！　返すのだ！

「4月7日。今日はキクの誕生日。思いきってお花を買って**渡したら**、ありがとうと**笑った**のだ。」

サブッ！　サブいにょねー！

恥ずかしいのだ！　やめるのだ！

ハイ、三日ネコ君、この「渡した」と「笑った」という述語、主語が省略されていますね。誰が「渡した」のか「笑った」のか、書いてありません。でも主語は誰だかわかる？

**ブタネコ**が「渡した」で、**キク**が「笑った」じゃないにょ？

そうです！ 簡単でしょ。このように、現代文でも主語の省略はありますよね。でもそんなとき、僕らは自然に主語を補いながら読んでいるんです。古文も同じように読むのがベスト！ ところで、どうして主語は省略されるの？ ブタネコ君、わかる？

…それは、わざわざ書かなくてもわかるからなのだ。

そうなんです！ なぜ主語が省略されるのか。それは作者と読者の間に、「**言わなくても（書かなくても）絶対理解できるだろう**」という相互の常識的な了解があるからなんですよ。

書かなくてもわかることは書かないのだ。言わなくてもわかることは言わないのだ。

そう。例えば一度触れた主語について、それをもう一度言うとき、省略しても相手にわかるでしょ？「昔、竹取の翁という者がいた。竹取の翁は竹を取って、竹取の翁はその竹を…」みたいに何度も主語を繰り返すとクドイしね。だから省略するんです。

ブタネコは存在自体がクドイにょね。だから省略されるにょね？

違うのだ！　存在自体がクドイから省略されるわけではないのだ！　言わなくてもわかるから省略されるのだ！

あと、話し手と聞き手、お互いが常識として知っている知識について話すときも主語を省略することがあります。そして、話し手があえて言わないのを、聞き手はまた奥ゆかしく感じたりするんです。

ま、理由は色々あると思いますが、とにかく、古文ではよく主語が省略されます。でも、主語が省略されたままだと、現代人の我々には内容がよくわからないことも多いので、主語を補足しながら読む力をつけなければならない、ということです。わかりますよね。

主語を補足する方法は、次のＳＴＥＰ②からやっていきます。では次行きましょう！

**SAVE**

●古文の四つの省略…①「が」②「の」③「体言」④「主語」

●主語が省略されると内容がわかりづらい↓主語を補足しながら読む必要がある

**ネコ**「友達と話してるときも、よく主語の省略があるにょね。『…でさ、あ
あしろって言ったんだけど、全然やらないからさ～…』とか言うけど、主
語がないから、誰が何をしたのかわからないときがあるにょね」

**富井**「それも主語の省略ですよね。友達同士などという非常に狭い範囲で
起こった話をするときなど、主語はいちいち言わなくてもわかるだろうっ
てことで、ついつい省略しがちだったりするんですよね」

STEP 2

# 主語同一用法

別冊 ▶▶ P.2

古文では主語がよく省略されます。

しかし主語を明確にしなければ、古文の内容はよくわからず、ビジュアルに読解できません。これからSTEP⑬まで、主語を補足するにあたっての「武器」となる数々のテクニックを紹介していきますから、しっかりついてきてくださいね。

## 「て、」や「で、」の前後の主語は同じ！

では早速、次の古文を見て！　この、傍線部の「て、」の前後の主語に注意してください。

**阿闍梨《あじゃり》これを見て、悲しみの涙を流しつつ車よりおりて、あはれみ訪《とぶら》ふ。**（発心集）

阿闍梨はこの病人たちを見て、悲しみの涙を流しながら車から降りて、気の毒がり見舞う。

…あっ、この「て、」の前後の主語は、全部「阿闍梨」なのだ。

**阿闍梨これを見て、（阿闍梨は）悲しみの涙を流しつつ車よりおりて、（阿闍梨は）あはれみ訪ふ。**

そうです！　実はね、◆接続助詞の「て」や「で」は、同じ主語を続けていくという性質を持っているんですよ。「て、（で、）」の前後の文の主語は、基本的に同じ。これを「主語同一《どういつ》用法」といいます。

weapon

## 「て、」や「で、」の前後の文の主語は基本的に同じ＝主語同一用法

別冊P2を見て！　「て、」や「で、」の前後は、基本的に同じ主語が続く、っていう図があるでしょ。そんなイメージです。この別冊にある図は何度も何度も見て、映像を目に焼きつけてしまってくださいね。では、例文で確認していきましょう。

**八日。さはることありて、なほ同じ所なり。**（土佐日記）

八日。さしつかえることがあって、依然として同じ所に留まっている。

**親王、大殿《おほとの》ごもらで、明かしたまうてけり。**（伊勢物語）

親王は、お休みにならないで、夜をお明かしになってしまった。

◆ ✉ **接続助詞は文と文を接続する助詞**

例えば「狩はねんごろに**せで**、酒を飲みつつ（伊勢物語）」の「**で**」は、「狩はねんごろにす」という文と「酒を飲む」という文を接続してるよね。このような働きをする助詞のことを接続助詞というの。ちなみに、「で」の直前の「**せ**」はサ変動詞「す」の未然形。このように**活用語の下に付く**のも接続助詞の特徴なの。

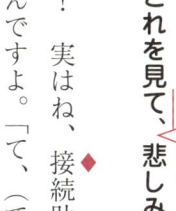

本当だにゃ！「て、」や「で、」の前後の主語は同じだにゃ。これは使えそうなにょね。
これからは「て、」とか「で、」が出てきたら、一発で主語がわかるのだ！

はい、そこの二匹に注意！「て、」や「で、」の前後は、確かに「基本的に」主語が同じだと考えていいけど、「絶対に」主語が同じだとは考えないでほしいんです。
もし、絶対に主語が同じだというのなら、古文を残した古代の人がすべてこの「主語同一用法」に縛《しば》られていたことになりますよね。そんな壮大なスケールのキマリなどありません。例外はあるんです。次の『発心集《ほっしんしゅう》』の例文をチェックしてみてください。

**この病者に至《いた》りては、厭《いと》ひきたなむ人のみありて、近づきあつかふ人はあるべからず。**（発心集）
この病人に及んでは、嫌がり不潔だと思う人ばかりがいて、近づいて面倒を見る人はいるはずもない。

ホントなのだ。「て、」の前の主語は「厭ひきたなむ人」なのに、後ろの主語は「近づきあつかふ人」なのだ。主語が変わってしまったのだ。

にゃんだ。じゃ、主語同一用法は、あまり信じすぎちゃダメなにょね。

そうですね。主語同一用法は「重要視してもよいが、絶対視しない」が鉄則なんですよ。
あくまでこれは主語を補足するための「一つの武器」にすぎません。ゲームとかでも、強い

**●鴨長明の代表3部作は入試頻出**
随筆『**方丈記**』で有名な鴨長明は、その他に『**発心集**』という説話や、『**無名抄**』という歌論も残しているのだ。鎌倉初期に成立したこれら3作品は文学史の問題として入試に頻出するのだ。

敵たちと戦うとき、同じ武器がすべての敵に効くとは限らないでしょ？　効かない敵も当然いるんです。だから、色々な武器が必要になるんですね。それと同じです。

主語同一用法は一つの武器。鵜《う》呑《の》みにして足下をすくわれないよう、注意してください。

鵜呑みというか、すぐに何でも飲み込んでしまうブタネコは特に気をつけにゃさい。

うるさいのだ！　何でも三日坊主の三日ネコなんかに言われたくないのだ！

にゃんだとー！　ブタにょくせににゃまいきにゃにょねー！

何を言ってるのかわからないのだ。三日ネコは「な・に・ぬ・ね・の」の発音が「にゃ・に・にゅ・ね・にょ」になるのだ。「に」と「ね」しか正しくないのだ。

ハイハイ、喧嘩《けんか》しない。頑張れば三日以内に鬼ヶ島に着きますから、三日ネコ君のためにも、丁寧且《か》つスピーディーに行きましょう！　次はSTEP③です。

SAVE

●「て、(で、)」の前後の主語は基本的に同じ＝**主語同一用法**

※ただし例外もある。あくまで主語を補足するための「一つの武器」と考えること。

●「て、(で、)」の訳し方

「…て、」の訳は「…て、」でいいんだけど、「…で、」の訳は「…ないで、」というふうに**打消**で訳すのよ！

STEP 3

# 主語転換用法

別冊 ▶▶ P.2

## 「を、に、が、ど、ば」の前後で主語は変わる

この「主語転換《てんかん》用法」というのは、主語同一用法の逆で、ある接続助詞の前後で主語が変**わる**、という用法なんです。

とりあえず、次の例文を見てください。これは実際の試験に出題された古文です。ある貴族の男性が、逃げるように建物の奥に入っていく女性（かの人）を追っていくシーンなんですよ。二箇所の傍線部の主語を確認してくださいね。

**かの人の入りにし方《かた》に入れば、塗籠《ぬりごめ》あり。**

（男が）あの女の入っていった方に入ると、塗籠（壁で囲まれた部屋）がある。

**そこにゐて、①もののたまへ<u>ど</u>、②をさをさ答《いら》へもせず。**（宇津保物語）

そこに座って、（**男が**）何かおっしゃるが、（**女は**）ほとんど返事もしない。

傍線部①の主語は「男」で、②の主語は「女」なのだ。

そうですね、「ど、」という接続助詞の前後で主語が変わってますよね。実は、接続助詞の「を、に、が、ど、ば、」の前後では主語が変わりやすいという性格が古文にはあるんです。

**weapon 「を、に、が、ど、ば、」の前後では、文の主語が変わる＝主語転換用法**

これを公式にしたのが別冊P2の「主語転換用法」だというわけです。「を、に、が、ど、ば」だから、「**鬼《をに》がどば**」っと飛び出してくるイメージで覚えましょう（笑）！

では、もう一度この「主語転換用法」を確認します。

次の例文は紀行文の一節で、早稲田大学で出題された古文です。

**城崎《しろさき》に来て見れば、やどりは昔ながらにて、もと見し人はあらず。たまたま、「君われを忘れずや」といふを、見れば、むかしの人なり。**（藤簍冊子）

（**私が**）城崎に来て見ると、**宿は**昔のままで、前に会った人はいない。たまたま、（**誰かが**）「あなたは私を忘れたのか」というので、（**私が**）見てみると、（**その話し手は**）昔知り合った人である。

**ネコ**「接続助詞の前後で主語が変わる？　だからどうしたにょ？」
**富井**「あのね…。ほら、古文は主語が省略されるでしょ？　接続助詞はその主語を補足するのに使えるんですよ。例えば接続助詞の「を」を見つけたとき、その前までは主語はAだったけど、「を」の後では主語が変わるから、主語はBだ！とか判断がつくようになるわけ。接続助詞の直後は基本的に読点（、）がくるから、すぐ見つかりますよね」

これも「を、」と「ば、」の前後で主語が変わっているのだ。便利なのだ。使えるのだ。

そうでしょう。しかし油断は禁物！　前回の「主語同一用法」と同様、この「主語転換用法」にも例外はあるのです。「重要視してもよいが、絶対視しない」ですよね。

**昔、田舎《ゐなか》わたらひしける人の子ども、井のもとに出《い》でて遊びけるを、大人になりにければ、男も女も恥《は》ぢかはしてありけれど、**（伊勢物語）

昔、田舎まわりの行商をしていた人の子供たちは、井戸のあたりに出て（男女仲良く）遊んでいたが、（やがて皆）大人になってしまったので、男も女も（お互いに）恥ずかしがっていたけれど、

ホントにゃ。「を、」と「ば、」の前後の文で、主語は「子ども」のままにゃ。「絶対に主語が変わる」わけではないにょね。

「主語同一用法」とか「主語転換用法」は、確かに古文を読みやすくするための武器なのだ。でも、そうやって古文を読んでいて、たまたま例外にあたったら、どうすればいいのだ？　何を信じていいのかわからないのだ。

主語を判断する方法は、他にもたくさんあります。例えば、このステージⅠの終半で習得することになる「敬語法」も主語を判断するには有

**『伊勢物語』VS『ドン・ジョバンニ』**

モーツァルトのオペラ作品『ドン・ジョバンニ』には、**ドン・ジョバンニ**という1000人以上の女性とつきあう恋愛の達人が登場するの。でもね、『伊勢物語』の主人公**在原業平**もそれに勝るとも劣らない人物なのよね。この業平は数々の女性に「和歌」をおくることで、親しく語らっていくの。

効ですし、ステージⅡで学ぶ「古文常識」にしてもそうです。つまり、そういった知識を体系的に使いこなし、作者がこれらのどの部分を強調して内容を展開しているかを見極めて読解していくことが大切なんですね。

別冊に「ビジュアル古文読解マニュアル」がありますね。前回習った主語同一用法も、主語転換用法も、要はこの一部なんですよ。主語を補足するための一つ一つの武器なんです。剣でダメなら弓で攻撃してみる。弓でダメなら魔法で攻撃してみる。ゲームとかでは、そうやって色々な武器を使って敵を倒していきますよね。古文読解も同じ！　**色々な知識を身につけて、色々な視点から主語を補足していく**んです。

わかったのだ。すべての武器や魔法を手に入れて、キクを助けに行くのだ！

でも、道のりはまだまだ長いにょね…。

SAVE

●「を、に、が、ど、ば、」の前後では、文の主語が変わりやすい＝**主語転換用法**

※ただし例外もある。あくまで主語を補足するための「一つの武器」と考えること。

ハイ、いいですか？　では次の習得問題で、手に入れた武器を実際に使ってみましょう！

**●格助詞の「が、」に注意！**

「を、に、が、ど、ば、」の前後で主語が変わりやすいのは、これらが文と文を接続する**接続助詞**として使われているときだけです。「を・に・が」は**格助詞**のときもあるので要注意！　特に「**が、**」は、平安時代の作品では基本的に格助詞として使われています。

## 習得問題

STEP ①②③

制限時間 10分

**次の古文を読んであとの問に答えなさい。なお、設問の都合により、本文を少し改めたところがある。**

今は昔、比叡※1の山に児《ちご》ありけり。僧たち宵《よひ》のつれづれに、「いざかいもちひせむ※2」といひけるを、この児、心よせに聞きけり。「さりとて、し出ださむを待ちて寝ざらむもわろかりなむ」と思ひて、片々によりて寝たるよし※3にて、出《い》で来るのを[a]待ちけるに、すでにし出だしたるさまにて、[b]ひしめきあひたり。この児、①「定めておどろかさんずらむ」と待ちゐたるに、僧の、「もの申しさぶらはむ。おどろかせ給へ」といふを、うれしとは思へども、「ただ一度にいらへむも待ちけるかともぞ思ふ」とて、「いま一声よばれていらへむ」と②念じて寝たるほどに、③「や、なおこし奉りそ。をさなき人は寝いり給ひにけり」といふ声のしければ、「あな、わびし」と思ひて、「いま一度おこせかし」と思ひ寝に聞けば、ひしひしと、ただ、[c]食ひに食ふ音のしければ、すべなくて無期《むご》ののちに、「えい」と[d]いらへたりければ、僧たち笑ふことかぎりなし。

（『宇治拾遺物語』）

※1 比叡の山……京都にある比叡山延暦寺（ひえいざんえんりゃくじ）のこと。
※2 かいもちひ……ぼたもち・おはぎ。
※3 よし……ふり・まね。

**問一** 傍線a〜dの主語として最も適当なものを、次の中からそれぞれ選びなさい。

イ 児　ロ 僧たち

**問二** 傍線部①「定めておどろかさんずらむ」の口語訳として適当なものを、次の中から選びなさい。

イ 時間を決めておどろかすのだろう　ロ きっと起こしてくれるだろう
ハ きっとお気づきになるだろう　ニ 定時に起きてくるだろう

**問三** 傍線部②「念じて寝たるほどに」、及び傍線部③「なおこし奉りそ」を、それぞれ**十三字以内**で口語訳しなさい。

## 解答解説 STEP ①②③

どうだったかな。今回とりあげた『宇治拾遺物語』は鎌倉時代に成立したとされる説話です。ぼたもちにこだわる子供と、それを観察する僧たちのやりとりがイキイキと表現されています。修行にあけくれるお坊さんたちにとって、こんな子供の存在は、心を和ませるいわゆるイヤシになっていたんでしょうね。

**問一** a **イ** b **ロ** c **ロ** d **イ**

▼問一は主に、主語同一用法と主語転換用法を使用すれば簡単に解けたのではないかな。aとbの間の「に、」で主語が変わっていますよ。

**問二** **ロ**（きっと起こしてくれるだろう）

▼「さだめて〜推量」は「きっと〜だろう」と訳す呼応の副詞。そして、「おどろかす」は「起こす」と訳す重要古語です。「んず」は推量の助動詞「むず」と同じ。「らむ」は現在推量の助動詞で、「（今ごろは）…ているだろう」と訳します。古典文法は確実な得点源となりますから、しっかり固めておきましょう。

**問三** ② **我慢して寝ていたときに**（十一字）
③ **起こし申し上げるな**（九字）

▼②の「念ず」は「我慢する」と訳す重要古語。「ほど」は「〜とき」くらいに訳しましょう。③の「な〜そ」は「〜してはいけない」と訳す禁止表現。この場合の「奉り」は「〜申し上げる」と訳す謙譲の補助動詞。

## 現代語訳

今となっては昔のことであるが、比叡山にある子供がいたそうだ。僧たちが宵の退屈しのぎに、「さあ、ぼたもちを作ろう」と言ったのを、この子供は、期待して聞いていた。（子供は）「そうかと言って、（僧たちが）ぼたもちを作り出すのを待って寝ないのもはしたないだろう」と思って、部屋の片隅に寄って寝たふりをして、（ぼたもちが）できるのを**待っていた**ところ、すでに作りあげた様子で、（僧たちが）**騒ぎ合っている**。この子供は、「**きっと起こしてくれるだろう**」と思って待っていたが、僧が、「もしもし。目をおさましください」と言うのを、（子供は）うれしいとは思うものの、「（呼ばれて）たった一度で返事をするのも（ぼたもちができるのを）待っていたのかと思われたら困る」と（子供は）思って、「もう一度呼ばれたら返事をしよう」と**我慢して寝ていたときに**、「これ、**起こし申し上げるな**。幼い人は寝入りなさってしまった」という（僧の）声がしたので、（子供は）「ああ、辛い」と思って、「もう一度起こしてくれよ」と思いながら寝ていると、（僧たちが）ムシャムシャと、しきりに、（ぼたもちを）**食べに食べる**音がしたので、どうしようもなくなってずいぶんたったあとに、「はあい」と（子供が）**返事をし**たので、僧たちは笑うことこの上なかった。

●**歴史的仮名遣いの読み方-1**

❶**は・ひ・ふ・へ・ほ**→「**ワ・イ・ウ・エ・オ**」と読む〔例〕い**ふ**[言ふ] →「イ**ウ**」
※ただし単語の頭にある「は・ひ・ふ・へ・ほ」はそのままハ行で読む！

❷**ゐ・ゑ・を**→「**イ・エ・オ**」と読む〔例〕**ゐ**る[居る] →「**イ**ル」

❸**ぢ・づ** →「**ジ・ズ**」と読む〔例〕い**づ**[出づ] →「イ**ズ**」

❹**くゎ・ぐゎ**→「**カ・ガ**」と読む〔例〕**くゎ**げつ[花月] →「**カ**ゲツ」

# STEP 4 心中表現文を区切れ

別冊 ▶▶ P.3

さて、一つ一つの文を正確にわかりやすく読むために、このSTEP④～⑥は、古文に「　」や（　）を入れて、文のつながりをわかりやすくする方法を勉強していきましょう。

## 地の文と心中表現文を「カギカッコ」で分ける！

ではまず、この「ブタ日記」の一文を見てください。

あ！　また勝手に僕の日記を持ち出したのだ！　返すのだ！

「6月10日。三日ネコがまたテストで0点だったので、やっぱり馬鹿だなと思った。」

にゃんだとー！　こんにゃこと日記にいちいち書くにゃ！

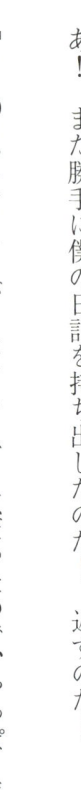

まぁまぁ。で、この文の中に、「　」が入るところがあります。どこでしょう？

…またテストで0点だったので、**「やっぱり馬鹿だな」**と思った。というところなのだ。

うるさいにょねー！

そう、正解です（笑）。これと同じように、古文読解の際、誰かが何かを思ったという文があったとき、その文に「　」を付けるんです。登場人物の「心の中を表現した文」を「**心中《しんちゅう》表現文**」といいますが、つまり、古文でこの心中表現文を見つけたとき、「　」で区切れば誰が何をどう思ったのかが明確になって、古文が読みやすくなるというわけです。

「　」の中の文と外の文とでは読解法がまるで違います。愛知県の南山大学でも、「　」をどこに付けるのかという出題がありました。古文の読解において、「　」を付けることは非常に重要なんですね。

でも、心中表現文に「　」を付けろと言われても、どうやって付ければいいにょ？

では、心中表現文に「　」を付ける簡単な方法をここにあげておきます。心中表現文はふつう、**句点《くてん》**（。）もしくは**読点《とうてん》**（、）の直後から始まって、「**〜とて、**」とか「**〜と思ふ**」などの直前で終わるのが原則です。「**と**」の文字がキーワードですね。

## weapon 心中表現文の区切り方

### ……接続助詞、「心中表現文」とて、と思ふ

この接続助詞というと、主語同一用法で使った「て・で」や、主語転換用法で使った「を・に・が・ど・ば」があてはまるのだ。

そうですね。では、ちょっと例文で確認してみましょう！

**中比《なかごろ》、なまめきたる女房《にょうばう》ありけり。世《よ》の中たえだえしかりけるが、見目かたち、愛敬《あいぎゃう》づきたりけるむすめをなん持たりける。一七八ばかりなりければ、これをいかにもして目やすきさまならせんと思ひける。**（古今著聞集）

そう遠くない昔、上品である女房がいた。世の中に落ちぶれていたが、容姿容貌が、可愛らしくなっていた娘がいたのだった。（その娘は年齢が）十七、八歳程であったので、この娘を（高貴な人と結婚させ、）何とかして見苦しくない生活をさせたい**と思っていた**。

「これをいかにもして目やすきさまならせん」が心中表現文なのだ！　接続助詞「**ば、**」の直後から、「**と思ひける**」の直前までなのだ。先生の言ったとおりなのだ。

**✉『古今著聞集』＝説話＝日本の昔話**

説話というのは「昔話」を文章化したもの。一見ナンセンスな話が多いんだけど、当時の人は、それを本当に自分の身に起こったこととして読んでいたの。物語みたいに貴族ばかりが登場するのではなく、色々な階層の人々がイキイキと登場してきます。「貴族はお高くとまっているようでどうも…」という人にオススメね。

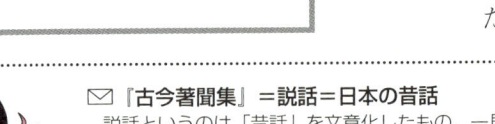

## 心中表現文の区切り方の例外

心中表現文の区切り方にも、やはり例外はあります。では、区切り方の変則パターンとして、次のような例文も確認しておいてください。

これは、藤原道長の娘の中宮彰子。彼女の出産を祝う歌を皆が詠んでいるシーンです。

あまり皆の和歌の出来が良くないので、道長は芸能の達人である◆藤原公任《きんとう》の来訪を待ちかねています。そんなときに公任が登場！という内容なんですが、ここの心中表現文がどこからどこまでかわかりますか？

**いよいよ立ち居待《ゐま》たせ給《たま》ふほどに、まゐり給へれば、**

（道長が落ち着かず）いっそう立ったり座ったりしてお待ちになっているときに、（公任が）参上なさったので、

**歌詠《うたよ》みども、はかばかしきどももえ詠《よ》み出《い》でぬに、**

「歌詠みたちは、しっかりとした歌を詠み出すことができないが、

**さりともと誰も心にくがりけるに、御前《おまへ》にまゐり給ふや遅きと、**

そうとはいっても（公任様は大丈夫だろう）」**と皆心ひかれてい**たところ、（公任が道長の）御前に参上するや否や、

**殿《との》の、「いかにぞ、あの歌は。遅し」と仰《おほ》せられければ、**（古本説話集）

道長殿が、「どうしたんだ、あの（祝いの）歌は。遅いぞ」とおっしゃったので、

**◆天才藤原公任**

**富井**「藤原公任は諸芸の天才として古文に登場します。京都の四条に住んでいたので「四条大納言」と呼ばれました。詩歌管弦、書道、学問と、何をとっても超一流の天才的な人物です。この人が出てきたら、その才能のすごさを物語る話だと思っていただいて結構です」

**ネコ**「にゃんか、ちょっとイケスカナイ奴なにょね！」

この例文の心中表現文は、「歌詠みども、はかばかしきどももえ詠み出でぬに、さりとも」の部分です。ここで注意してほしいのは、心中表現文の直後が「と思ふ」という形になっていないことです。

この例文の心中表現文は、直前は「まゐり給へれ**ば、**」のように、接続助詞（＋、）なんですが、直後が「**と、**誰も**心にくがり**けるに」になっていて、「と**思ふ**」という形にはなっていません。でも、この「心にくがる」も「思ふ」も、同じ「心情を表す言葉」（**心情語**《しんじょうご》）という点では同じですよね。このように、「と」のあとに心情語がきたときも、「と」の直前は心中表現文である可能性が高いと考えてください。

……**接続助詞、「心中表現文」と＋心情語**（思ふ／心にくがる etc.）
↓「思ふ」だけではない！

では、もう一つ例文。この例文の「貫之《つらゆき》」とは、『古今和歌集』の撰者としても、『土佐日記』の作者としても有名な紀貫之《きのつらゆき》のことです。

**いとをかしきことは、かくやむごとなくおはします殿の、貫之の主《ぬし》が家に**
たいそう心ひかれましたことは、このように高貴でいらっしゃる殿（右大将藤原師輔）が、（身分の低い）紀貫之さんの家に
**おはしましたりしこそ、やはり和歌はめざましきことなりかし、とおぼえはべりしか。**（大鏡）
（じきじきに）いらっしゃったというのは、やはり和歌の力というのはすばらしいものであるよ、**と思われ**ました。

**ネコ**「心情語って、他にどんなものがあるにょ？」
**富井**「他には、**しのぶ**〔恋い慕う〕・**覚ゆ**〔思われる〕・**泣く**〔泣く〕などの動詞や、**あはれなり**〔趣深い〕・**あやし**〔不思議だ〕などの形容動詞・形容詞も心情語の一種ですね。とにかく、誰かの心情（心の中の思いや気持ちのこと）を表現した言葉は心情語であると考えましょう」
**ネコ**「ふーん。にゃるほど」

わかったのだ。「やはり和歌はめざましきことなりかし」が心中表現文なのだ。
ん？　でもこの心中表現文の直前は、接続助詞じゃなくて、係助詞の「こそ」だにゃ。

そうですね。この例文では、心中表現文の直前には「……。」や「……接続助詞、」ではなく、係助詞「こそ」がきています。つまり、少し特殊な位置にある心中表現であるということができますね。こういった例外もありますので、注意してほしいと思います。
ちなみに、「やはり」は副詞です。**「　」の最初は副詞・感動詞などがきやすい**ですから、これにも注意してくださいね。

SAVE

●心中表現文は「　」で区切る。すると古文がわかりやすく正確に読解できる。
●心中表現文の区切り方
……………。
……接続助詞、　「心中表現文」　とて、
　　　　　　　　　　　　　　　と思ふ
※例外に注意！「接続助詞」ではなかったり、「と思ふ」ではなかったりする場合もある。
●心中表現文の最初は、副詞・感動詞がきやすい。

# STEP 5 会話文を区切れ

別冊 ▶▶ P.3

ＳＴＥＰ④は心中《しんちゅう》表現文の区切り方でしたが、ここでは**会話文**の区切り方をマスターしましょう。会話文も「　」で区切ると、文脈が非常にはっきりしますよ。

## 会話文＝手紙文

心中表現文と会話文、どう違うにょ？

**頭の中で考えている**か、**実際に話している**かの違いなのだ。

そうです。頭の中で考えたり思ったりしたことを表現した文が「心中表現文」。一方、実際に口に出したり文字にしたりして表現した文が「会話文」です。ちなみに、昔は伝達手段として手紙をよく使ったので、古文には手紙のやりとりをするシーンが多く見られます。この「手紙」も「会話」の一種なので、**手紙文や和歌の文も会話文の一つ**だと考えてください。

心中表現文と会話文の区切り方の違いはどこなのだ？

基本的にはあまり変わりません。文の直後の表現の違いで決めるんです。それでは次の例文で確かめてみましょう。これは◆『讃岐典侍日記《さぬきのすけにっき》』の一節で、早稲田大学で実際に出題されたものです。新帝である鳥羽《とば》天皇とその身のまわりの世話をする作者が宮中で最初に出会うシーンです。ここには心中表現文と会話文がそれぞれ一箇所ありますよ。

**おはしますらん有様《ありさま》、異事《ことごと》に思ひなされてゐたるほどに、**
（現在鳥羽天皇が）宮中にいらっしゃる様子が、（まるで自分に関係のない）他人事のように思われていたときに、
**降れ降れ、小雪といはけなき御けはひにておほせらるる、聞こゆる。**
（鳥羽天皇が）「降れ降れ、小雪」**と**おさないご様子で**おっしゃるのが**、聞こえる。
**こは誰《た》そ、誰《た》が子にか、と思ふほどに、まことにさぞかし。**（讃岐典侍日記）
「これは誰か、誰の子であろうか」**と思っている**と、本当にその声の主は鳥羽天皇ご自身であったよ。

「こは誰《た》そ、誰《た》が子にか」は心中表現文なのだ。「と思ふ」に続いているからなのだ。

ふーん…。で、会話文はどこなにょ？

「降れ降れ、小雪」の部分です。実は、会話文は次のような部分にあるんです。

STEP 5 会話文を区切れ

◆ ✉『讃岐典侍日記』は、病床の堀河天皇の看病をしていた作者が、天皇の死に直面し、天皇が亡くなったあとも、宮中に残ってその子鳥羽天皇の世話をするというお話なの。今は亡き帝の面影がマブタに宿って消えないのよね。人の死に直面すると、故人のことを忘れてしまいたいという気持ちと、忘れてはならないという気持ちがクロスするものなのね。切ない話…。

## 会話文の区切り方

……………。
……接続助詞、

「会話文」

とて、
と言ふ　↓とおほす・とのたまふ・と申《まう》す・と聞《き》こゆ
とあり。↓と候《さぶら》ふ・と侍《はべ》り

「心中表現文」の区切り方と違うのは、「と言ふ」「とあり。」というところだけなにょね。

基本的にはそうですね。別冊P3を見て、しっかり区別をつけておきましょう。この「おほす・のたまふ・申す・聞こゆ」などは、すべて「言う」という意味の敬語ですから、「言ふ」と同じだと考えてください。「とあり」というのは、「という手紙（言葉）があった」などという感じの表現です。

**つとめて、（帥《そち》の宮《みや》が）「めづらかにて明《あ》かしつる」などのたまはせて、**
翌朝、（帥の宮敦道親王が）「ちょっと妙な夜の過ごし方をしたものよ」など**とおっしゃって、**
**いさやまだ　かかる道をば　知らぬかな　あひてもあはで　明かすものとは**
「いやあまだこんな恋の道があるとは知らなかったことよなあ。せっかく逢ったのに何事もなく夜を明かしてしまうとはね。
**あさましくとあり。「さぞあさましきやうにおぼしつらむ」といとほしくて、**（和泉式部日記）
あきれましたよ」**というお手紙があった。**「さぞやあきれたようにきっとお思いになっているだろう」と思うと気の毒になって、

「いさやまだ～明かすものとは」は和歌で、「あさましく」はその和歌に付けられた、帥の宮の感想なのだ。「とあり」の直前が会話文（手紙文）なのだ。

そうです。この「と**あり**」は、「と**ものす**」◆というような言い方になる場合もあります。また、「と候《さぶら》ふ」や「と侍《はべ》り」とかになると、「というお手紙（お言葉）がありました」というふうな丁寧な言い方になります。

…まぁ、要するに、会話文の直後には、必ず「と」がきて、そのあとに「言う」といった感じの表現がくるのだ。あとは「と**て、**」と「と**あり。**」に注意すればいいのだ。

**SAVE**

●会話文（手紙文）は「　」で区切る。すると古文がわかりやすくなる。

●会話文の区切り方

……………。「会話文」とて、
　　　　　　　　　　と言ふ　→とおほす・とのたまふ・と申す・と聞こゆ
……接続助詞、　　　とあり。→と候ふ・と侍り　※「とものす」の場合もあり

---

◆「～**ものす**」とは、「～**する**」とか「～（で）**ある**」とかいう意味で、ちょっと、その行為を**婉曲的**に（遠回しに）言うときに使う言葉です。「～」の部分は文脈から推測して補うんですね。古代人、特に当時の女性は、遠まわしに言うことが多いんですよ。例えば「（彼が私に）逢おうと**言う**」という言い方よりも「逢はむと**ものす**」と言った方がミステリアスで、セクシーでしょ（笑）。

STEP 6

# 挿入句を区切れ

別冊 ▶▶ P.3

## 挿入句とそのとらえ方

古文読解は、**挿入句**《そうにゅうく》**（ハサミコミ）**も意識しなきゃダメです。

挿入句とは、古文の中に、語り手や作者自身の疑問や意見が挿入された部分のことです。

挿入句は現代にもあるんです。例えば小さい頃、どんなアニメヒーローに憧れましたか？

ウルトラニャンが好きだったのだ！　悪いネズミ怪獣をやっつけるヒーローなのだ！

よく知りませんが、そんなヒーローがいたんですね？　では、次の文を見てください。

**ウルトラニャンは、どうしたのだろうか、突然動かなくなってしまった。**

この文の場合、「どうしたのだろうか、」という部分が挿入句です。この挿入句を次のように（　）で区切ってみるのです。すると、古文の構造が明確になって読みやすくなりますよね。

**ウルトラニャンは、（どうしたのだろうか、）突然動かなくなってしまった。**

にゃるほど。話している人自身の疑問が（　）の中に挿入されているにょね？

そうです。地の文の中で、ストーリーとは別に、作者や話し手の疑問や意見などが挿入されたのを「挿入句」というんですね。挿入句の見つけ方としては、読点（、）にはさまれていて、最後が推量（「む・けむ・らむ」等）になっている部分を探すのがポイントです。

……、**……推量、**……。　→赤字の部分が挿入句

読点（、）にはさまれているので、挿入句のことを「ハサミコミ」といったりもします。

それでは次の例文で確認しましょう。これは有名な随筆『徒然草』◆の一節です。借金取りが何とか年内にお金を取り立てようとしてヤッキになっている様子がおかしいですよ。

**つごもりの夜、いたう暗きに、松どもともして、夜半《よなか》過《す》ぐるまで人の門《かど》たたき、走りありきて、何事にかあらむ、ことごとしくののしりて、足を空にまどふが、暁《あかつき》がたより、さすがに音なくなりぬるこそ、年のなごりも心細けれ。**（徒然草）

大晦日の夜、非常に暗い中で、（借金取りの人々がそれぞれの手に）たいまつをともして、夜中が過ぎるまで人の門を叩き、走りまわり、**何事であろうか、**大げさにわめきたてて、足も地につかないほど（あたふたと）飛び回っているが、夜明け方から、そうとはいってもやはり音がしなくなったのは、また一年が過ぎ去ったのかという感慨が生じてものさびしくなる。

本当なのだ！　挿入句は、読点にはさまれていて、最後が推量になっている部分なのだ。

**◆三大随筆＝『枕草子』『方丈記』『徒然草』**

吉田兼好の手による『徒然草』は、南北朝の動乱という乱世の中で描かれた作品。社会の暗闇をもするどく暴き、我々に生きるヒントを教えてくれます。この普遍性が一流作品の証しであり、三大随筆の中の一つにあげられる理由なんですね。

「何事にかあらむ、」が挿入句なのだ！

正解。では次の例文はどうですか。今度は古典屈指《くっし》の名作『源氏物語』の一節です。主人公光源氏《ひかるげんじ》の生誕《せいたん》のシーン。父の桐壺《きりつぼ》帝と桐壺更衣《かうい》は非常に愛し合っていたんです。

**前《さき》の世にも御契《ちぎ》りや深かりけむ、世になく清《きよ》らなる玉《たま》のをのこ御子《みこ》さへ生まれたまひぬ。**

**前世の御因縁が深かったせいであろうか、**この世にまたとない程美しく清らかな玉のような皇子様までがお生まれになった。

これは読点（、）ではさまれていない形なのですが、「前の世にも御契りや深かりけむ、」が挿入句です。この前に、「**二人は、**」を補足するとわかりやすいですよ。「二人」とは、桐壺帝と桐壺更衣の二人です。すると、「二人は、（前の世にも御契りや深かりけむ、）世になく……」と、読点にはさまれる挿入句だとわかりますよね。では次の例文。『大鏡』です。

**さて、児《ちご》より小松《こまつ》の帝《みかど》をば、親しく見たてまつらせ給ひけるに、**

さて、（堀河の大臣は）子供のときから小松の帝を、親しく拝見なさっていたが、

**良房《よしふさ》のおとどの大饗《だいきやう》にや、昔は親王《みこ》たち、必ず大饗につかせ給ふことにて、**（大鏡）

**（あれは）藤原良房殿の宴会のときであったろうか、**昔は皇子たちが、必ずその宴会の席におつきになったが、

これは、「良房のおとどの大饗にや、」の部分が挿入句です。「～にや」とか「～にか」は結

**✉ マイナス条件はプラスのパワーを生み出すチャンス！**

古文屈指の長編大作『源氏物語』（紫式部著）は、夫に死なれた直後から執筆が始まったとされているの。誰しもテンションが低いときは何もしたくなくなるものだけど、紫式部は、マイナス条件をプラスのパワーに変えて『源氏物語』を書いていたのよね。彼女のそういった姿勢に、私は何度も勇気づけられたわ。みんなも頑張ってね！

びの省略といって、「にや（あらむ）」や「にか（あらむ）」の（　）のような**推量**の表現が省略されているんです。となると結局これも正真正銘の挿入句ですよ。「、」にはさまれていて、「〜にや、」や「〜にか、」で終わる文も挿入句であるということです。

というわけで、挿入句の区切り方として、次の公式が成り立ちます。しっかりチェックして、古文で挿入句が出てきたら瞬時に（　）で区切ることができるようになりましょう。

weapon

## 挿入句（ハサミコミ）の区切り方

……、……にや、……。→……、（……にや、）……。

……、……にか、……。→……、（……にか、）……。

……、……推量、……。→……、（……推量、）……。

→「む・らむ・けむ」等

※挿入句は（　）で囲って「…だろうか」と訳す！

SAVE

●挿入句は（　）で区切る。すると古文がわかりやすく正確に読解できる。

●挿入句は、読点（、）にはさまれていて、「〜にや、」「〜にか、」「〜推量、」で終わる。

ハイ、次は習得問題です。「　」や（　）で文を区切ることを意識しながら解きましょう！

## 習得問題

STEP ④⑤⑥

制限時間 10分

**次の古文は、範円上人《はんえんしょうにん》という僧の出家するまでのいきさつを綴《つづ》った説話『撰集抄《せんじゅうしょう》』の一節である。ここでは、範円上人が大宰府《だざいふ》の長官（帥《そち》）になって、任地に妻を連れて赴《おもむ》くところから始まっている。これを読んであとの問に答えなさい。なお、設問の都合により、本文を少し改めたところがある。**

帥《そち》に成りて、筑紫《つくし》（九州地方）にくだりいまそかりける時、都よりあさからず覚え給へりける妻をなんいざなひていまそかりけるを、いかが侍りけん、あらぬかたにうつりつつ、花の都の人はふるめかしく成りて、うすきたもとに、秋風の吹きてあるかなきかを[a]とひ給はず成りぬるを、「憂《う》し」と思ひ乱れてはれもせぬ心のつもりにや、この北の方なんおもく煩《わづら》ひて、都へのぼるべきたよりだにもなくて、病はおもく見えける。

とさまにしても[b]都にのぼりなむと思ひ侍れども、心に叶《かな》ふつぶねもなくて、海をわたり、山を越ゆべくも覚えざるままに、帥のもとへかく、

　とへかしな　置き所なき　露の身は　しばしも言《こと》の　葉にやかかると

とよみてやりたるを見侍るに、日ごろのなさけも、今さら身にそふ心ちし給ひて、哀れにも侍る程に、又人はしり来たりて、[c]すでにはかなく成らせ給ひぬといふに、[d]夢に夢見る心ちして、

我が身にもあられ侍らぬままに、てづからもとどり切りて、横川《よかは》といふ所におはして、e行ひすましていまそかりけり。

（『撰集抄』）

**問一** 傍線部a～eの主語として最も適当なものを次の中からそれぞれ選び、記号で答えなさい。

イ 帥（範円上人）　ロ 妻
ハ あらぬかた　ニ 人

**問二** 本文には、**心中表現文**（「憂し」を除く）と**会話文**（和歌を除く）がそれぞれ一箇所あり、**挿入句**が二箇所ある。それをそのまま抜き出しなさい。

**●ちょっとアンチョコ**

**問一**　主語同一用法・主語転換用法を駆使して主語を補足しましょう。

**問二**　心中表現文→「～とて、／～と思ふ」
会 話 文→「～とて、／～と言ふ」「～とあり。」
挿 入 句→「、…にや、」「、…にか、」「、…推量、」

## 解答解説 STEP④⑤⑥

この古文は明治大学商学部で出題されたものです。しんみりとしたお話ですね。ただ、『撰集抄』ではこの話を「この上人が妻に冷たくなったのも、仏教に入ることになっていた前世の因縁である」と位置づけます。そして、この妻の悲しい叫びの和歌は、後に『詞花集《しか》』という勅撰和歌集（天皇の命令で撰集された最も由緒ある和歌集）に「よみ人知らず」の歌として入集されました。実名をあげるに忍びなかったんでしょうね。

**問一** a **イ** b **ロ** c **ロ** d **ニ** e **イ**

▼主語を補足する方法はSTEP②③で学んだルールどおり。主語同一用法・主語転換用法を使用して主語を補足しましょう。接続助詞の「て・で」・「を・に・が・ど・ば」がポイントになりますよね。ただし、例外には要注意。例えば2行目の「を、」の前後では主語は「帥」のままですね。「帥」の行動は基本的に尊敬語で表されているのですが、敬語を使って主語を補足する方法は、次のSTEPからやっていきます！

**問二** 【心中表現文】 **とさまにしても都にのぼりなむ**
【会話文】 **すでにはかなく成らせ給ひぬ**
【挿入句】 **いかが侍りけん、**・**「憂し」と思ひ乱れてはれもせぬ心のつもりにや、**

▼心中表現文・会話文・挿入句を区切る方法は、STEP④⑤⑥でやりましたね。できなかった人は、もう一度読み直しておくこと！ ここでは、「心中表現文」の直後には「と思ひ」があり、「会話文」の直後には「といふ」があり、「挿入句」は読点ではさまれていて、最後が「推量」や「にや」で終わっていますよね。

## 現代語訳

大宰府の長官になって、九州におくだりになるとき、都から浅からず思っておられた妻を連れていらっしゃったのを、どうしたのでありましょうか、外の女性の方に心が移っていって、花の都の人（妻）は古くさくなって、薄い袂に、秋風が吹くように飽きていって消息さえも**お尋ねにならなくなった**のを、（北の方は）「辛い」と思い乱れて（その）晴れない気持ちが積もり積もったせいであろうか、この北の方は重く煩うようになって、都に上る手段さえもなくて、病気は重く見えたのであった。

「何としてでも**都に上ってしまいたい」と思います**けれども、思いどおりになる召使もいなくて、海を渡り、山を越えることができるようにも思われなかったので、帥のもとへこのように、

尋ねてください。（身の）置き所のない、この葉の上の露のようにはかない私の命は、ほんのしばらくでよいから（あなたのかけてくれるその）言葉にかかっているのです。

と詠んで送ったのを（帥が）見ましたところ、日頃の情愛も、今更ながら身に添うような心地がしなさって、しみじみと気の毒にも感じましたそのときに、また人が走ってきて、「（北の方は）**もうお亡くなりになってしまいました**」と**言う**と、（帥は）夢の中でまた夢を見るような気持ちになって、茫然自失の有様で、自分の手で髻（上で束ねた髪）を切って、横川という所にいらっしゃって、**熱心に仏道修行して**いらっしゃったということだ。

●**歴史的仮名遣いの読み方-2**

-a+う →「-ォー」と読む〔例〕かう[講]＝(-ka)+う→「コォー」
-i +う →「-ュー」と読む〔例〕ちう[宙]＝(-ti)+う→「チュー」
-e+う →「-ョー」と読む〔例〕せう[小]＝(-se)+う→「ショー」
※つまり、[-a,-i,-e]の音の直後に[u]がくると、読み方は「-a+u=-ō」「-i+u=-yū」「-e+u=yō」となる。「アウオー，イウユー，エウヨー」と唱えて覚える！

STEP 7

# 地の文の尊敬語

ハイ、今回から「敬語《けいご》」を使った古文読解の方法をやっていきますが、その前にまず、ここでちょっと敬語の基礎を固めておきましょう！

## 敬語は主語を明確にすることができる魔法の杖

この敬語ってやつがボクは一番キライにゃ！　みんなタメ口で話せば問題ないにょに！

そういうわけにもいかないんです。当時は身分に格差のある官位《かんい》社会です。君のように、自分より偉い人にタメ口を使うことはタブーだったんですね。

そんな縦割の社会の中では、当然、敬語が頻繁《ひんぱん》に使われます。よって、敬語の修得は古文を攻略するにあたっての絶対必要条件になってくるんですよ。

敬語の知識をしっかり身につけていれば、主語が省略されていても、きっちりと補足することができます。**敬語は主語を明確にすることができる魔法の杖**みたいなものなんですね。

▲ 現在地

別冊 ▶▶ P.4

では、敬語の種類と機能を確認しましょう。敬語には次の三種類があります。

①**尊敬《そんけい》語**…動作の**主体《しゅたい》（主語）**を高める言い方〔例〕のたまふ（おっしゃる）
②**謙譲《けんじょう》語**…動作の**受け手**を高める言い方〔例〕奉《たてまつ》る（差し上げる）
③**丁寧《ていねい》語**…**読者や聞き手**に対する丁寧な言い方〔例〕侍《はべ》り・候《さぶら》《さうら》ふ（あります／おります）

尊敬語は、高貴な人物の動作を表すときに使います。例えば高貴な人が何か「言う」場合、そのまま「言ふ」と表現すると失礼なので、「のたまふ」という尊敬語を使うわけです。

謙譲語は、動作の受け手を高めるときに使います。高貴な人が何かしらの動作を受けるとしますよね。そのとき、その動作を謙譲語で表すわけです。では、次の古文を見てください。「奉《たてまつ》る」は「差し上げる」と訳す謙譲語、「〜給《たま》ふ」は「お〜になる・〜なさる」と訳す尊敬語です。

> **（かぐや姫は）おほやけに御文《ふみ》奉り 給ふ。**（竹取物語）
> 謙　尊
> **天皇にお手紙を差し上げなさる。**

にゃんと、敬語が二つも重なってるにゃ！　どういうことなにょ？

「奉り」が謙譲語で、「給ふ」は尊敬語なのだ。主語が「かぐや姫」という高貴な人だから、その姫の動作に尊敬語「給ふ」が使われているのだ。でも、「奉り」は…、何なのだ？

**●別冊をどんどん使うのだ！**

別冊の後ろの見返しには、敬語だけの簡単字引〔**敬語早見表**〕があるのだ。意味や用法のわからない敬語が出てきたら、必ずこれを使ってチェックしておくとよいのだ。すぐに引けて便利だから、どんどん活用してほしいのだ。

左の4コマ漫画をちょっと見てください。
謙譲語は、高貴な人に対する動作に使用されます。例えば、かぐや姫がお手紙を「与ふ（与える）」という動作は、天皇という超高貴な人に対する動作です。こういう場合、ふつうに「与ふ（与える）」と表現するのではなく、2コマ目のように「奉る（差し上げる）」という謙譲語を使うんですね。謙譲語は、主語が高貴かどうかは関係なくて、**動作の受け手を高める**ために使う敬語なんです。

一方、かぐや姫も高貴な「姫」ですから、彼女の「奉る」という動作は、「～給ふ」という尊敬語を下に付けて表現しています。これによって、作者はかぐや姫も高めているんです。

つまり、この「奉り給ふ」という表現で、作者は「天皇」と「かぐや姫」の両方を高めていることになるんです。本当にスキがないですね。

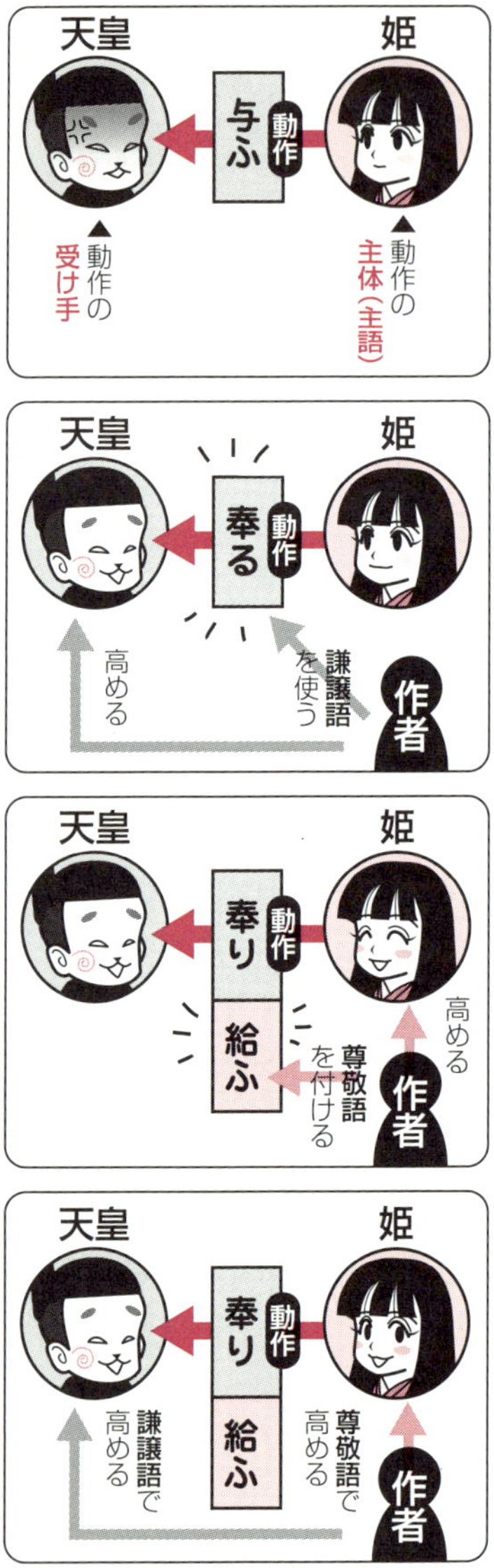

では、次の古文で敬語と主語の関係を確認しましょう。この古文は、前にも紹介したプレイボーイ在原業平が主人公の『伊勢物語』の一節で、サブタイトルは「小野の雪」です。

**むかし水無瀬《みなせ》にかよひ給ひし惟喬《これたか》の親王《みこ》、例《れい》の狩《かり》しにおはします供《とも》に、**
昔水無瀬（の離宮）に**お通いになっ**ていた惟喬の親王が、いつもの狩に**いらっしゃる**（その）お供に、
**馬《うま》の頭《かみ》なる翁《おきな》つかうまつれり。日頃へて、宮にかへり給うけり。御送りして、**
馬の頭である翁が**お仕え申し上げ**た。何日か滞在して、（京都の）本邸に帰り**なさっ**た。（親王の）**お**送りをして、
**とくいなむとおもふに、大御酒《おほみき》たまひ、禄たまはむとて、つかはさざりけり。**（伊勢物語）
早く帰ろうと思ったが、（親王は）**お酒**を**お与えになり**、褒美を**お与えにな**ろうとして、**お返しくださら**なかった。

この傍線部の「給ひ・おはします・給う・御・大御酒・たまひ・たまは・つかはさ」は**尊敬語**ですから、主語は高貴な「惟喬《これたか》の親王《みこ》」です。そして、「つかうまつれ」は**謙譲語**ですから、主語は「馬の頭なる翁」ですよね。尊敬語と謙譲語は、このように使われるわけです。

最後に**丁寧語**をやりましょう。丁寧語は基本的に「**侍《はべ》り**」と「**候《さぶら》《さうら》ふ**」の二つだけです。丁寧語は、話し手（作者）が聞き手（読者）に対して敬意を表す言い方です。みなさんも先輩や先生に対しては丁寧語を使って「〜です・〜ます」とか言いますよね。それとだいたい同じです。

敬語はもう、とにかく「暗記」するのが一番手っ取り早いですから、別冊の後ろの見返《みかえ》しを見て、敬語にはどんな語があってどんな意味を表すのか、しっかり確認しておきましょう。

**『伊勢物語』は悲しきアウトサイダーのお話**

伊勢物語は、「プレイボーイ在原業平の一代記」という側面だけでなく、「藤原氏に敗れたアウトサイダーの話」という側面もあるの。惟喬親王と業平は将来の栄光を共に誓いあった間柄。でも親王は失脚し、出家して小野にこもってしまったの。その親王を見舞い、泣く泣く帰ってくるお話が「小野の雪」なのよ。深いわよ〜この物語は…。

ところで、敬語には本《ほん》動詞・補助《ほじょ》動詞、二つの用法があると習ったけど、何だったっけ？

敬語は、単独で使われている場合は「本動詞」の用法で、ふつうの動詞のように使います。
一方、敬語が動詞の下にくっついている場合は「補助動詞」の働きをするんです。

**殿《との》、給ふ。**（殿が、**お与えになる**。）→本動詞の用法

**殿、帰り給ふ。**（殿が、**お帰りになる**。）→補助動詞の用法（「帰る」という動詞の下に付いているため）

で、敬語が補助動詞の場合、動詞に次の意味を添えます。

①**尊敬の補助動詞**（お～になる・～なさる）〔例〕帰り**給ふ**（**お**帰り**になる**）
②**謙譲の補助動詞**（～申し上げる）〔例〕養ひ**奉る**（育て**申し上げる**）
③**丁寧の補助動詞**（～です・～ます）〔例〕聞き**侍り**（聞き**ます**）

このように、「帰る」「養ふ」など、「それだけでは敬意を表すことができない動詞」の下に付いて、補助的に「尊敬」「謙譲」「丁寧」の意味を添えるわけですね。敬語を見つけたら、それが本動詞・補助動詞、どちらの用法なのかも確認しましょう。

ふ～ん…。なんとにゃく敬語がわかってきたにょね。でも、敬語を覚えて何になるにょ？
敬語を覚えると、古文読解に強くなるのだ！　敬語は魔法の杖なのだ！

**●敬語の仲間たち**
敬語は本動詞・補助動詞・助動詞だけではありません。「～**殿**」のような接尾語、「**御**～」のような接頭語も敬語になります。ただ、入試では本動詞・補助動詞・助動詞の3つをたずねてくるので、この3つは必ずチェックしておいてくださいね。

そう。**敬語と主語には密接な関係がある**んです。基本的に、高貴な人が主語なら、その人の動作は尊敬語で表されますが、主語が高貴ではない場合、尊敬語は使われません。
　そして、誰かの動作が高貴な人に対して及ぶ場合、その動作は謙譲語で表されるんですね。**この敬語の性質から主語をはっきりさせることができる**んです。
　また逆に、その主語から敬語の種類がわかったりもします。主語が高貴なら尊敬語が使われますし、主語が高貴でなければふつうの動詞か謙譲語が使われるからです。

にゃるほど。敬語の種類や意味がよくわからなくても、その主語の身分から敬語の種類を推測できるわけなにょね。

敬語は最初から完璧に覚えなきゃダメというわけではないのだ。少し気が楽になったのだ。

そう、だからどんどん読解にチャレンジしてください。その読解の中で、敬語や古文単語を覚えていくというのも大事なんです。
　さて、これで準備運動は終わりですね。ではそろそろ、どうやって敬語を古文読解に使っていくのか、その具体的な方法をやっていきますから、しっかりついてくること！　いいね？

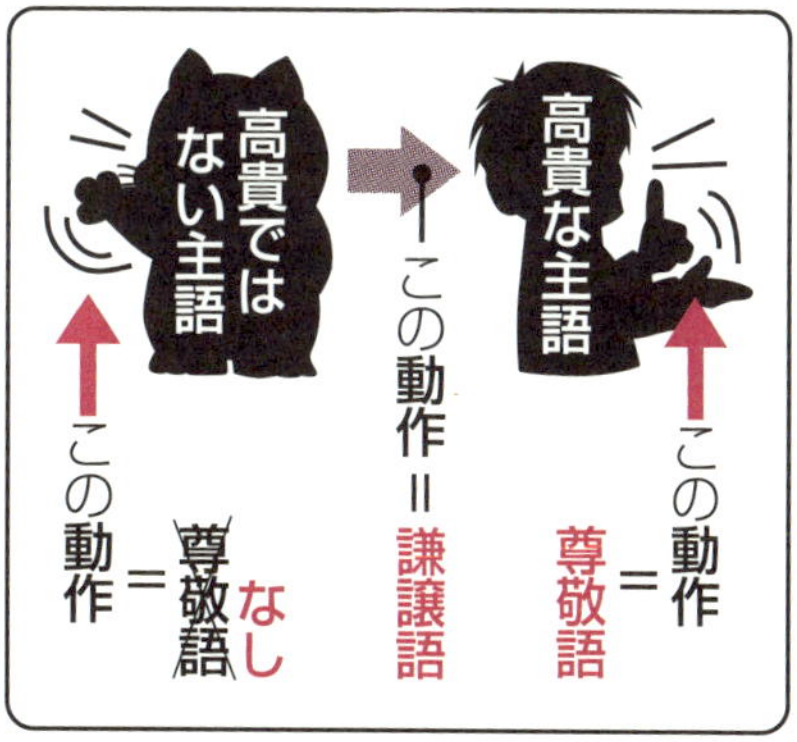

**敬語の種類は二択！**
丁寧語には「侍り」「候ふ」の二つしかないわよね。ということは、敬語があって、その敬語が「侍り」「候ふ」**以外**だったら、尊敬語か謙譲語よね。そして、主語が高貴であれば尊敬語、主語が高貴でなければ謙譲語、と考えることができるのよ。敬語を完全に覚えていなくても、この方法で敬語の種類や意味がある程度わかるのよね。

## 尊敬語の主語は高貴な人

ハイ、ではこれから地《じ》の文にある敬語の使い方について勉強していきます！
その前にまず、キクが昔書いた手紙文を読みたいと思います。

**富井先生がおっしゃったことは、三日ネコも言ってました。**
**ついにあれをご覧になったようですね。**

…という文なんですが、さて、この文で何か気づいたことある？

あ！　僕の名前が出てこないのだ！　存在を忘れられてるのだ！
違うにょね。どうせポイントは「**富井先生にだけ尊敬語が使われている**」ということにゃ。

そうです！　つまり、同じ「言う」という意味でも、キクは高貴な私を尊敬していますから、私の動作は尊敬語（おっしゃる）で表現します。一方、別に尊敬されるような身分ではない三日ネコ君には、全く尊敬語を使っておりません。

にゃんか、トゲのある言い方なにょね…。

まぁまぁ。でね、文の最後の「ご覧になった」の主語はわかる？　**誰が**ご覧になったの？

主語は富井先生。「ご覧になる」は尊敬語。ボクには尊敬語は使われないにょね。

正解！　つまり、「**地の文で尊敬語が使われていれば、その主語は絶対に高貴な人であり、逆に尊敬語が使われていなければ、まずその主語は高貴な人ではない**」と考えられるんです。キクの手紙の「ご覧になった」という尊敬語の主語は省略されています。しかし、「富井先生」が主語だとわかりましたよね。これと同じことが古文でもいえるんです。

## 地の文では、尊敬語をマークせよ！

STEP①〜③でもやりましたが、古文では主語が省略されますよね。ただし、話の最初から主語が省略されることはまずありません。一通りの人物が登場したあと、「もう言わなくてもわかるだろう」ということで、主語が省略されるわけですね。で、そんなとき、**尊敬語の有《う》無《む》で主語を明らかにすることができる**場合が多いんです。

**いといたう思ひわびたるを、いとどあはれと御覧じて、**（源氏物語・桐壺）

（桐壺更衣が）とてもひどく思い悩んでいるのを、（帝は）ますますかわいそうなことだと**ご覧になって**、

**地の文の敬語は尊敬語が一番の武器！**

地の文では、敬語は「尊敬語」が一番大切！　尊敬語は主語を補足するための一番の武器になるからよ。謙譲語もけっこう武器になるけど、やっぱり一番の武器は尊敬語なの。ちなみに、地の文の丁寧語（侍り・候ふ）は作者（著者）から読者に対してデスマス調の丁寧な語り方をしているだけだから、それほど神経質にならなくても大丈夫よね。

この例文でも、「思ひわびたる」というふつうの動詞の主語は比較的高貴ではない「桐壷更衣《きりつぼのかうい》」で、「御覧じ」という尊敬語の主語は超高貴な「帝《みかど》」ですね。

つまり、主語が省略されている場合、尊敬語が使われてたら主語は「高貴な人」で、尊敬語が使われていなかったら、主語は「高貴でない人」なのだ。

magic

**地の文——尊敬語**

**有→主語は高貴な人**

**無→主語は高貴でない人**

何はともあれ、次の古文『徒然草』で確認しましょう。これは、作者の吉田兼好《けんこう》が「ある人」に誘われて月見をし、その後、「ある人」が兼好を残し、思い出したように知り合いの家（女性の家）に入っていくというシーンです。傍線部①・②の主語を考えてみてください。

**九月二十日《ながつきはつか》の頃、ある人に①誘はれたてまつりて、明《あ》くるまで、月見ありくことはべりしに、思《おぼ》し出《い》づる所ありて、案内《あない》せさせて、②入りたまひぬ。**（徒然草）

陰暦九月二十日の頃、（私は）ある人に**誘われ申し上げて**、夜が明けるまで、月を見てまわることがありましたが、（その人は）思い出しなさる所があって、（そこの家に）取次ぎを頼ませて、**お入りになってしまった。**

傍線部①にある「たてまつる（奉る）」は謙譲の補助動詞で「〜申し上げる」と訳します。補助動詞（動詞の下に付く用法）の場合、「侍り・候ふ」以外だったら、尊敬の補助動詞（〜なさる）か謙譲の補助動詞（〜申し上げる）のどちらかである、が原則ですよね。

これはまたあとでやりますが、日記・随筆《ずいひつ》の地の文で謙譲語が使われている場合、主語は**一人称**（私）が多いんです。日記や随筆は作者本人の目線で書かれていますから、動作の受け手を高める表現である謙譲語は、作者自身の動作に使われることが多いんですね。

自分の動作を謙譲語で表すことで、その動作の受け手を高めるのだ。謙虚な姿勢なのだ。

ふー！　尊敬語とか謙譲語とか丁寧語とか、わけわかんないにょね！　ホント、日本人は面倒なことするにゃ！　全部タメ口で話せば楽なにょに！

確かに、言葉の形を変えることで相手に敬意を表すという、ネコの世界にはない文化ですよね。ま、とにかく、この傍線部①の主語は「作者」なんです。

次、傍線部②にある「〜たまふ（給ふ）」は尊敬の補助動詞です。登場人物は作者と「ある人」ですから、当然、この尊敬語の主語は「ある人」になります。尊敬語があり、「ある人」というように、実名をあげていないところを見ると、この人はかなりの身分の人であったと考えていいです。

とにかく、地の文では「**尊敬語の有無で主語がわかる**」というポイントは大事です。

**地の文の謙譲語の主語は「一人称」か「高貴でない三人称」**

日記・随筆にある謙譲語は、主語が**一人称**（私は）の場合が多いの。でも、物語や説話にある謙譲語は、主語が「（比較的）**高貴でない三人称**」である場合が多いのよ。高貴でない人が高貴な人に動作を及ぼす場合、その動作を謙譲語で表すのよね。

## 尊敬語の有無では主語が判断できない場合もある

しかしながら、尊敬語の有無だけで常に主語が判断できるかというと、そうではありません。例えば、高貴な登場人物がたくさんいたとしましょう。すると、文はどうなりますか？

ん～…。あ！　みんなに尊敬語が使われるから、何が誰だかわからなくなるにょね⁉

そうなんです！　つまり尊敬語の有無だけでは主語が判断できなくなるんです。

次の例文を見てみましょう。有名な『源氏物語』の一節です。ここでは桐壺更衣の母であり、光源氏の祖母にあたる「北《きた》の方《かた》」が、「更衣」に死なれて、失意《しつい》のあまり自らの死を願い、その結果とうとう亡くなってしまうという悲しいシーンです。

**かの御祖母《おば》北の方、慰《なぐさ》む方《かた》なく思《おぼ》ししづみて、**
かの（光源氏）のご祖母にあたる北の方は、癒されることなく**お悩み**になって、
**「おはすらむ所にだにたづね行かむ」と願ひたまひけるしるしにや、**
「せめて（桐壺更衣の）**いらっしゃる**であろう所にだけでもたずねて行きたい」と願い**なさっ**ていた結果であろうか、
**つひに亡せたまひぬれば、またこれを悲しび思すことかぎりなし。**（源氏物語・桐壺）
とうとう**お**亡くなり**になっ**てしまったので、（更衣の夫の桐壺帝は）またこれを悲しく**お思いになる**こと限りない。

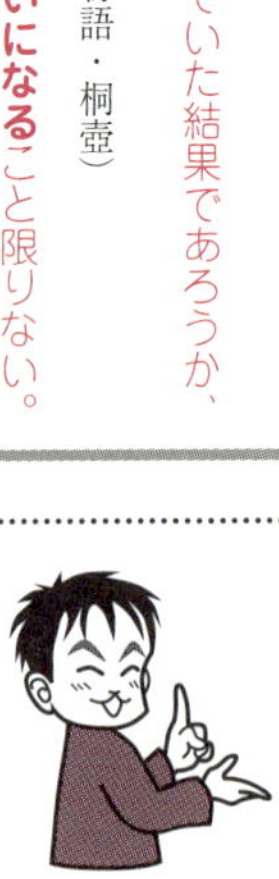

● **「人物、」＝主語 →訳（人物は(が)、）**
上の例文の「北の方、」のように、人物の名称の直後に読点（、）がくっついている形は、ほぼ間違いなく「主語」になります。
例）**親王、大殿ごもらで、**（**親王は、**お休みにならないで、）
　**殿、帰り給ふ。**（**殿が、**お帰りになる。）
「人物、」という形を見つけたら、「人物**は**(**が**)、」と訳しましょう。

この傍線部の「思《おぼ》し」「おはす」「たまひ」「思す」はすべて尊敬語なんですよ。つまり、**高貴な人が複数いるため、そのみんなの動作が尊敬語で表される**んです。こういった場合、尊敬語があるからといって、簡単に主語を決定できませんよね。こういう場合は、「**動作（影響）を及ぼす側と及ぼされる側**」というふうに、主語と動作を結びつけて、文脈重視で主語を判断するしかありません。亡くなった（影響を及ぼす側）のは「更衣」、それを悲しんで死にたいと思って死んでしまった（影響を及ぼされる側）のは「北の方」、その様子を嘆いて見ているのが「桐壺帝」というふうに。

ふ～ん。尊敬語を使って読解するタイプと、尊敬語を使って読解することができないタイプの二種類の古文があるのか。

そうです。一通り人物が登場するまで、尊敬語をマークしていき、尊敬語の有無が読解に反映する文章かどうかを判断してから読解しましょうね。

SAVE

●地の文は、尊敬語の有無で主語がわかる
- 有→主語は高貴な人
- 無→主語は高貴でない人

※ただし判断不可の場合あり。その場合は主語と動作を結びつけて判断すること。

STEP 8

# 尊敬語と特別な尊敬語

STEP⑦では、「同じくらい高貴な人が複数登場して、その高貴な人々みんなの動作が尊敬語で書かれている場合などは、尊敬語の有無だけでは主語が判断できない」という話をしましたよね。

でもね、その「高貴な人たち」の中で、**飛び抜けて高貴な人**がいる場合を考えてください。この飛び抜けて高貴な人の言動は「**特別な尊敬語**」で表されるんです。すると、どうなる？

「高貴な人」には尊敬語、「飛び抜けて高貴な人」には特別な尊敬語が使われるから、主語が省略されても主語がわかるのだ。

▲ 現在地

## 単なる尊敬語と特別な尊敬語を区別せよ！

そのとおりです。今回はそういった場合の地の文の読解法を伝授していきましょう。

まず、「特別な尊敬語」というのは、「**二《に》重《じゅう》尊敬**◆（＝**最高敬語**）」のことです。「**せ給ふ**」「**させ給ふ**」「**しめ給ふ**」などが代表的ですね。この「**せ**」「**させ**」「**しめ**」は**尊敬**の助動詞で、「**給**

◆助動詞「す・さす・しむ」の活用表（すべて下二段型）

| | 未然形 | 連用形 | 終止形 | 連体形 | 已然形 | 命令形 |
|---|---|---|---|---|---|---|
| す | せ | せ | す | する | すれ | せよ |
| さす | させ | させ | さす | さする | さすれ | させよ |
| しむ | しめ | しめ | しむ | しむる | しむれ | しめよ |

※意味：①**使役**（…させる）②**尊敬**（お…になる／…なさる）

別冊 ▶▶ P.4

ふ」も**尊敬語**（補助動詞の用法）です。「**尊敬**＋**尊敬**」というわけで「二重尊敬」といい、この二重尊敬になっている尊敬語のことを「最高敬語」ともいうわけです。

**みそかに花山寺《はなやまでら》におはしまして、御出家入道《ごすけにふだう》せさせたまへりしこそ、御年十九。**（大鏡）

（帝が）こっそり花山寺に**おいでになって**、ご出家**なさって**しまわれたその当時、お年は十九歳であった。

別冊の後ろ見返しを見て！　「尊尊」とあるのが「二重尊敬（＝最高敬語）」という特別な尊敬語で、「尊」とあるのが単なる尊敬語です。まずは、どの尊敬語が特別で、どの尊敬語がふつうなのか、きちんと区別がつくようにしてください。

高貴な人が多数登場する古文では、飛び抜けて高貴な人にだけ特別な尊敬語（二重尊敬〔＝最高敬語〕）を使用する場合が多いんです。

だから主語が省略されていても、特別な尊敬語（尊尊）と、単なる尊敬語（尊）の区別に注意すれば、きちんと主語を補うことができ、古文読解がスムーズになるんですね。

magic
**単なる尊敬語→主語は「（単なる）高貴な人」**
**特別な尊敬語→主語は「飛び抜けて高貴な人」**

ちなみに最高敬語は、天皇や中宮などの絶対者《ぜったいしゃ》（どんな場合においても常に絶対的に一番高貴な人）などに使われますの

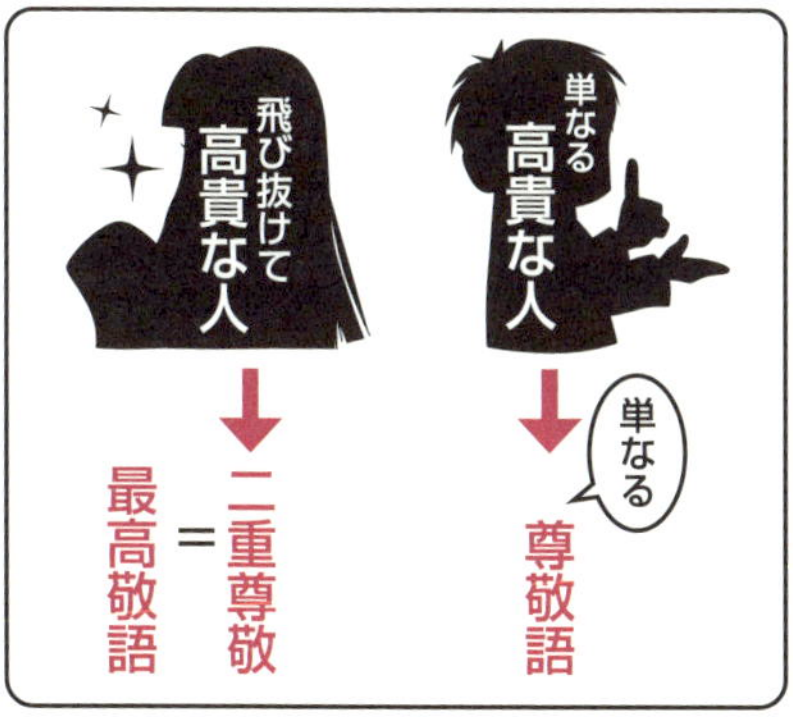

### ✉ 絶対敬語の奏す（そうす）と啓す（けいす）

「**奏す**」（［（元）天皇に］申し上げる）と「**啓す**」（［（元）中宮に］申し上げる）は**絶対敬語**というの。絶対敬語とは、動作（申し上げる）の受け手が必ず絶対的な権力を持つ人物（天皇や中宮など）である謙譲語のことよ。この絶対敬語が文中に出てきたら、動作の受け手は「（元）天皇」か「（元）中宮」に決定するのよ。

で、地の文で最高敬語を見つけたら主語は天皇か中宮などの絶対者だと考えてください。
それでは次の例文を見てみましょう。これは、『大鏡《おおかがみ》』の一節で、最高権力者の藤原道長《ふじわらのみちなが》が、藤原隆家《たかいえ》を招待したシーンです。「殿《との》」とは道長のことですよ。傍線部の主語は誰でしょうか。

**殿《との》、「とく御《お》紐《ひも》解《と》かせたまへ。ことやぶれ侍《はべ》りぬべし」**
道長殿が、「はやくあなたの服の紐を解きなさってください。この座の雰囲気がぶちこわしになってしまいます」
**と①おほせられければ、かしこまりて逗留《とうりう》し②たまふを、**（大鏡）
と**おっしゃっ**たところ、（隆家が）**恐縮してぐずぐずなさっていると、**

傍線部①の「**おほせられ**」は、尊敬語の「**おほす**」（おっしゃる）＋「**らる**」（尊敬の助動詞）で、「二重尊敬」なのだ。だから主語は飛び抜けて高貴な「殿」、つまり道長なのだ。

傍線部②にある「たまふ」は単なる尊敬語だから、主語は「隆家」なにょね？

二人とも正解です。天皇や中宮が登場する古文では、頻繁に「～せ給ふ」「～させ給ふ」「思しめす」などといった二重尊敬（＝最高敬語）が出てきますから、この二重尊敬の文と、単なる尊敬語の文（もしくは尊敬語なしの文）をしっかり区別して、主語を判断していってくださいね。
ちなみに、先程の例文の傍線部②を見て！　気づいたかもしれないけど、これね、直前に接

続助詞「ば、」があるよね。つまり、主語転換用法により「ば、」の前後では主語が変わるから、傍線部②の主語は「道長」じゃなくて「隆家」であるということもできるんですよ。

　このように、主語転換用法や主語同一用法と敬語をうまく組み合わせて使いこなせれば、より多角的に地の文の主語を判断することができるのです。

　確かに、主語同一用法や主語転換用法には例外というものがあります。そういった場合、「ああ～主語が補足できない！」というふうになりがちですが、敬語を使いこなすことのできる人はそんなとき、「よし、敬語を最大限に使って主語を補足しよう！」というふうに仕切り直して、もう一度読解を仕切り直すことができるんですね。

ふ～ん…。確かに強い勇者は、色々な武器や魔法を使って色々な角度から攻めることができるにょね。古文もそれと同じように、色々な視点から主語を補足していけばいいにょね。

SAVE

●特別な尊敬語と単なる尊敬語を区別すれば主語がわかる。

単なる尊敬語→主語は「(単なる)高貴な人」

特別な尊敬語→主語は「飛び抜けて高貴な人」

三日ネコ君も成長してきましたね。では、習得問題で地の文の敬語を攻略してみましょう！

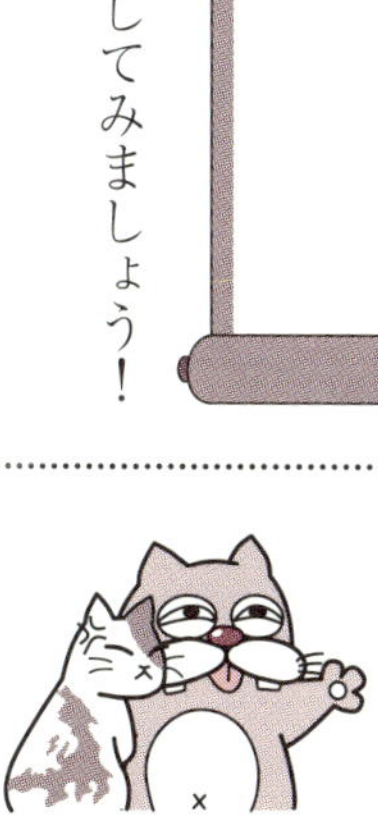

**ネコ**「で、結局このSTEP ⑦⑧では何をやったにょ？」

**ブタ**「三日ネコはほんとアホなのだ。ここでは、**地の文**にある**敬語**（特に**尊敬語**）を見て、省略された主語を補う方法を学んだのだ」

**ネコ**「ふ～ん。で、このあと**会話文**にある敬語をやるわけなにょね」

**ブタ**「そうなのだ。地の文と会話文では、敬語を使った主語の補い方が全然違うらしいのだ。頑張るのだ」

## 習得問題

STEP ⑦⑧

制限時間 10分

次の古文は『大和物語』の一節で、帝の愛する鷹をうっかり逃してしまった大納言が、あわてて帝のいる宮中に参上するところから始まっている。これを読んであとの問に答えなさい。なお、設問の都合により、本文を少し改めたところがある。

（大納言は）いかがせむとて、内裏《だいり》にまゐりて、御鷹《たか》の失《う》せたるよし奏《そう》したまふ時に、帝、ものも宣《のたま》はせず。①聞こしめしつけぬにやあらむとて、また奏《そう》したまふに、aおもてをのみまもらせ給うて物ものたまはず。

たいだいしとおぼしたるなりけりとbわれにもあらぬ心地してかしこまりて②いますがりて、「この御鷹《たか》の、求《もと》むるに、③侍らぬことを、いかさまにかし侍《はべ》らむ。などか仰《おほ》せごともたまはcぬ」と奏《そう》したまふに、帝《みかど》、「いはでおもふぞいふにまされる」とのたまひけり。かくのみ④のたまはせて、異事《ことごと》ものたまはざりけり。御心にいといふかひなく⑤惜しくおぼさるるになむありける。

これをなむ世の中の人、dもとをばとかくつけける。もとはかくのみありける。

（『大和物語』）

**問一** この①〜⑤の主語として最も適当なものを、次の中からそれぞれ選びなさい。

イ 天皇（帝）　ロ 大納言　ハ 御鷹　ニ 人

**問二** 傍線部ａ「おもてをのみまもらせ給うて」の意味として最も適当と思われるものを次の中から一つ選びなさい。

ア 顔をじっとお見つめになるばかりで　イ 顔を下に向けられるばかりで、

ウ 外の方ばかり御覧になって　エ 外面を保たれようとするばかりで

**問三** 本文には心中表現文が三箇所ある。それをそのまま抜き出しなさい。

**問四** 傍線部ｂ・ｃの助動詞の意味をそれぞれ次の中から選びなさい。

ア 打消　イ 完了　ウ 強意　エ 詠嘆

**問五** 傍線部ｄ「もと」の意味として最も適当なものを次の中から一つ選びなさい。

ア 和歌の上句　イ 物事の根本　ウ 元金　エ 元来

問題文の後ろから三行目の「いはでおもふぞいふにまされる」が和歌の下の句である七七になっているのに気づきましたか。下の句のことを「末（すゑ）」ともいいます。この言葉は「言わないで思っている方が言葉に出して言うよりも（気持ちが）まさっている」という意味です。この逃した鷹の名は「磐手（いはで）」。これが「言はで」との掛詞になっているんですね。

**問一** ①イ ②ロ ③ハ ④イ ⑤イ

▼傍線部①「聞こしめし」・④「のたまはせ」・⑤「おぼさるる」の三つは二重尊敬（＝最高敬語）で、主語は天皇です。そして、②「いますがり」は単なる尊敬語だから、主語は大納言。傍線部③「侍ら」は丁寧語で、その主語は上にある「御鷹」です。敬語は別冊を参照して暗記してくださいね。

**問二** ア（顔をじっとお見つめになるばかりで）

▼「おもて」…顔。／「まもる」…①じっと見つめる。②大切に世話をする。

**問三** 【一つ目】いかがせむ　【二つ目】聞こしめしつけぬにやあらむ
【三つ目】たいだいしとおぼしたるなりけり

▼心中表現文などを探すときは、引用の「と」の上部がポイントですよね。

**問四** b エ　c ア

▼「〜なりけり」の「けり」は「詠嘆」。「給は」は「給ふ」の未然形。未然形の下の「ぬ」は「打消」。

**問五** ア（和歌の上句）

▼和歌＝上の句（五七五）＋下の句（七七）。上の句のことを「もと（本）」ともいいます。

## 現代語訳

（鷹を逃してしまった大納言は）どうしようかと思って、宮中（天皇の所に）参上して、天皇の鷹がいなくなったことを（天皇に）申し上げなさったときに、天皇は、何もおっしゃらない。**お聞きにならな**かったのだろうかと思って、再び申し上げなさると、（天皇は大納言の）**顔をじっとお見つめになるばかり**で何もおっしゃらない。

もってのほかだとお思いになっているの**だなあ**と、（大納言は）茫然自失の気持ちになって、恐れ多く思って**いらっしゃって**、「この（逃げた）鷹が、探しても、**おりません**ことを、どのようにいたしましょうか。なぜ何もおっしゃってくださら**ない**のか」と申し上げなさったところ、天皇は「言わないで思っている方が言葉に出して言うよりも（気持ちが）まさっている」とおっしゃった。（天皇は）この言葉だけを**おっしゃって**、他のことは何もおっしゃらなかった。そのお心にどうしようもなく**残念にお思いになっている**のであった。

これを世間の人は**上の句**をあれこれと付けたが、元来はこの言葉だけだったのだ。

# STEP 9 「」の中の尊敬語

別冊▶▶P.5

## 「」の文はすべての敬語をマークする！

STEP⑦⑧では**地の文**の敬語を扱いましたが、このSTEP⑨⑩⑪では、**「」《カギカッコ》の文**（心中表現文・会話文・手紙文など）にある敬語を使いこなして主語を補足する訓練をしたいと思います。まずは「」の文の**尊敬語**からいきましょう！

地の文の敬語は尊敬語中心に見てきました。地の文で最も注意しなければならないのは尊敬語だからです。地の文の謙譲語と丁寧語は、それほど注意しなくても大丈夫なんですね。◆

しかし、**「」の文は、尊敬語・謙譲語・丁寧語のすべてを最大限に使って読解しなければなりません**。敬語を知らなければ、「」の文の読解は崩壊してしまうと言ってもよいくらい敬語を使う力が大事になってくるんです。

大変なのだ！　カンペキにマスターしなきゃダメなのだ！

うにゃ〜…面倒なことになってきたにょね〜…。

---

◆地の文の謙譲語・丁寧語の主語は？
**謙譲語**→主語は**一人称**か（比較的）**高貴でない三人称**
**丁寧語**→作者が読者に対して丁寧に語っているだけ
※このように非常にシンプルなので、地の文では**尊敬語**にだけ注意すればいいんです。

## 「　」の中の尊敬語の主語＝二人称 or 三人称

では「　」の中の尊敬語からやっていきます！

まず最初に、現代では会話文の尊敬語がどのように使われているのか、それを見ていきましょう。次の①・②の例文の傍線部は尊敬語です。この尊敬語の主語を考えてみましょう！

**①彼は私に「おっしゃる通りです」と言った。**

**②彼は私に「いらっしゃらないので帰ります」と言った。**

①の尊敬語の主語は「あなたが」なのだ。②の主語は多分、その場にいない人なのだ。

ブタネコ君も、なかなかスルドクなってきましたね～。

正解は次のようになります。

**①彼は私に「（あなたが）おっしゃる通りです」と言った。**

**②彼は私に「（あの方が）いらっしゃらないので帰ります」と言った。**

わかりますか？　つまり、①は聞き手である**二人称**（あなた）が省略されており、②は**三人称**（あの方）が省略されているわけなんですね。

このように、基本的に「　」の中の尊敬語の主語は、高貴な二人称か高貴な三人称であるということができるんです。

## magic 「　」の中にある尊敬語の主語は、(高貴な)二人称か三人称

ふーん。確かに言われてみれば当然なにょね。自分(一人称)の動作に尊敬語を使う奴はいないにょね。「**私は**家に**いらっしゃる**」なんて言う奴は変なにょね。

一人称ではないってことは、二人称か三人称なのだ。で、**特に二人称が多い**のだ。ということは、「　」の文に尊敬語があったら、主語は二人称(あなた)である可能性が高いのだ!

そういうことなんです! 会話をしているときは、話し相手を高めるために相手の動作を尊敬語で表すことが多いんです。また、その場にいない偉い人(高貴な三人称)の動作を尊敬語で表すこともありますよね。現代の会話においては、こんな感じで尊敬語が使われているわけです。

**「…(省略された主語)…尊敬語…。」**
↑(高貴な)**二人称** or **三人称**
↑「　」の文

そして、この現代の会話における尊敬語の法則は、そのまま古文にも通じるんですよ。

では、実際の古文を通じて、「　」の尊敬語とその主語をチェックしていきましょう。次の

例文を見てください。これは『古本《こほん》説話集』の一節で、平中《へいちゅう》（平貞文《さだふん》）という色好みの男が、出ていこうとする女に投げかけた言葉です。傍線部の尊敬語の主語を考えてみましょう。

（男は女に）「世の中の思ひのほかにてある事。
「私たちの仲が（このように）思いがけないことになっている事（は残念だ）。
①いかにしてものし給ふとも、②忘れで消息《せうそこ》もし給へ。〈中略〉」など言ひけり。（古本説話集）
（あなたが）どのようにしていらっしゃっても、忘れないで（あなたは）お手紙をなさってください。〈中略〉」などと言った。

本当なのだ！　傍線部は両方とも主語は二人称（あなた）、つまり「女」なのだ。

にゃるほど。ところで、「　」の尊敬語の主語は、三人称の場合もあるんじゃないにょ？

そう、その場にいない高貴な人のことを話題にする場合は、その尊敬語の主語は「（高貴な）三人称」になります。

例えば、私が三日ネコ君のお父様に会いに行ったけど、お父様がいなかったとします。そんなとき私が、「どこに**いらっしゃる**のですか？」と言ったとしますよね。するとこの場合の主語は誰？「誰は」「いらっしゃる」かと聞いてるの？

● 『平中物語』はドジな男が主人公！

『伊勢物語』は何か哀愁をおびた在原業平の一代記でしたが、それに対して、『平中物語』は何かドジな色好みの平貞文が主人公です。泣いているふりをしようとして、墨を顔に塗ってしまったり、要領が悪くて女性に嫌われてしまったりとさんざんです。でも、かえってこんな主人公に同調してしまうのは私だけでしょうか。

ボクの「父上」じゃないにょ？「**父上は**どこに**いらっしゃる**のですか？」と先生は尋ねているにょね。

つまり、その尊敬語「いらっしゃる」の主語は、高貴な**三人称**（父上）なのだ。

ハイ、よくできました！　では次の例文を見てください。『無名草子《むみょうぞうし》』の一節です。あるとき、頭中将が中宮定子の所に訪問した際、庭に草が茂っていました。そして、草が無造作に茂っているわけを、宰相の君という女房が優雅に説明するんです。

この傍線部の尊敬語の主語は誰でしょう？

> **（宰相の君が頭の中将に）「露《つゆ》おかせて御覧ぜむとて」と答《いら》へけむこそは、なほ古《ふ》りがたくいみじうおぼえさせたまへ。**（無名草子）
>
> 「露を載せてそれを（中宮が）**御覧になろう**として（庭に草を生やしていたのです）」と返事をしたのは、やはり古くさくなくすばらしいと存じ上げた。

「御覧ぜむ」の主語は高貴な三人称である「中宮」なのだ。この古文では確かに、尊敬語の主語は二人称ではなく**三人称**なのだ。

そうですね。このように、「　」の中の文に尊敬語があったら、その主語は二人称か三人称

**『無名草子』は老尼と女房たちの対話録**

『無名草子』は「年老いた尼に向かって、数々の女房たちが自分の意見を語っていく」という設定で書かれているのよ。読解するときはこの対話形式の設定を思い出してね。そうすれば現実味がわくと思うから。

だと考えてください。すると主語が補足しやすくなりますよね。こうやって「　」の文の尊敬語を使うわけです。

ちなみに、たま～に例外があります。天皇の会話文などにある、自分の動作に尊敬語を使う「**自敬《じけい》表現**」というやつです。

**（帝）「顔かたちよしと聞こしめして、御使いをたびしかど、」**（竹取物語）
「容姿が良いと（私は）**お聞きし**て、（私が）**お使いをお与えになっ**たけれど、」

このような「自敬表現」では、「　」の文にある尊敬語の主語は**一人称**（私）ですね。これだけが例外です。ただ、「自敬表現」は天皇の会話文にだけ注意していけば大丈夫ですよ。基本的に、「　」の文の尊敬語の主語は高貴な二人称か三人称、と考えて主語を補足していってくださいね。

自分で自分に敬語を使う…。今となっては信じられないことなにょね…。

SAVE

●「　」の中にある**尊敬語**の主語は、（高貴な）**二人称**か**三人称**。
※天皇の会話文にある「**自敬表現**」は例外で**一人称**。

STEP 10

# 「 」の中の謙譲語

別冊 ▶▶ P.5

## 「 」の中の謙譲語の主語＝一人称

ハイ、前回は「 」の中の尊敬語をやりました。今回は「 」の中の**謙譲語**をやります！

さて、三日ネコ君、「 」の中に謙譲語があったとしますよね。そして主語は省略されています。すると、その謙譲語の主語は何だと思いますか？

わからにゃい。わかりたいけどわからにゃい。

結論を先に言うと、「 」の文中にある謙譲語の主語は**一人称**（私）の場合が多いんです。

例えば、現代で謙譲語が使われるシーンを思い浮かべてください。

結婚式場では、司会者が「ただ今**申し上げ**ましたように、新郎新婦《しんろうしんぷ》は…」とか言いますよね。

そして、目上の人からお呼びがかかったときは「今すぐに**参**《まい》**り**ます。」とか言いますよね。

この「申し上げる」「参る」は、すべて現代の謙譲語です。で、主語は省略されていますが、全部「一人称（私）」が主語ですよね。
「（**私が**）ただ今**申し上げ**ましたように、新郎新婦は…」
「今すぐに（**私が**）**参り**ます。」

本当なのだ。「　」の文にある謙譲語の主語は一人称（私）なのだ。

ですよね。ただ、必ずしも一人称かというと、そうではありません。
例えば、ある会社の話。部長がちょっと席をはずしているとき、得意先のとても偉い人が部長に会いに来ました。部長はすぐに戻ってきます。そんなとき、受付の社員はこう言います。
「すぐに**参り**ますので、少々お待ちください」と。

あ、この「**参り**ます」の主語は「部長」なのだ。「部長が」「**参り**ます」なのだ。

そうです！　その場に部長はいないわけだから、主語は三人称になるわけです。こう考えると、「　」の文の謙譲語の主語は**三人称**のときもあるということができると思います。現代の謙譲語はこのように使用されていますね。

**「…（省略された主語）…謙譲語…。」**　←「　」の文
↑
**一人称** or **三人称**

**ネコ**「あにょ〜、今さら聞きにくいんだけど、**三人称**って何？」
**富井**「三人称とは、話し手（一人称＝私）と聞き手（二人称＝あなた）**以外**の人や物すべてを指す代名詞です。「彼」「彼女」とか「あの人」「あの野郎」とかはすべて三人称ですね。その場にいない人のことを指すときは、すべて三人称だと考えてください」
**ネコ**「ふーん。第**三**者の**人称**ということなにょね」

実は、古文でも同じことが言えるんですよ。次にそれを確認していきたいと思います。
次の古文は、説話の有名作品『宇《う》治《じ》拾《しゅう》遺《い》物語』です。狐《きつね》がある人にのりうつって、食事をしたあとのセリフです。傍線部はすべて謙譲語ですよ。

**（狐が）「紙をたまはりて、これ包《つつ》みてまかりて、たうめや子どもなどに食はせん」と言へば、**（宇治拾遺物語）
「（私は、食べ物を包む）紙を**いただい**て、これを包んで**退出して**、（私の家族の）老婆や子どもなどに食べさせよう」と言うので、

あ、本当にゃ！　傍線部の謙譲語の主語は、話し手である「狐」、つまり**一人称**にゃ。

ハイ、正解です。
では次の例文はどうですか。これは『源氏物語』の「夕顔」の巻の一節です。

**（警備の者が光源氏に）「（惟光朝臣は）さぶらひつれど、仰《おほ》せ言《ごと》もなし、暁《あかつき》に御《お》迎《むか》へに参るべきよしなむ申してなむまかではべりぬる」**（源氏物語）
「（惟光朝臣はここに）**お仕えし**ていましたが、（光源氏様の）ご命令もないし（何もすることがないので）、夜明け前にお迎えに**参上する**と**申し**て**退出し**てしまいました」

### ✉ 恋する気持ちは物の怪と化す？
光源氏の恋人の１人である六条御息所は、源氏を恋するあまりに、その精神が物の怪（生霊）と化して体から抜け出し、源氏の他の恋人（夕顔・葵の上・紫の上など）にたたっていくの。夕顔の死は、本文には直接触れられてないけど、この人の生霊の仕業だと考えられているのよ。よい子は絶対マネしないでね！

この傍線部の主語は全部その場にいない「惟光朝臣」なのだ。ということは、主語は一人称じゃなくて、**三人称**なにょね！

みなさん優秀ですね〜。というわけで、古文では次の法則が成り立ちます。

## magic 「　」の中にある謙譲語の主語は、一人称か三人称

この場合の三人称とは「（あなたの所に私の召使いが）**参る**」のように、高貴ではない主語である場合が多いんですね。

謙譲語の主語が二人称になる例外というのは、高貴な人が身分の低い人に向かって、「（こちらへ）**参れ**」などというように命令形で使うケース以外はあまりありません。これも天皇の「自敬表現」に多いんです。

SAVE

●「　」の中にある**謙譲語**の主語は、**一人称か三人称**

※天皇の「**自敬表現**」などにある「高貴な人の**命令**」は例外で、**二人称**もある。

STEP 11

# 「　」の中の丁寧語

別冊 ▶▶ P.5

## 「　」の中の丁寧語は話し手と聞き手の関係を明示する！

では、「　」の中の敬語を使った読解法の最後、「　」の中の**丁寧語**を使って省略された主語を補足する方法をやっていきましょう。

まずですね、例えば、僕とキクと三日ネコ君が、停電して真っ暗になった部屋にいるシーンを想像してください。何も見えない中、キクが話をします。

①キク「何も見えませんね。ロウソクとかありますか？」
②キク「ちょっとごめん、ロウソク取ってきてくれる？」
③キク「ロウソクはタンスの上にありましたよね？」
④キク「あ、どうして寝てるのよ！　早く起きて！」

さて、ここでクイズです。①〜④のキクのセリフは、それぞれ誰に向かって話しかけているのでしょう？

①と③は富井先生へ、②と④は三日ネコへ向かって話しかけているのだ。

正解です！　でも、どうしてわかったの？

なんとなく、①と③は丁寧に話しているから、相手は富井先生かなーと思ったのだ。

…要するに、「キクは先生に対して敬意を持っているから、先生には**丁寧語**を使って話すけど、全然敬意のない三日ネコに対しては丁寧語を使っていない」と言いたいにょね！

そのとおりです（笑）！　つまり、次のようなことが言えるんですよ。

magic

「　」の文——丁寧語

- 有→聞き手は高貴な人
- 無→聞き手は高貴とは言えない

**会話においては、丁寧語の有無《うむ》で「誰が誰に向かって話しているか」がわかる**んです。そしてこの法則は、古文でも同じなんですよ。

何はともあれ、古文における丁寧語（侍り・候ふ）を見ていきましょう。これは中世の説話『十訓抄《じっきんしょう》』の一節です。風雅《ふうが》を愛する人々が漢詩《かんし》を口ずさんでいたところ、その間違いをみすぼらしい老婆《ろうば》が指摘したという内容です。丁寧語の機能をチェックしてみましょう。

（老婆が人々に）「今宵《こよひ》の御遊びいとめでたくて、涙もとまりはべらぬに、
「今宵の（あなた様たちの）詩歌管弦のお遊びはたいそうすばらしくて、涙も止まり**ませ**んが、
この詩《し》こそ、及《およ》ばぬ耳にも、ひがごとを詠《えい》じおはしますかなと聞きはべれ」と言ふ。
この（詠じられた）漢詩は、（この私の）至らない耳にも、間違いをうたっていらっしゃるなあと聞こえ**ます**」と言う。
人々笑ひて、「興《きょう》ある尼《あま》かな。いづくのわろきぞ」と言へば、（十訓抄）
人々は笑って、「面白いことを言う尼であることよ。どこが良くないのか」と言うと、

丁寧語（侍り）のある会話文の話し手は「老婆」で、聞いているのは「人々」にゃ。みすぼらしい「老婆」は、自分より高貴な「人々」に対して、丁寧語で話すにょね。

丁寧語のない「興ある尼かな。いづくのわろきぞ」の話し手は「人々」で、聞き手はみすぼらしい「老婆」なのだ。高貴ではない聞き手に対しては、丁寧語は使わないのだ。

そうですね。このように、丁寧語の有無だけで「**誰が誰に向かって話しているのか**」がわかるんですね。本当に簡単で便利でしょ。

ちなみに、この老婆の会話文にある「おはします」は尊敬語です。「　」の文の尊敬語の主語は二人称（聞き手）が多いことから考えて、この尊敬語の主語は「人々」になりますよね。

こうやって敬語を使った読解法をしっかりと機能させていくと、「　」の文の主語は誰なの

**●「　」の中の命令形の主語は二人称！**

「　」の中に命令形があれば、その主語は聞き手（二人称）です。例えば「こちらへ**参れ**」という命令は、「（**お前は**）こちらへ**参れ**」ということですから、主語は二人称にあたる人物ですよね。ただ、「**あいつ**なんかいなくなってしまえ」の「**あいつ**」は三人称。こんな例外（三人称）もたま～にあるので一応要注意です。

か、誰が誰に向かって話しているのか、そのシーンが目に見えるようになるんですね。

では最後に、「　」の中の敬語と主語の関係を以下のようにまとめておきましょう。チェックしたら習得問題に向かってください。

### magic 「　」の文の敬語と主語の関係　まとめ

「　」の文
- 尊敬語→二人称→三人称→一人称
  （多い→やや多い→少ない）
- 謙譲語→一人称→三人称→二人称
- 丁寧語
  - 有（＝聞き手は高貴な人）
  - 無（＝聞き手は高貴とは言えない）

SAVE

●「　」の文——丁寧語
- 有→聞き手は高貴な人
- 無→聞き手は高貴とは言えない

**●カギカッコ、尊敬二歳、謙譲秘密！**

「　」（カギカッコ）の文の**尊敬語**の主語は、多い順に「二人称→三人称→一人称」だから「二（に）→三（さ）→一（い）【二歳】」なのだ。**謙譲語**は「一人称→三人称→二人称」だから「一（ひ）→三（み）→二（つ）【秘密】」なのだ。これを俳句風に「カギカッコ、尊敬二歳、謙譲秘密」と覚えるのだ。字あまりだけど、何度も唱えていれば簡単に覚えられるのだ！

## 習得問題

STEP ⑨⑩⑪

制限時間 10分

**次の古文は『徒然草《つれづれぐさ》』の一節である。これを読んであとの問に答えなさい。**

※1当代《たうだい》、いまだ坊《ばう》に①おはしましし時、※2万里小路殿、御所《ごしょ》なりしに、堀川大納言殿伺候し②たまひし御曹司《みざうし》へ、用《よう》ありて③参りたりしに、『論語《ろんご》』の四・五・六の巻《まき》をくりひろげたまひて、「ただ今、御所にて、※3『紫《むらさき》の朱《あけ》うばふことを憎《にく》む』といふ文を御覧ぜられたきことありて、御本《ほん》を御覧ずれども、④御覧じ出《い》だされぬなり。a『なほよく引き見よ』と仰《おほ》せ言《ごと》にて求むるなり」と⑤仰せらるるに、b「九の巻のそこそこのほどに侍《はべ》る」と⑥申したりしかば、c「あなうれし」とて、もて⑦まゐらせたまひき。

かほどのことは、※4稚児《ちご》どもも常《つね》のことなれど、昔の人は、いささかのことをもいみじく自讃《じさん》したるなり。

（『徒然草』）

※1 当代……………後醍醐天皇のこと。「坊」は皇太子で、これも昔の後醍醐天皇のこと。

※2 万里小路殿………冷泉小路の北、万里小路の西にあった邸。

※3 紫の朱うばふことを憎む……『論語』の一節。

※4 稚児どもも常のこと………子供たちでもできるあたりまえのこと。

**問一** 傍線部②〜⑦は、誰から誰への敬意か。①の例にならって次の記号で答えなさい。

ア 当代　イ 堀川大納言　ウ 作者
エ 読者　オ 稚児　カ 昔の人

① ウ→ア　② →　③ →　④ →
⑤ →　⑥ →　⑦ →

**問二** 傍線部a・b・cの会話主を、それぞれ次の記号で答えなさい。

ア 当代　イ 堀川大納言　ウ 作者
エ 読者　オ 稚児　カ 昔の人

**●ちょっとアンチョコ（誰から誰への敬意か）**

◆**「誰から」の敬意か**…敬語が**地の文**にあれば**作者から**の敬意、**「　」の文**にあれば**話し手から**の敬意。

◆**「誰へ」の敬意か**…**尊敬語**なら**主語へ**の敬意。**謙譲語**なら動作の**受け手へ**の敬意。**丁寧語**は**地の文**なら**読者へ**の敬意で、**「　」の文**なら**聞き手へ**の敬意。

## 解答解説 STEP ⑨⑩⑪

まず、この本文の中の登場人物は「後醍醐天皇」「堀川大納言」「作者」の三人です。後醍醐天皇から、『論語』にある漢文の出典確認を依頼された大納言ですが、なかなかそれを見つけられず、その場所を探しあぐねていたんですね。そこに偶然いあわせた作者が、たまたまその場所を知っていたために、大納言は面目を施したという話なんです。

**問一　② ウ→イ　③ ウ→イ　④ イ→ア　⑤ ウ→イ　⑥ ウ→イ　⑦ ウ→ア**

▼敬語は、誰かが誰かへ敬意を払う（誰かが誰かを高める）ために使われますよね。基本的に、次の公式を組み合わせれば、「誰から誰への敬意か」がわかります。

**「誰から」の敬意か**…敬語が地の文にある→「作者から」／敬語が「　」の文にある→「話し手から」

**「誰へ」の敬意か**…尊敬語→「主語へ」／謙譲語→「動作の受け手へ」／丁寧語→地の文＝「読者へ」・「　」の文＝「聞き手へ」

傍線②〜⑦の敬語の種類や意味は、一通り別冊でチェックしておいてくださいね。

**問二　a ア　b ウ　c イ**

▼ここで注意してほしいのは、a・b・cの会話文の中で、bだけに「侍る」という丁寧語が使用されてるということ。bは作者が堀川大納言に話しているとわかります。作者と堀川大納言が「当代」のご命令について話していることを考えれば、あとのa・cの会話主は簡単に絞ることができますよね。

## 現代語訳

後醍醐天皇が、まだ皇太子で**いらっしゃっ**たとき、万里小路殿を御所としていたが、（そこに）堀川大納言殿が控えて**いらっしゃっ**たそのお部屋に、用事があって（私が）**参上し**たことがあったが、（大納言殿は）『論語』の四・五・六巻をペラペラとおめくりになって、「ただ今、御所で、（天皇が）『紫の朱うばふことを憎む』という一節（原典）を御覧になりたいということがあって、（その）ご本を御覧になったけれども、（その箇所を）**見つけ**出されることができないのだ。（天皇から）**『もっとよく見なさい』**という仰せがあり（その箇所を）探しているのである」と**おっしゃる**ので（私は大納言殿に）**「（論語の）九巻のそこそこのあたりにあります」**と**申し上げ**たところ、（大納言殿は）**「ああうれしい」**とおっしゃって、（それを）持って（天皇のもとへ）**参上**なさった。

これくらいのことは、子供たちでもできるあたりまえのことではあるが、昔の人は、ほんのちょっとしたことでもたいそう自画自賛したのである。

九の巻の
そこそこのあたりに
あります
「そこそこのあたり」
ってどこ？
何ページのどこ？
あいまいな表現
あるにゃ！

STEP 12

# 文法と読解 ~主語をめぐって~

別冊 ▶▶ P.6

## 過去の助動詞「き」と「けり」で主語がわかる!

ハイ、このSTEP⑫から、「古典文法」◆を読解に役立てる方法を身につけていきましょう。古典文法も、古文を読解する大きな武器になるんですよ。まずは過去の助動詞の「き」と「けり」の使い方をやりますが、文法の得意なブタネコ君、この二つの違いってわかる?

「き」は**直接過去**といって、**自分の体験**を表す助動詞なのだ。それに対して、「けり」は**間接過去（伝聞《でんぶん》過去）**といって、**他人の体験**を**聞**いて**伝**えるときに使うのだ。昔習ったのだ。

そう、よく覚えてましたね~! 過去の助動詞「き（せ・○・き・し・しか・○）」「けり（けら・○・けり・ける・けれ・○）」と「主語」の間には切っても切れないつながりがあります。要は、**「き」が使われているか「けり」が使われているかで、その文の主語がわかる**、というわけなんですよ。

◆古文の基礎である「古典文法」がまだ固まっていない人は、本書と同じシリーズの『富井の古典文法をはじめからていねいに』（東進ブックス）を読んでみるのもオススメです。それを読んだあと、本書のこの部分を読むと一層理解が深まりますよ。

なんでこの助動詞から主語がわかるにょ？

ハイ、それでは次の二つの例文を見て！ 傍線部の主語を考えてみましょう。

**A あの人もさや思ひけむ。しめやかなる夕暮れをおしはかりて参りけるに、**

あの方も具合が悪いと思ったのであろうか。しんみりとした夕暮れを見計らって参上したのに、

**(人々が) 騒がしければ、まかづめり。**（更級日記）

（人々が）騒がしかったので、退出したようだ。

**B 俊恵《しゅんゑ》に和歌の師弟の契《ちぎ》り結び侍りし始めの詞《ことば》にいはく、**

（この私が）俊恵と師弟の契りを結びましたその始めの頃の言葉として（俊恵が）言うことには、

**「歌はきはめたる故実《こじつ》の侍るなり。われを真《まこと》の師と頼まるれば、この事たがへらるな。」**（無名抄）

「歌には究極の心得というものがあるのです。私を真の師匠と頼みにするのなら、この事にそむきなさるな。」

Aの傍線部は「ける」「けれ」で、Bは「し」なにょね。これがどうしたにょ？

あっ、Aの文の主語は「あの人」「人々」で、Bの文の主語は「私」、つまり作者なのだ。

そう！ つまり、日記の地の文に「けり」があると、基本的に**作者(私)は主語にならない**と

STEP 12 文法と読解〜主語をめぐって〜

いうことが言えるのです。「けり」は**他人**の過去のことを言うときに使いますからね。日記に**自分**の過去の体験談を書くとき、ふつう「き」を使います。「けり」は使用されません。これは覚えておくと読解にすごく役に立ちますよ。

weapon

**日記**
- **「き」の主語＝私（一人称）**
- **「けり」の主語＝他人**

いいですか？　では次に行きましょう！

## 尊敬の助動詞「る・らる」「す・さす・しむ」でも主語がわかる！

「る・らる」は受身《うけみ》・可能《かのう》・自発《じはつ》・**尊敬**を表す助動詞で、「す・さす・しむ」は使役《しえき》および**尊敬**を表す助動詞です。双方とも**尊敬**の意味がありますから、尊敬語の仲間なんですね。

この五つとも◆下二段《しもにだん》活用ですし、未然形に接続するのも同じです。比較的整理しやすい助動詞ですよね。

しかしながら、これも古文読解の中では注意しなければならない助動詞です。主語と密接な関係を持つことが多いんですよ。

| ◆ | 未然形 | 連用形 | 終止形 | 連体形 | 已然形 | 命令形 |
|---|---|---|---|---|---|---|
| る | れ | れ | る | るる | るれ | れよ |
| らる | られ | られ | らる | らるる | らるれ | られよ |
| す | せ | せ | す | する | すれ | せよ |
| さす | させ | させ | さす | さする | さすれ | させよ |
| しむ | しめ | しめ | しむ | しむる | しむれ | しめよ |

では、次の例文を確認してください。出典は『宇治拾遺物語』です。

> **今は昔、治部卿道俊卿《ぢぶきやうみちとしきやう》、後拾遺《ごしゆうい》を選ば①れける時、秦兼久《はたのかねひさ》、**
> 今となっては昔のことであるが、治部卿の道俊卿が、『後拾遺和歌集』を**撰集なさっていた**とき、秦兼久が、
> **行《い》き向《む》かひて、おのづから歌などや入る、と②思ひてうかがひけるに、**（宇治拾遺物語）
> 出向いていって、「ひょっとしたら（自分の）歌などが入るかもしれない」、と**思ってうかがった**が、

傍線部には両方とも「ける」とあるから、主語は「私」ではないにょね。「ける」は伝聞過去で、自分以外の他人が経験したことを話すときに使うからにゃ。

あ！　傍線部②には尊敬の助動詞はないけど、①の「**れ**」は尊敬の助動詞なのだ！　尊敬語のある方が主語は高貴なのだ。「治部卿道俊卿」の方が「秦兼久」より高貴だから、尊敬語が使われているのだ。

その通り！　傍線部①の主語は「治部卿道俊卿」で、②の主語は「秦兼久」ですよね。そして、このあともしも主語が省略されたら？

尊敬語（尊敬の助動詞）のある方の主語を、「治部卿道俊卿」にすればいいにゃ。にゃるほど。**尊敬の助動詞でも主語がわかる**わけなにょね。

**●勅撰集＝天皇の命令で作られた和歌集**

最も権威ある和歌集は、天皇の命令で撰ばれた勅撰集です。特に以下の8つは「八代集」とよんで別格の扱いをします。

①『**古今**和歌集』　②『**後撰**和歌集』　③『**拾遺**和歌集』
④『**後拾遺**和歌集』⑤『**金葉**和歌集』　⑥『**詞花**和歌集』
⑦『**千載**和歌集』　⑧『**新古今**和歌集』

## 尊敬の助動詞
有 → 主語は高貴な人
無 → 主語は高貴でない人

そうなんですね。では次の例文はどうですか？　傍線部①・②の主語を確認してください。この例文は『松浦宮物語《まつらのみや》』という物語で、センター試験（97年度）に出題された作品です。天才的な子供を持った父と、それを賞賛する天皇（御門）という設定ですよ。

**七歳にてふみつくり、さまざまの道にくらきことなし。御門《みかど》きこしめして、**
（その子供は）七歳で漢詩を作り、諸芸に不足なところがない。天皇が（その噂を）お聞きになって、
**「これただ物にはあらざるべし」と①興ぜさせたまふ。〈中略〉父君身にあまる**
「これはただ者ではないようだ」と**興味をお示しになる**。〈中略〉父君は身にあまるほどの
**官爵《くわんしやく》を②みたまふにつけても、ひとつ子にあれば、ゆゆしうのみおぼさる。**（松浦宮物語）
官職（官位と爵位）を**御覧になる**につけても、一人っ子であるので、（何か）不吉に思っておられた。

傍線部①は「**させたまふ**」という二重尊敬になっているけど、②は「**たまふ**」だけで、単なる尊敬語なのだ。ということは、登場人物は二人だから…

①の主語が絶対者の「御門」で、②が「父君」なにょね。尊敬の助動詞「**させ**」のある方が

主語は高貴だからなにょね。

みなさん大変優秀ですねー。それでは次に行きましょう！

## 主語が必ず一人称？

会話文の中に次の表現が出てきたら、**必ず主語は一人称**になりますので、「**私は**」という主語を入れるようにしましょう。

weapon
**願望の終助詞の「ばや」**
**謙譲の補助動詞「給ふ」**（下二段活用）
→ **主語は私（一人称）**

なぜかというと、「**ばや**」は、「～したい」と訳す、**自己の願望**を表す終助詞だからですね。

例えば、次の『源氏物語』の「桐壺」の一節を見てください。

「かかる所に、思ふやうなる人を据《す》ゑて住《す》まば**や**」（源氏物語）
「このような（立派な）場所に、思いどおりの女性を置いて（私は）住み**たい**」

**●願望の表現＝終助詞の「なむ」「ばや」「がな」**
「なむ」（～してほしい）は**他へ**の願望。「ばや」（～したい）は**自己**の願望。「がな」（～してほしい［したい］なあ／～があればなあ）は**詠嘆**願望なのだ。文の終わりにこれらの語があったら願望を表していると思ってしっかり区別するのだ。

確かに「ばや」の文の主語は一人称（私）だにゃ。そういえば、『古典文法』の本の方で「**私は**、**ばや**リースが飲み**たい**」とか言って覚えたにょね。サブいけど覚えたにょね。

「サブい」は余計でしょ！　でもまぁ、こういうのはサブくても覚えた者勝ちですからね！

では次。謙譲の補助動詞の「**給ふ**」ですが、この語がある文も、主語は必ず一人称なんです。この敬語の特徴は、**「　」の中でしか使用されない**というところです。

古文では、「　」が入るべきところであっても省略されていたりしますよね。ただ、仮に「　」が省略されていても、この表現を見つければ「　」を補足することも可能なんです。これはＳＴＥＰ④と⑤の補助項目としてとらえてください。

あ、あの心中表現文や会話文を区切る方法の補助項目なのか。

そう。ちなみに、この謙譲の「給ふ」は下二段活用なんですが、原則的に「給へ・給ふる・給ふれ」の三つのカタチでしか出てきませんし、「思ひ・覚え・知り・見・聞き」の五つの動詞の下にしか付きません。つまり、次のようなカタチでのみ現れるわけです。

**「（私は）思ひ（覚え・知り・見・聞き）＋給へ（ふる・ふれ）」**

では次の例文を参照してください。これも『源氏物語』の「若紫《わかむらさき》」の一節です。下二段の「給ふ」が使用されていますよ。

**●三日ネコのヒトリゴト**

古文の会話文って、なんか知らにゃいけど、「　」が最初から付いてる会話文と、「　」が付いてない会話文があるにょね。だから「　」が付いてない会話文は、自分で「　」を付ける必要があるにょか。「　」を付ける方法は、確か STEP ⑤でやったにょね。

**「ここにものしたまふは、たれにか。尋《たづ》ねきこえまほしき夢を見たまへしかな」**（源氏物語）

「ここに住んでいらっしゃるのは、どなたか。（このお方を）訪ね申し上げたいという夢を（私は）**見ましたよ**」

確かにこの「見たまへ」の主語は一人称（私）だにゃ。「ばや」と下二段の「給ふ」の主語は絶対に一人称。忘れないのだ。

SAVE

- ●日記
  - 「き」の主語→私（一人称）
  - 「けり」の主語→他人
- ●尊敬の助動詞
  - 有→主語は高貴な人
  - 無→主語は高貴でない人
- ●願望の終助詞「ばや」
- 謙譲の補助動詞「給ふ」（下二段活用）
  - →主語は私（一人称）

# STEP 13 文法と読解〜感覚をみがく〜

別冊 ▶▶ P.7

## 視覚の感覚を身につけろ！

STEP⑫では文法と主語の関係を中心に扱ってきましたが、このSTEP⑬では感覚的なイメージをつけることに専念します。

まずは**視覚的**なイメージをつけましょう。では、文法に妙に詳しいブタネコ君。視覚にもとづく推定《すいてい》を表す助動詞って何かなぁ？

それは「**めり**」という助動詞なのだ。「めり」は**目に見えるもの**の推定を表す助動詞なのだ。終止形もしくはラ変の連体形の下に付くのだ。

ハイ、カンペキです。「めり」は、目に見えているものに対して、何かしら推定するときに使う助動詞なんですね。「…（である）ようだ」と訳します。

では次の例文で確認しましょう。『蜻蛉《かげろう》日記』の一節です。

**山陰《やまかげ》の暗《くら》がりたる所を見れば、蛍《ほたる》は驚くまで照《て》らすめり。**（蜻蛉日記）

山陰の暗くなっている所を見ると、蛍はびっくりするほど（あたりを明るく）照らしている**ようだ**。

確かに視覚を感じるにゃ。蛍の光～♪にゃ。窓の雪～♪にゃ。

「窓の雪」はおいといて、この「めり」という助動詞が、目にみえる世界を鮮やかに映し出していることを感じてほしいんです。そういった感覚が、古文をビジュアルに再現していくためには大切なんですね。

古代人は暗闇には一種の恐怖を抱いていましたから、その暗闇を照らす月には一種の憧れというか信仰があったんですね。歴史書『古事記《こじき》』には、月の神が登場したりするんです。こういった感覚を少しでも感じることができれば、古文を好きになることとウケアイなんですよ。

では次。「めり」は視界**内**の推定でしたが、視界**外**のものを推量する助動詞は何ですか？

「**らむ**」なのだ。これも「めり」と同じく、終止形かラ変の連体形に接続するのだ。

正解！　ではその「らむ」が使われている次の例文を参照してください。『宇治拾遺物語』の一節で、ヒョウタンを作っている人のお話です。

■**めり**…語源は「見え＋あり」mie＋ari＝meri
→①〔視界**内**の〕**推定**（…ようだ）②**婉曲**（…ようだ）

■**らむ**…語源は「あり＋む」ari＋mu＝ramu
→①〔視界**外**の〕**現在推量**（〔今ごろは〕…ているだろう）

■**なり**…語源は「音（ね）＋あり」ne＋ari＝nari
→①〔聴覚にもとづく〕**推定**（…ようだ）②**伝聞**（…という）

**さて、月ごろ経《へ》て、「今はよくなりぬらむ」とて見れば、よくなりにけり。**（宇治拾遺物語）

そうして（ヒョウタンをつるしておき）、何ヶ月も経って、「今頃はちょうどよくなっている**だろう**」と思って（中を）見てみると、（ちょうど）よくなっていたのであった。

にゃるほど。目には見えないヒョウタンの中身を想像して視界外推量の「らむ」を使ってるわけだにゃ。何か古文読解の中に感覚的なものが加わったような気がするにょね。

Ｐ60の例文にも「らむ」がありますが、この場合は今はもういない桐壺更衣を慕《した》った母のセリフなんですね。あの世をも「らむ」は表現できるわけです。

## 「めり」「らむ」の違い

## 聴覚の感覚を身につけろ！

さて、このような視覚的な感覚が身についたら、次は**聴覚的**な感覚を身につけましょう。
聴覚的な推定を表す助動詞は「**なり**」です。
次の和歌を参照してください。最古の歌集、『万葉集《まんようしゅう》』の一句です。

**我《われ》のみや　夜舟《よぶね》は漕《こ》ぐと　思へれば　沖辺《おきへ》の方に　楫《かぢ》の音《ね》すなり**（万葉集）

私だけが夜に舟を漕いでいるのだろうかと思われたが、沖の方でも楫の音がする**ようだ**

どうですか？「キーキー」という舟を漕《こ》ぐ楫《かじ》の音が聞こえてきませんか。

…にゃんとなく聞こえてくるような気がするにょね。古文に親近感がわいてきたにょね。
なるほど。こんな感覚は初めてなのだ。これらの助動詞も古文読解に役立つのだ。

SAVE

●視覚的推定…「めり」（視界内）・「らむ」（視界外）
●聴覚的推定…「なり」

---

### ✉ 家持は、家を持ってて持て持て（モテモテ）？

『万葉集』の代表的な撰者である大伴家持は、実は『伊勢物語』の主人公在原業平に負けないくらいのモテモテ人間だったのよ。『万葉集』で女性と恋の歌をかわしているんだけど、その数は10人以上にもなるの。たいしたもんよね～。

# 習得問題

STEP ⑫ ⑬

制限時間 8分

**次の古文は『紫式部日記』の一節である。これを読んであとの問に答えなさい。なお、設問の都合により本文を少し改めたところがある。**

※1左衛門《さゑもん》の内侍《ないし》といふ人侍り。あやしうすずろによからずに①思ひけるも、②え知り侍らぬ心うきしりうごとの、多う聞こえa侍りし。

※2内の上の、源氏の物語、人に読ませ給ひつつ聞こしめしけるに、「※3この人は、※4日本紀をこそ読み給ふべけれ、まことに才《ざえ》あるべし」と③宣はせけるを、ふとおしはかりに、「いみじうなむ才ある」と殿上人《てんじゃうびと》などに④言ひ散らして、日本紀の御局《みつぼね》とぞbつけたりける。いとをかしうぞ侍る。

（『紫式部日記』）

※1 左衛門の内侍……宮中で天皇にお仕えしている女官の一人。

※2 内の上……一条天皇のこと。

※3 この人……作者である紫式部のこと。

※4 日本紀……日本書紀。漢文で記述されている史書。

問一　傍線部①～④の主語として、適当なものを次の中からそれぞれ選びなさい。

ア　左衛門の内侍　イ　内の上（一条天皇）
ウ　作者（紫式部）　エ　殿上人

問二　傍線部②「え知り侍らぬ」を口語訳しなさい。

問三　傍線部a・bの品詞説明をしなさい。

●ちょっとアンチョコ

**問一**　過去の助動詞「き」「けり」及び尊敬語（最高敬語）に気をつけて、主語を補足しましょう。

**問二**　「え～打消」は「不可能」の意味です。

**問三**　例えば“完了の助動詞「ぬ」の終止形”のように、意味＋品詞＋「その語の終止形」＋活用形の順で書きましょう。

## 解答解説 STEP ⑫⑬

この作品は日記ですから、登場人物には当然「作者」がいますよね。それ以外の登場人物は「左衛門の内侍」という女官、「内の上（一条天皇）」、そして「殿上人」です。

**問一** ①ア　②ウ　③イ　④ア

▼地の文では、天皇にだけ尊敬語を使用しています。傍線部③「宣はす」は「おっしゃる」と訳す尊敬語ですので、③は高貴な主語イになります。その他の人物には尊敬語が使われていないわけですが、作者か左衛門の内侍かの区別は「き」と「けり」の性質を利用すればわかります。①↓「ける」＝内侍。②↓文末の「し」＝作者。④↓文末の「ける」＝内侍。

**問二** 知ることができません

▼「え…打消」は「不可能」（…できない）の意味。「**え**知り侍ら**ぬ**」の「ぬ」が打消の助動詞ですね。「～侍り」は「～です・～ます」と訳す丁寧の補助動詞です。

**問三** a　(直接)過去の助動詞「き」の連体形
b　(間接)過去の助動詞「けり」の連体形

▼こういった「古典文法」は、しっかりやっておくと確実に得点源になります。『富井の古典文法をはじめからていねいに』などで速攻マスターしましょう。ちなみにbは係結びのため連体形になっていますよね。

## 現代語訳

左衛門の内侍という人がおります。（その人は私のことを）むしょうに嫌だと**思っていたそう**で、（私が）**知ることができません**辛い陰口が、多く聞こえてき**ました**。

宮中の一条天皇が、『源氏物語』を、人にお読ませになりながらお聞きになっていたところ、（天皇は）「この人（紫式部）は、（なんと、あの漢文で表記されている）日本書紀を読んでおられるようだ、まことに学才があるようだ」と**おっしゃった**が、（それを左衛門の内侍は変に）あて推量して、「たいそう（漢学の）才能があるんだって」と殿上人などに**言いふらし**て、（私のことを）日本紀の御局と名づけ**たそうだ**。（それは）大変（的はずれで）おかしなことでしたよ。

さて、ようやく長い長いステージⅠをクリアーしましたね。どうでしたか？

今までは、単語と文法がわかれば古文は読めると思っていたのだ。でも古文を読解するための「読解法」も、とても大切だとわかったのだ。

読解法を知らなかったら、省略された主語が補足できなくてヤバイ感じなにょね。

そうですね。結局、このステージⅠでは次のことをメインにやったわけです。

**●古文は主語が省略される→主語を補足する必要がある。**
**●地の文と「　」の文では、主語を補足する方法が違う→両者を区別できるようにする。**
**●地の文と「　」の文、それぞれの主語の補足方法を身につける。**

なるほど。これにオマケとして「古典文法」で主語を補足する方法とかもやったのか。

ふーん。要するに、**古文を読むときは主語を補足しながら読む！**ということなにょね。

そう！　ただ、このステージⅠで身につけた知識だけで古文読解が完璧かというと、そうではありません。次のステージⅡでは、古文を理解するのに必要な「**古文常識**」をやっていきます。これを身につけると、古文が本当に「目に見える」ようになって、ビジュアルな読解が可能になりますからね。では行きましょう！　ステージⅡ『「常識」の洞窟』です！

ステージⅡ

# 「常識」の洞窟

▸STEP ⑭〜⑲

STEP 14

# 男女交際の常識

別冊 ▶▶ P.8

ハイ！ 今回から**古文常識**についてやっていきますが、あまり難しく考えないでくださいね。
まずは、清少納言の随筆『枕草子』の一節をちょっと読んでみてください。

## 古文常識を知ると古文が「見える」!?

**夜いたうふけて、門《かど》をいたうおどろおどろしう叩《たた》けば、「なにの用にかう心もなう、遠からぬ門を高く叩くらむ」と聞きて、**（枕草子）

夜がたいそうふけて、（私の居る所の）門をたいそう激しく叩くので、「何の用事でこのように遠慮もなく、さほど離れていない門を声高く叩くのだろう」と聞いて、

この古文がどうしたのだ。清少納言の寝ている家の門を誰かが叩《たた》いているだけなのだ。

では、その叩いている人は、ふつう、男と女、どちらだと思う？

そんにゃのは、その尋ねてきた人に会うまではわからないにょね。

現代では、基本的にはそうですね。男友達かもしれませんし、お隣のお姉さんかもしれませんし。ただ、古文においては、夜になって女性を訪《たず》ねてくるのは、圧倒的に**男性**であることが多いんです。なぜかというと、当時は男性が女性のもとに通っていくことによって結婚生活が成り立っていたからです。女性が夜出歩くことはまずないんですよね。

こういう常識を古文常識と考えていただければ良いかと思います。

では、その常識をふまえて次の例文を見ていきましょう。この例文は、『蜻蛉《かげろう》日記』の一節です。傍線部の主語を確認しましょう。

**心のどかに暮らす日、はかなきこと言ひ言ひのはてに、われも人も悪《あ》しう言ひなりて、うち怨《ゑん》じて出づるになりぬ。**（蜻蛉日記）

平穏に暮らす日、ささいなことを（お互いに）言い合った末に、私も夫もひどい言い方をしてしまって、恨みを言って**出ていく**ことになってしまった。

傍線部の主語は**夫**なのだ。通ってきて、そして**出ていく**のは**夫**の方だからなのだ。

そうです！　そういうふうに古文を読むことが大切なんです。古文常識を知り、読解に役立てることによって、古文に書いてある様々な状況が「見える」ようになるわけですね。

## 男女交際①　〜一夫多妻制と通い婚〜

古文には、男女関係を扱った内容が非常に多いんです。よって、完璧にこの慣習をマスターすれば、絶対古文の読解に役立つんですよ。では行きましょう！

まず、現代のように一人の夫に一人の妻という**一対一**の結婚がふつうではなく、

**一夫多妻制**《いっぷたさいせい》

がふつうだったのです。それと、現代のように夫と妻が**同居**するのがふつうではなくて、

**通《かよ》い婚《こん》（妻問《つまど》い婚《こん》）**

がふつうでした。ただ、一夫多妻制だ、通い婚だといっても、すべての人がそうだとは言い難いんです。

男性がたくさんの奥さんを持つというのは、その男性に女性を惹《ひ》きつける力があるということでしょ。そしてその魅力とは、容姿や性格だけではなく、高貴な**家柄**とか**権力**とかも含まれてきますよね。当然、すべての人がそんな条件を持っているワケなどないんです。

ブタネコがいい例だにゃ。こんなダメ猫にたくさんのメス猫がつくわけないにょね。

そのとおりなのだ。ネコじゃなくてブタならたくさん寄ってくるのに〜ってうるさいのだ！

それに、通い婚といっても、歳をとってから同居する場合もあるし、女性の家が没落したの

**結婚には色々な形態があるのよ♥**

光源氏の奥さんの一人「女三宮」は、源氏の異母兄弟である朱雀院の娘。朱雀院の頼みで源氏は彼女を六条院に迎え入れるの。また、光源氏が死ぬまで愛し続けた「紫上」は、源氏が病気になって北山に引き込んでいたときに、垣間見して気に入り、実家にひきとった女性なのよ。結婚は通い婚だけじゃないのよね。

で、気の毒に思って夫が自分の邸宅《ていたく》にひきとることもあったわけです。当時は必ず通い婚だったというわけではないんですね。

では次に、男女が夫婦になるまでの過程を述べてみたいと思います。

まず、男は最初、垣根の透き間から女性をのぞき見します。この行為を、

**垣間見《かいまみ》**

とよびます。とがめられることはあっても、現在と違って犯罪にはなりません。

で、垣間見したその女性を気に入ると、男は求愛行動に移るわけですが、こういった求愛の行動を総じて、**「呼《よ》ばひ」**といいます。この「呼ばひ」のやりとりに有効なのは**和歌《わか》**です。「愛しています」なんてことを書いた内容の手紙を、

**懸想文《けさうぶみ》**

といいます。いわば、和歌付きのラブレターですね。和歌で自分の愛を伝えるわけです。で、その和歌のやりとりで意気投合すると、男は女性の所に泊まったりします。

早っ！　デートとかもしないで、いきなり泊まるにょ？　信じられないにょねー！

当時はそういう文化だったんですね。で、泊まった男は**夜明け前**に帰っていきますが、帰路の途中や自宅に到着してから、その女性に和歌付きの手紙を送ります。その手紙を特別に、

**後朝《きぬぎぬ》の文《ふみ》**

**ネコ**「一夫多妻ってことは、妻は夫を一人しか持てないにょ？」
**富井**「そうです。でも、愛人を持つことは認められていたんですよ」
**ネコ**「ふーん。じゃ、『後朝』はなんで『きぬぎぬ』って読むにょ？」
**富井**「当時は共寝するとき、互いの着物（きぬ）を重ねてその上に寝ました。「きぬ＋きぬ」で「きぬぎぬ」という読み方になったんですね。で、女性に会った**後**の**朝**ということで、**後朝**の漢字があてられたんです」

といいます。

「君のことを思い出して何度も振り返ってしまったよ」

とか、「明け方の鳥の声がこんなに辛く思われたことはない」なんて内容が一般的かな。何か歯が浮きますねえ。

で、女性の家で一夜を過ごした男性はふつう、**三日連続**して通います。そして三日目の朝、男は帰りません。このあと、披露宴《ひろうえん》があるんです。この披露宴のことを、

**露顕《ところあらはし》（所顕《ところあらはし》）**

といいます。このとき男女が餅《もち》を食べます。この餅のことを、

**三日《みか》（夜《よ》）の餅《もち(ひ)》**

といいます。「三日猫《みかねこ》の餅」ではありませんよ（笑）。これで結婚成立。

こうして結婚した後、男性は女性の所に通い続けるわけです。この結婚の形態を、

**通《かよ》い婚《こん》（妻問《つまど》い婚《こん》）**

とよんでいるんです。

次に紹介する例文は『落窪《おちくぼ》物語』の一節で、男君が女君の所に通い始めて三日目のお話。男君は豪雨に見舞われ、女君の所に行くことをあきらめます。そのことを告げたところ、女君とその侍女《じじょ》から抗議の手紙が届くんですね。やんわりと会えない寂しさを訴える女君。一方、侍女はその怒りをあらわにします。侍女の怒りの手紙を見た男君の会話文を次に紹介します。

**ネコ**「結婚するときって、婚姻届とかを役所に出すんじゃないにょ？」
**富井**「当時はそういうキマリはないんですよ。男が、初夜から**三日連続**で通ってきたら、それで正式に結婚成立だったんです」
**ネコ**「え、じゃあ三日目に男が女の所に通わないと結婚不成立なにょ？」
**富井**「そうなんです。だからこの三日目ってのは重要な日なんですよね。逆に結婚する気がない場合は、適当に日をおいて通うわけです」

**「いみじうくねりためるは。げに今宵《こよひ》は三日の夜なりけるを、もののはじめにあしう思ふらむ。いとほし」**（落窪物語）

「（侍女は）たいそうすねているようだなあ。なるほど今宵は**三日目の夜**であったのだが、付き合いの最初にひどいと思っているのだろう。とても気の毒だ」

三日目は披露宴（**露顕**）だから、一番大切な日にゃ。雨が降ったからといって通わないのは、腹が立って当然なにょね。

当時は大雨が降ると、洪水が絶えなかったようだし、命が危ない程の雨だったのかもしれないね。でもこのあと、男君は大雨をもろともせずに、女君の所に駆けつけるんです。

古文に、「**身《み》を知《し》る雨《あめ》**」というなかなかロマンチックな表現があります。雨は自分が愛されているかいないかを知る、いわば一つのバロメーターであるということなんですね。

結婚してからも男性は女性の家に通います。夜来て、翌朝、日がのぼる前に帰ります。

子供の養育は**妻の義務**◆でした。

ちなみに、男が**三年間**通わないと離婚が成立します。

当時の結婚形態は、基本的にこのような感じだったんですね。次のページに、当時の結婚の流れを簡単な漫画にしてますから、これを完璧に頭に叩き込んでおくこと！　いいね？

**◆乳母（めのと）は実の母以上に親密な存在**

高貴な女性が子供を産むと、養育の義務は母方にありますが、実際に世話・養育をする「育ての親」は乳母でした。また、乳母の実の子供のことを乳母子（めのとご）といいますが、乳母子は、乳母の育てた高貴な子供に生涯をかけて尽くすんです。光源氏の乳母子である惟光（これみつ）も、いたるところで光源氏を助けます。

## key point　結婚の流れ

### ✉ 男女交際に関わる古語の成り立ち

**垣間見**：「**垣**根の透き**間**から**見**る」ことだけど、そこから転じて「のぞき見る（盗み見る）」ことすべてを指すようになったの。

**懸想**：相手に**想**いを**懸**(か)けること、つまり「恋すること」よね。

**露顕（所顕）**：夫となった男が妻の親類に対して、人目を忍んで通っていた自分の**所**在を、**露**(あらわ)に**顕**(あらわ)すという意味よね。

ちなみに、当時の男性と女性の出会いは、現代のように、家同士が男女を見合わせる、**見合い結婚**というものも多かったりします。**通い婚が主流だけど、それだけではない**ということですね。状況によりけり、色々な結婚のカタチがあったわけです。

垣間見のような、何か偶然の出会いというのはドラマチックで、話題にされやすいという側面があり、だからこそ古文作品に垣間見の話が多いのかもしれませんね。

では次に、古文において重要な役割を占める「**和歌**」というものについて触れていきます。

## 男女交際② ～究極の伝達方法、それは和歌～

和歌には古くから不思議な力が宿っていると思われていました。『古今和歌集《こきんわかしゅう》』の「仮名序《かなじょ》」という部分に、紀貫之《きのつらゆき》が和歌のその不思議な力を次のようにまとめています。

**力をも入れずして天地《あめつち》を動かし、目に見えぬ鬼神《きじん》をもあはれと思はせ、男女の中をも和《やは》らげ、猛《たけ》き武士《もののふ》の心をも慰《なぐさ》むるは歌なり。**（古今和歌集）

（格別）力を入れなくても天地の神々を感動させ、目に見えないあの世の霊魂をも感激させ、男女の間柄をも親しくさせ、勇猛な武士の心をもなごやかにするのは和歌である。

本当にゃ。でも、「男女の中をも和らげ」はわかるけど、「力をも入れずして天地を動かし、

**✉ 人の「噂」も出会いのきっかけ！**

当時の男女の出会いは、垣間見やお見合いだけじゃないのよ。例えば「あの家の娘は美人で教養もある」などという**噂**を聞いた男がその女性に興味を持ち、求婚する（呼ばふ）場合もあるの。で、男が「君に会いたい」ってことを遠回しに書いた和歌を送って、女がそれとなくOKとわかる返歌をすれば、男が夜に女の所に行って…という感じになるのよね。

目に見えぬ鬼神をもあはれと思はせ、」というのは言い過ぎなにょね！　ありえないにょね！

まあ、その真偽のほどはさておいて、和歌が究極の伝達手段であったことは事実ですよ。和歌（歌道）のことを古語で、

**大和《やまと》歌《うた》・言《こと》の葉《は》・敷島《しきしま》の道《みち》**

などとよびます。超重要語です。覚えておきましょうね。

男女が和歌を詠み合う場合、一部の例外を除いて、**男が先**に和歌を詠みます。そして、その詠んだ和歌を、男は自分の従者に託《たく》します。で、その男側の従者が女側の従者に和歌を渡し、女に届くわけです。返歌はこの逆のルートをたどります。和歌はときに口伝えの場合もありますが、そのほとんどが書式、つまり**手紙形式**をとります。手紙のことを、

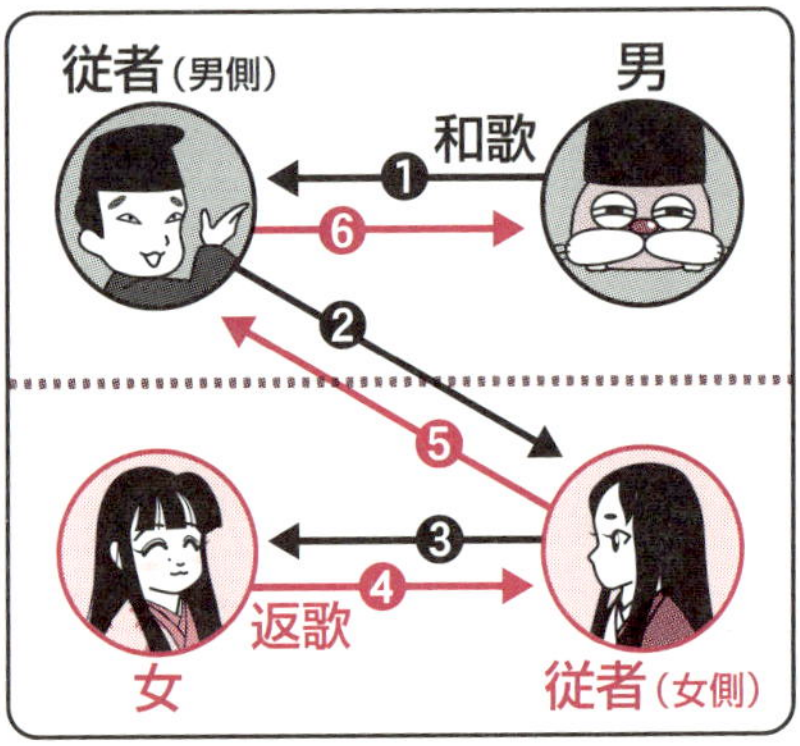


**文《ふみ》・消息《せうそこ》・懸想文《けさうぶみ》**

といいます。「懸想文」とは文字どおり、ラブレターのことです。手紙はよく季節の草花を添えたり、その枝に結びつけて渡したりします。草花の代わりに香をたきしめた衣類に手紙を添えて送る場合もありますよ。

女が男の和歌を読み、気に入らなければ、返事をしません。返事がない場合はアウト。ただ、女性がじらすためにわざと返事を出さない場合もあります。

あ！　これは現代でも一部の女性がよく使う手なのだ！　ムカツクのだ！

ブタネコの場合は「じらされてる」んじゃなくて、本当に嫌がられてるにょね。

まあ、とにかく、女が男の和歌を読み、**返歌《へんか》**（返事の和歌）をすれば、一応、脈アリと考えてよいと思います。返事や返歌のことを古語で、

**答《いら》へ・返《かへ》し**

といいます。その場にピッタリとマッチした和歌を即座に詠んで返す、つまり「**当意即妙《とういそくみょう》**」の技がベストでした。

女君が和歌を詠むと、女側の従者が男側の従者に手紙を渡すんです。その和歌を男が読んで、どう返事をするかを考えます。この女性と自分を結ぶ仲介者（取次《とりつ》ぎ）のことを古文では

**頼《たよ》り・ゆかり・よすが・由《よし》**

とよび、「取次ぎを頼む」ことを古語では「**案内《あない》す**」といいます。これも重要な古語ですね。

さて、たくさん重要語が出てきましたが、しっかり覚えていきましょうね！

SAVE

●当時は**一夫多妻制**で**通い婚**が主流。結婚の流れをしっかり覚えること！

●**和歌**は究極の意思伝達手段。**手紙形式**でとり行われる。

●小式部内侍（こしきぶのないし）の即詠伝説

**大江山 生野の道の 遠ければ まだふみも見ず 天の橋立**

という小倉百人一首の名歌。これは、和泉式部の娘である小式部内侍が、「和歌の名人である母に代作を頼む使いを出したのか」と人にからかわれたとき、即座に詠んだ歌でした。まさに当意即妙。あまりの早業に、からかった人は驚愕して返歌もできず逃げ去ってしまったとさ。

STEP 15

# 生活の常識

別冊 ▶▶ P.10

## 貴族の生活① ～住居をめぐって～

日本人はずっと昔から、隣の中国に追いつきたくて、色々な文化を輸入したりしてきました。平安時代の前の時代、飛鳥《あすか》時代や奈良《なら》時代に輸入されたものを見ると、大陸の薫《かお》りを感じるようなものが多いんですね。例えば、壁が厚く窓の少ない建築様式などそれそのものなんです。ただ、日本は中国と気候が違いますよね。夏は高温多湿だし、冬の様子も中国とは違う。よって、平安時代中期になると、日本の風土に合った窓の多い建物が考案されました。その一つに「**寝殿造**《しんでんづくり》」があります。日本史とかでもやりますから、名前くらいは知ってますよね。

窓の多い建物は風通しが良く、重ね着をする貴族達の生活習慣にもピッタリと合っています。STEP⑭でやった「垣間見」をするのにも好都合ですね。やっと自国の風土に合った文化が創造されていくわけです。この頃の文化を「**国風**《こくふう》**文化**」とよんでいます。

古文の内容には男女関係を扱う作品が多いんですが、**男女関係を描くとき、必然的に部屋の中が舞台になります。**いわばメインステージになるんですね。

そんなとき、部屋の中のイメージがはっきりすると、古文読解を非常にビジュアルに行うことができるんです。ここでは立体的な古文読解ができるようになるために、住居と人間の動きを見ていきたいと思います。左下の図を見て！　まず、部屋の中は主人のいる

**母屋《もや》**

と、それを取り囲む

**廂《ひさし》の間《ま》**

に分けられています。部屋の外側には

**簀《す》の子《こ》**

という板敷《いたじき》があります。男性が女性の家にやってきたときは、まずこの簀の子に敷物を敷いて座らせます。簀の子から廂の間に進入するためには、両開きの戸である

**妻戸《つまど》**

から入ります。なお、引き戸のことを、**遣戸《やりど》**といいます。

窓の役割をしたのが

**◆格子《かうし》や蔀《しとみ》**

です。これらを上げると、その内側には現在のカーテンにあたる

**簾《すだれ》（御簾《みす》）**

**◆✉ 二種類の窓 ～「格子」と「蔀」～**

格子は上げ下げして開閉する窓のこと。風を通します。で、蔀はその格子の裏に板を張ったもの。寒いときには蔀がいいわよね。ちなみに「格子参る」という謙譲語は「格子をお上げする」と訳す以外、「格子をお下げする」とも訳す謙譲語。超重要古語よ！

で内側が丸見えになるのを防いでいました。風が吹いて簾がめくれ上がっても、女性は**几帳《きちょう》や屏風《びょうぶ》**の後ろにいることが多いので、垣間見をするのは大変困難なことだったんです。

廂の間と母屋を隔《へだ》てるのが、この几帳や屏風です。几帳とは**移動式のカーテン**のこと。仮にこの几帳や屏風が倒れても、扇などで顔を隠せば見られることはありませんよね。

高貴な女性を見たり、高貴な女性に近づいたりするのは、本当に大変なことだったのだ。

そうですよね。「**見る**」という古語に、「**結婚する**」という意味があるのもうなずけますよね。結婚するときでなければ、相手の顔を見ることはほとんどなかったんですから。あと、一般の民が貴族の姿を見るのも、当然ながら非常にマレなことだったんです。ま、とにかく、貴族の部屋は基本的に外から中にかけて次の三構造であることを理解しましょう！

key point

**貴族の部屋の構造＝簀の子→廂の間→母屋**

では次に、**寝殿造《しんでんづくり》**の構造についてやっていきましょう。左ページの図を見て！

寝殿造とは、主人の居間である❶「**寝殿**」を中心に、いくつかの建物が「**渡殿**《わたどの》」とよばれる渡り廊下でつながっている建築様式です。

下の簡略図を見て！　寝殿造について簡単に頭に入れましょう。まず、周囲は「築地《ついぢ》」といわれる土塀で囲まれていました。

❷「東の門」と❸「西の門」は正門です。ここからは男性が出入りします。

❹の「北の門」は女性専用の門。

❺「北の対《たい》」は正妻である「北の方《かた》」専用の居間です。

そして、❻「東の対《たい》」と❼「西の対《たい》」には、主人の家族が住んでいます。❽❾の「釣《つり》殿《どの》」は宴会用の部屋です。

庭には❿「遣水《やりみづ》」という小川がひかれ、池に注いでいました。

池には⓫「中島《なかじま》」があります。⓬「壷《つぼ》」は中庭です。

しかしまあ、スゴイ豪邸ですよね。ただ、こんな大豪邸に住んでいたのはほんの一握りの貴族だけだったんです。

## ●寝殿造の簡略図

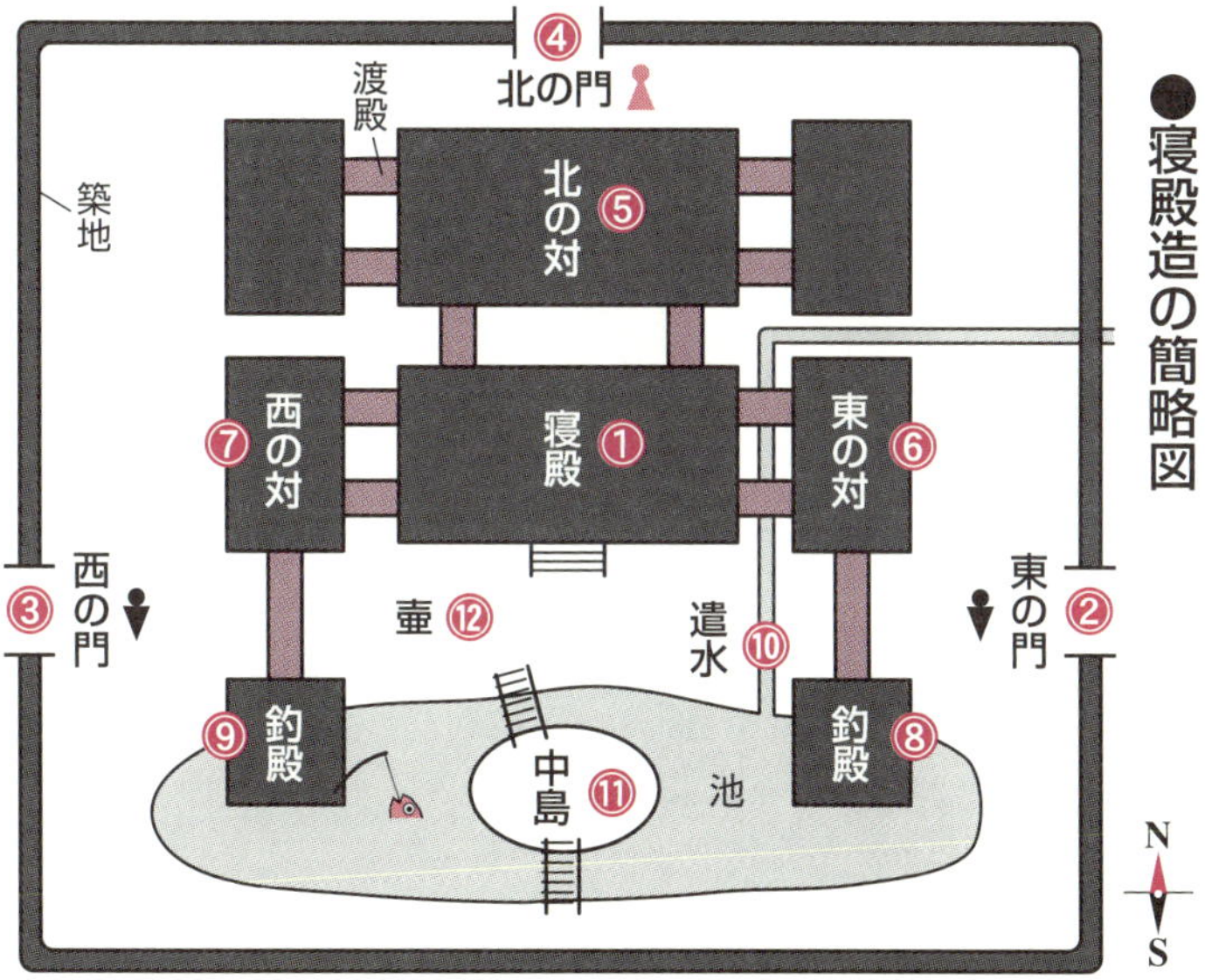

✉ **寝殿造はここがポイント！**

寝殿を中心として、南に庭（壷）があって、北に妻の住む場所があるよね。この構造覚えておいてね。実はあとでやる「内裏」や「清涼殿」もほとんど同じ構造なのよ。つまり、中心となる部屋があって、南には行事などをやる庭があって、北には妻のいる部屋があるの。

では、別冊P11（上段）にある「内裏の簡略図」に目を通してください。いい？　これね、上半分の①～⑫が**妻**の住居、⑬の**清涼殿**《せいりょうでん》が**天皇**の住居です。で、⑭が**遊宴**に使う場所、⑮が内裏の**正殿**《せいでん》なんですよ。これ見て何か気づかない？

あっ、これ、さっきの寝殿造に、全体的な構造がちょっと似てるのだ！

そう！　実は、**内裏（宮中）も基本的に寝殿造の形**なんです。そしてこの①～⑫の一つ一つの部屋も、「簀の子→廂の間→母屋」という三層構造で仕切られているんですよ。こういったことをしっかりおさえていくと、例えば『枕草子』などを読むとき、中宮定子《ていし》はこの母屋にいて、女房である清少納言は廂の間にいて、外来者は板敷の簀の子の部分で待たされるってことが常識としてわかるようになるわけですね。

にゃるほど。にゃんだか、古文が本当に「見える」ようになってきた気がするにょね。

そうでしょう。どんどん行きますよ～！

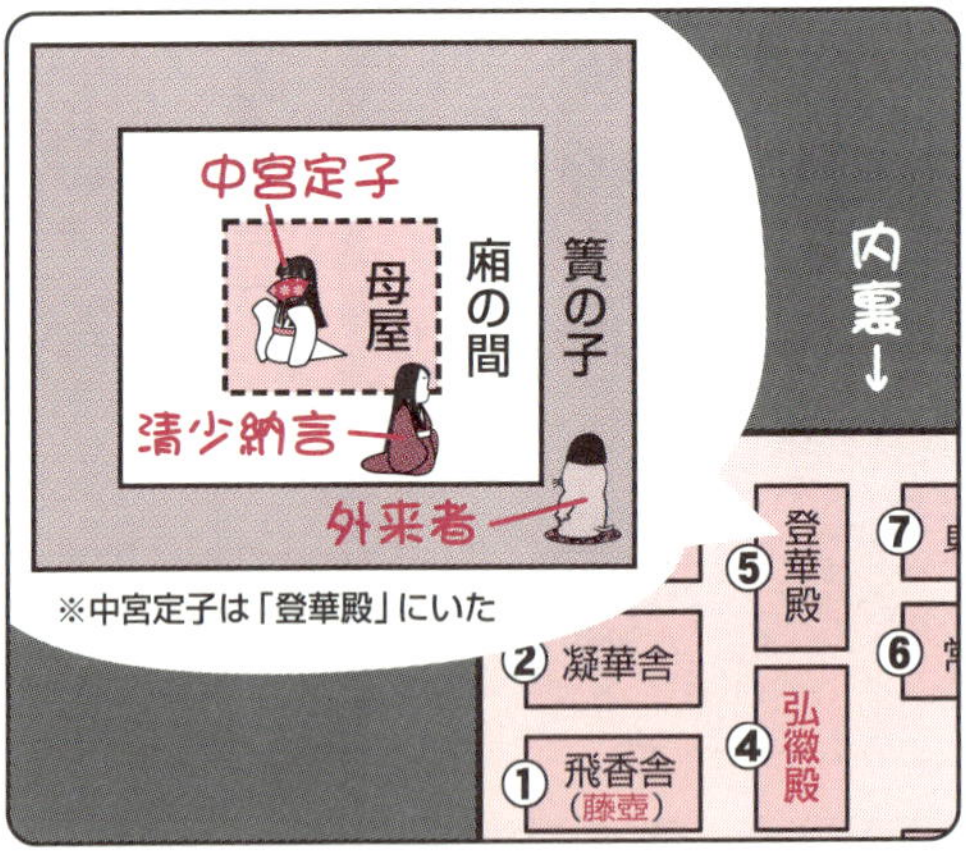

**七殿（しちでん）＋五舎（ごしゃ）＝後宮（こうきゅう）**

天皇の奥さんたちの住む七つの殿（七殿）と五つの舎（五舎）を、総称して「後宮」というのよ。あとね、五舎には別名として「藤壺」「梅壺」「梨壺」「桐壺」とかあるけど、「壺」というのは庭のこと。その庭（壺）にそれぞれ「藤」「梅」などの木々が植えられていて、それがその住まいの名称になっているのよね。

では次に、天皇の住居である**清涼殿**《せいりょうでん》の簡略図を紹介します。別冊P11（上段左）を見て！❶～❸には天皇の奥さんがいます。❹と❺は天皇がいる所で、❹は夜の、❺は日中の天皇の御座所です。❻の殿上の間は貴族たちの集合場所。この清涼殿も、寝殿造の形ですよね。いい？　この清涼殿の建築様式をふまえて、次の『大鏡《おおかがみ》』の一節を読解してみましょう。この文章は、立教大学の社会学部に実際に出題されたものです。「延喜《えんぎ》」・「帝《みかど》」とあるのは、醍醐《だいご》天皇のことです。「この殿《との》」は藤原時平《ときひら》のこと、「内《うち》」は内裏（の清涼殿）のこと、「殿上《てんじゃう》」は清涼殿にある殿上の間のことですよ。

**延喜《えんぎ》の、世間の作法《さはふ》したためさせ給ひしかど、過差《くわさ》をばえしづめさせ給はざりしに、**

醍醐天皇が、世間の風俗をとり締まりなさったが、贅沢をやめさせることがおできにならなかったところ、

**この殿《との》、制《せい》をやぶりたる御装束《さうぞく》の、ことのほかにめでたきをして、内《うち》に参り給ひて、**

この藤原時平殿が、決まりを破ったご装束で、格別にすばらしいのを着て、内裏（の清涼殿）に参りなさって、

**殿上《てんじゃう》にさぶらはせ給ふを、帝《みかど》、小蔀《こじとみ》より御覧《ごらん》じて、御けしきいとあしくならせ給ひて、**

殿上の間にお仕えなさるのを、天皇が、小蔀よりご覧になって、ご機嫌が非常に悪くおなりになって、

**職事《しきじ》を召《め》して、「〈中略〉便《びん》なきことなり。はやくまかり出《い》づべきよし仰《おほ》せよ」**

（秘書官の蔵人である）職事をお呼びになって、「〈中略〉不都合なことだ。すぐに退出するように命じよ」

**と仰《おほ》せられければ、**（大鏡）

とおっしゃったところ、

**富井**「清涼殿の構造をよく見ると、天皇は❹と❺、二つの部屋を移動するだけで、すべての奥さんと有力貴族に会うことができるように設計されているんですよ。超合理的な構造ですよね」
**ネコ**「貴族はそうやってあまり運動しないから、ブクブクとブタネコみたいに太ってしまうにょね！」
**富井**「君が当時生きてたら、確実に処刑されるだろうね…」

清涼殿の内部が手に取るようにわかるのだ。小蔀《こじとみ》とは秘密ののぞき窓みたいなものなのだ。天皇の居場所は、多分「昼《ひ》の御座《おまし》」だったと思うにょね。藤原時平は天皇が見ているとも知らず、派手な格好をして殿上の間に登場したにゃ。いい度胸してるにょね。

この文の続きを読むとわかるんですが、この事件は時平と醍醐天皇が世間のゼイタクを鎮《しず》めるためにわざとやったらしいんです。また、あの当時の最高権力者であった藤原道長とその子供の頼通《よりみち》が、力を合わせてゼイタクをとり締まったという話も出てきます。

ハイ、では次。よく平安の女性などを描いた絵画などを見ると、たくさんの重ね着をしていますよね。衣類《いるい》の習慣の理解も大変重要ですので、次にそれを紹介してみたいと思います。

## 貴族の生活② ～衣類をめぐって～

平安貴族の衣類ってすごいですよね。当時の衣類には様々な習慣や用途があります。ここでは古文読解に直接役立つことに限って勉強していきましょう！

平安時代の女性の服装というと、十二枚も着物を重ね着した**十二単**《じふにひとへ》を想像するのだ。

代表的ですよね。ただ、十二単というからといって十二枚重ね着をしていたかというと、そ

**●藤原時平 VS 菅原道真**

醍醐天皇の頃、藤原時平は左大臣でした。右大臣はあの有名な菅原道真。道真をやっかんだ時平は、陰謀により道真を失脚させ、大宰府に流してしまいます。その後、時平に関係する藤原氏に道真が祟ったとする伝説が数多く生まれ、以後、道真は学問の神様としてあがめられるようになりました。

うではありません。それよりも多い場合も少ない場合もあります。季節や儀式で異なってくるわけです。重ね着の一番上に羽織る着物を

**唐衣《からぎぬ》**

といいます。これを羽織っていると**正装《せいそう》**（フォーマル）だと考えてください。正装のときは、**扇《あふぎ》**を持って、腰部より下の後方だけにまとう

**裳《も》**

をつけていました。一方、男性の正装を、

**束帯《そくたい》**

といいます。これは**冠《かうぶり》**をかぶり、**笏《しゃく》**を手にします。この束帯・冠の姿を

**日《ひ》（昼《ひ》）の装束《さうぞく》**

とよびます。**日中**に宮中に行くときに主に着ていました。これに対して、正装ではない、**略装**や**夜勤**のときに着用する衣類を

**宿直装束《とのゐさうぞく》**

といいます。わかりますよね？

### ●男女の正装

男性 **束帯《そくたい》（日《ひ》の装束《さうぞく》）**　　女性 **女房装束《にょうばうさうぞく》（十二単《じふにひとへ》）**

**✉ 単＋袿＋唐衣（＋扇＋裳）＝正装**

簡単に言うと、女性は**唐衣**を着ているか着ていないかで、正装か普段着かが決まるのよね。**単**を着て、その上に**袿**を着るのが普段着。さらにその上に**唐衣**を着れば正装ってわけ。ちなみに、正装のときは**扇**を持って、腰に**裳**を付けるんだけど、裳っていうのは「肩ではなく腰に付ける、長いマントみたいなもの」と言えばイメージしやすいかな？

まあ、当時の衣類のイメージはわいたけど、これをどうやって読解に使うにょ？

まず、**主語を補足するとき**に、男女の衣類の違いで判断できるんです。例えば、次のように分けておくと、衣類で登場人物の性別が判断でき、主語の補足の役に立ちますよね。

key point

**男性の衣類↓　束帯《そくたい》・袍《はう》・直衣《なほし》・狩衣《かりぎぬ》・指貫《さしぬき》・直垂《ひたたれ》**

**女性の衣類↓　唐衣《からぎぬ》・裳《も》・袿《うちき》・小袿《こうちき》・汗衫《かざみ》**

では、次の『古本説話集』の一節を参照してください。早稲田大学の法学部に実際出題されたものです。宇多天皇が夜おやすみになっていると、そこに源融《みなもとのとほる》の左大臣の幽霊が変な格好で現れます。この場合の「ぬりごめ」とは宇多天皇の寝室を指します。

**よなかばかりに、西のたいのぬりごめをあけて、そよめきて、ひとのまゐるやうに**
夜中頃に、西の対の寝室を開けて、衣（きぬ）ずれの音をさせて、人が（こちらへ）参るように
**おぼされければ、みさせ給へば、日のしゃうぞくうるはしくしたるひとの、**
お思いになったので、（宇多天皇が）御覧になると、**日の装束をきちんと着用した人**が、
**たちはき、しゃくとりて、二間ばかりのきて、かしこまりて、ゐたり。**（古本説話集）
太刀を身につけ、笏を手にとって、二間ほど退いて、恐縮して、座っている。

**●男子の普段着＝直衣と狩衣**

貴族の男子は、束帯が正装でしたが、普段着としては**直衣**や**狩衣**という上着を着てました。直衣はノウシと読みます。この普段着のときは、**指貫**というブカブカのズボンを着用し、頭には**烏帽子**という黒い縦長の帽子をかぶりました。ちなみに、**直垂**というのは武士の普段着で、**小袿**は女性の略式の正装、**汗衫**というのは女の子（童女）の正装です。

真夜中に**日中**身につける**日の装束**を着てるのは奇妙なのだ。夜にも奇妙な物語なのだ。

そう！　この「日のしやうぞくうるはしくしたるひと」のどこがおかしいのかという問題を、早稲田大学は出したんです。**古文常識を知らないと解けない**問題ですよね。こういった角度で入試には出題されるわけなんです。ブタネコ君、正解です。

でもギャグ的には0点なにょね。「夜にも奇妙な…」って…、かなり古いにょね。

うるさいのだ！　思わず出ちゃったのだ！　軽く流してほしいのだ！

…ちなみに、正装のときは「笏《しゃく》」だけではなく、「冠《かうぶり》」や「太刀《たち》」なども身につけることを忘れないでね。

当時の衣類を知っておくことも、古文読解においては良い武器になりますから、別冊を何度も復習してしっかり身につけておくこと！　いいね!?

SAVE

●部屋の構造…簀の子→廂の間→母屋。寝殿造の形＝内裏や清涼殿の形。

●衣類のイメージをきっちり把握しておくと読解に使える！

**源融（みなもとのとほる）は自縛霊の元祖!?**

光源氏のモデルとされる源融が建てた河原院は、寝殿造を代表する超豪邸だったの。融はそこに霊となって留まったとされているのよ。右ページの例文は、そんな融の幽霊が宇多天皇の寝室に出現したシーンを扱ったものなの。

STEP 16

# 官位の常識

別冊 ▶▶ P.12

## 官位とそのシステム

STEP⑮で扱った清涼殿の構造を思い出してください。清涼殿の一番下（南）の方には何があったか、覚えてますか？

ちょっと待つのだ。別冊の11ページに…あったのだ。え〜っと……「**殿上《てんじょう》の間《ま》**」なのだ。

そうですね。そこが貴族の勤務する場所です。でも、この殿上の間に昇殿《しょうでん》することができるのは、約三〇段階の位《くらい》があるうちの、五位以上というほんの一握りの人々だけだったんです。

次のページの図を見て！　雛祭《ひなまつ》りの雛壇《ひなだん》をイメージしてくださいね。

まずですね、誰でも殿上の間にのぼることができたわけじゃなくて、四〜五位の

●● **殿上人《てんじゃうびと》**

以上の位でないと、殿上の間にはのぼれなかったんです。この殿上人のことを、

雲客《うんかく》・堂上《だうじやう》
などともいいます。
これに対して、殿上の間に昇殿できない六位以下の貴族のことを
地下《ぢげ》・堂下《だうか》
とよんでいました。これは超重要古語ですよ。
で、貴族のトップに君臨するのが、
上達部《かんだちめ》
です。基本的には**三位以上**の貴族を指しました。
なお、天皇は至高の存在であり、官位などはありません。常に絶対的に一番高貴な「絶対者」ですよね。天皇の名称をしっかり覚えておきましょう。
このように、官位にはピンからキリまでありますが、さらに二種類の名称があるんです。
どういうことなのだ?
なんかややこしくなってきたにょね…。



●官位の簡略図

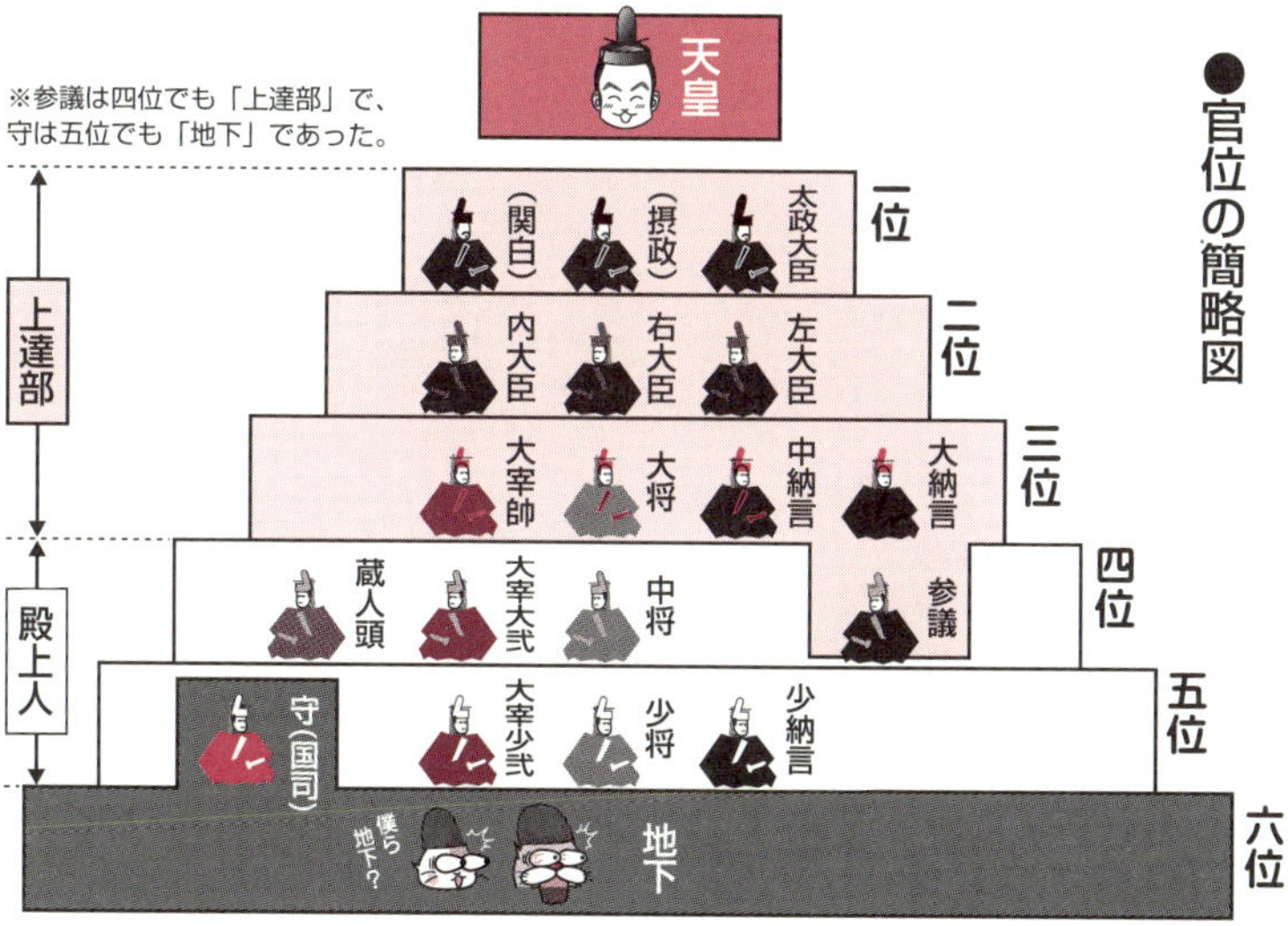

※参議は四位でも「上達部」で、守は五位でも「地下」であった。

●**役職一覧**(上図では、役職別に服の色を区別したので注目!)
**太政官**:政治・行政を担当 ← ～大臣・～納言・参議
**近衛府**:内裏の警護を担当 ← ～将
**大宰府**:九州の統括を担当 ← 大宰～
**蔵人所**:天皇の秘書(側近) ← 蔵人頭
**国　司**:地方の行政を担当 ← 守(※守〔かみ〕は国司の長官。次官は介)

いやいや簡単ですよ。例えば、「**四位中将**《ちゅうじゃう》」という官位があるとします。この場合、この「四位」というのが位階《いかい》を表す名称、「中将」というのが**官職**《かんしょく》を表す名称なんです。

位階 **四位**
官職 **中将**

いい？　この位階のことを古語では

**冠**《かうぶり》

といいます。位階は**冠の色**によって分けられています。位が上がると冠の色が変わるので、周りの人が一発で気づきます。鼻高々ですよね。当時の貴族は位階に固執し、出世に野心を燃やしていたのです。

次に、「中将」というのは官職名です。これを、

**司**《つかさ》

といいます。権力のある人は兼職《けんしょく》します。大将でありながら大納言も兼ねたりしている人も中にはいたんですよね。ちなみに、古文に「**司冠**《つかさかうぶり》**、心のままに**」というフレーズがあるんですが、これは「官職（**司**）と位階（**冠**）が思いどおりになって」と訳すことができますよね。

こんな知識をどうやって読解に使うのだ？

ブタネコ君。よくぞ聞いてくれました。**この官職の知識は、STEP⑦～⑪で習得した敬語**

**✉ 中宮・女御・更衣はみんな「天皇の妻」！**

天皇様にも多くの妻がいたんだけど、それを身分の高い順に分けると「**中宮―女御―更衣**」となるの。父親の身分によって彼女らの身分も決められたのよね。中宮は第一位の妻だから一人だけ（一条天皇は例外で二人［定子と彰子］）で、女御や更衣は複数いたの。彼女ら天皇の妻にはそれぞれに**女房**が複数仕えていて、紫式部や清少納言もこの女房だったのよ。

**とクロスさせれば、最強の古文読解になっていく**んです。例えば「内大臣」と「大納言」が登場したとき、どちらが高貴なのか、そしてどのように敬語を使うのかがわかりますよね。敬語と官位は切っても切れない間柄なんです。もう一度別冊で敬語を復習しておいてください。

それともう一つ触れておきたいことがあります。**官位任命式**《かんいにんめいしき》のことです。官位任命式のことを古文では、

**除目**《ぢもく》

とよびます。この除目は年に二度あります。中央（都）から派遣されて、地方に赴《おもむ》く官吏《かんり》のことを**国司**《こくし》といいます。この国司の任命式は**春**にありますが、これを

**春**《はる》**の除目**《ぢもく》**・県召**《あがためし》

とよびます。そして**秋**に行われる京都の官吏（中央官）の任命式を、

**秋**《あき》**の除目**《ぢもく》**・司召**《つかさめし》

とよぶんですね。これも覚えておきましょう。では習得問題にチャレンジです！

SAVE

●殿上人以上でないと殿上の間にはのぼれない。貴族のトップを上達部という。

●官位＝位階＋官職　（例）四位中将＝四位（位階）＋中将（官職）

●官位システム×敬語＝最強の古文読解

●当時の成人式＝「初冠（うひかうぶり）」と「裳着（もぎ）」

貴族の男子が初めて冠をかぶるのは成人式（元服）のときで、これを「初冠」といいます。一方、女性の成人式を「裳着」といいます。初めて「裳」を腰にまとうわけですね。当時は12〜16歳の間に成人式をやっていたようです。現在のように20歳ではないんですね。

# 習得問題

STEP ⑭⑮⑯

制限時間 10分

**次の古文は『十訓抄』の一節である。これを読んであとの問に答えなさい。なお、設問の都合により本文を少し改めたところがある。**

大納言行成卿《かうぜいきやう》、いまだ①殿上人にておはしける時、実方《さねかた》中将、いかなる憤《いきどほ》りかありけん、②殿上に参り会ひて、いふこともなくて、行成の冠を打ち落として、a小庭に投げ捨てけり。
行成少しも騒がずして、※1主殿司を召して、「冠取りて参れ」bとて、冠して、※2守刀よりかうがい抜き取りて、鬢《びん》かいつくろひて、ゐなほりて、「いかなることにて候ふやらん、たちまちにかうほどの乱罰にあづかるべきことこそ、覚え侍らね。その故《ゆゑ》を承りてcのちのことにや侍るべからん」と、dことうるはしういはれけり。実方はしらけて逃げにけり。
折《をり》しも③主上、小蔀《こじとみ》より御覧《ごらん》じて、「行成はいみじきものなり。かくおとなしき心あらんとこそ思はざりしか」とて、そのたび※3蔵人頭《くらうどのとう》あきたりけるに、多くの人を越《こ》えてなされにけり。

(『十訓抄』)

※1 主殿司《とのもづかさ》……宮中の清掃や点灯などを仕事とする女官。
※2 守刀《まもりがたな》よりかうがい抜き取りて、……守刀の鞘《さや》についている平たい棒状の整髪の道具をとり出して、
※3 蔵人頭……蔵人所の長官。ふつうは「中将」などが兼任する重要なポスト。

**問一** 傍線部**a**～**d**の主語として、適当なものを次の中からそれぞれ選びなさい。

**ア** 大納言行成　**イ** 実方中将　**ウ** 主上　**エ** 主殿司

**問二** 傍線部①「殿上人」と同じ意味を示すものを次の中から二つ選びなさい。

**ア** 堂下　**イ** 月客　**ウ** 雲客　**エ** 堂上　**オ** 上

**問三** 傍線部②「殿上」および③「主上」とは何か答えなさい。

**●ちょっとアンチョコ**

**問一** 主語転換用法と主語同一用法を使って解きましょう。
**問二** 天皇の住む清涼殿は、雲の上にあるような高貴な所。
**問三** ②は貴族の集まる所。③はあの偉い人のことです。

## 解答解説 STEP ⑭⑮⑯

『十訓抄』は教訓的な説話です。実方の乱暴にじっと耐えて思慮深く振舞った行成と、軽率な行動に走った実方。両極端の人物ですね。それを小窓（小蔀）から天皇（主上）が見ています。天皇は、昼の御座から殿上の間を御覧になっていたと想像できます。

**問一　a イ　b エ　c ア　d ア**

▼aは「主語同一用法」が有効ですよ。bやcは「　」の中の敬語に注意することが大事！「　」の文の命令形は、主語は二人称になります。また、基本的に「大納言行成」には尊敬語が使われますが、「実方中将」には使われていません。「大納言」の方が「中将」より高貴だからですよね。あとは文脈で判断できます。

なお、一行目の「いかなる憤りかありけん、」は挿入句です。ちゃんと気づいた？

**問二　ウ**（雲客）**・エ**（堂上）

▼「殿上人」のことを「殿上」「雲客」「堂上」「雲の上人」などともいいます。天皇は当時「神様」や「太陽」だとあがめられていましたから、その天皇の住む宮中は「雲の上」ともよばれていました。まさに「殿上」は、雲の上にあるような超高貴な場所だったんでしょうね。「雲客」や「雲の上人」もその関連語と考えましょう。

**問三　②**「殿上」＝**殿上の間**　**③**「主上」＝**天皇**

▼こういった単なる知識問題は、覚えておけば確実に得点源になります。頑張りましょう！

**●天皇と宮中を表す古語はまとめてチェック！**

**天皇**を表す古語は、「**内**・**上**・**主上**・**大君**・**君**・**帝**・**御門**（みかど）」などがあるのだ！　そして、**宮中**という意味を表す古語は「**（雲の）上**・**内**・**内裏**・**九重**（ここのへ）・**禁中**・**禁裏**」などなのだ！　両方とも要チェックなのだ！

## 現代語訳

大納言行成卿が、まだ**殿上人**でいらっしゃったとき、実方中将が、どのようないきどおりがあったのだろうか、（宮中の）**殿上の間**に参上し（行成と）会うと、無言で、行成の冠を打ち落として、**小庭に投げ捨ててしまった。**

行成は少しも騒がないで、主殿司を呼んで、「冠を取って**参れ**」と言って、冠をかぶり直して、守り刀の鞘についている「かうがい」を取り出して、耳の上あたりの髪をかき整えて、居住まいを正して、「どのようなことでしょうか。急にこのような乱暴に出くわす覚えがありません。その理由を**うかがって**のちに決着をつけましょう」と**理路整然とおっしゃったのであった。**実方は興ざめして逃げてしまった。

そのとき**天皇**が、小蔀より御覧になって、「行成はたいした奴だ。このように分別のある心を持っているとは思わなかった」と言って、そのとき、（重職である）蔵人頭が空席であったために、多くの人を飛び越して（行成はその職に）任命されたのであった。

**✉「三位中将（さんみのちゅうじょう）」が出る！**

実際の古文には「**四位中将**」という言葉は出てこないの。中将が四位なのは当然のことで、いちいち「四位」と表記するまでもないからよ。ただし「**三位中将**」というのは出てきます。これは中将が「三位」であるのは特筆すべき優れたことだからよね。ちなみに中将は、重職である**蔵人頭**を兼任することもあって、その場合は「**頭（とうの）中将**」と称されたのよ。

STEP 17

# 夢と現《うつつ》

別冊 ▶▶ P.14

古代人は、みなさんとは「夢《ゆめ》」の解釈が大きく違います。

どう違うにょ？　夢なんてわけわからないものだから、ボクはあまり深く考えないにょね。

基本的に現代人はそういう人が多いですよね。でもね、古代人にとって「夢は現実の投影」であり、**夢と現実は表裏一体である！**という感覚が強いんですよ。

ですから古代では、夢が現実の世界に大きな影響を及ぼします。で、実際にどんな影響を与えるのか、それを今からやっていきますから、しっかりついてきてくださいね！

## この夢、どんな夢？

当時の人は、夢を見て、その夢が何を示しているのか気になると、夢が現実にどのように影響するのかを占ってもらいます。そのとき、

**夢《ゆめ》解《と》き**
という人に相談します。そしてその夢解きが、
**夢《ゆめ》占《うら》**
という占いをするんです。そして、見た夢が良い夢（吉夢《きちむ》）であるとなると、人に話さず内緒にしてその実現を祈願します。そして、他人に話すと、吉夢は実現しなくなってしまうからです。
一方、悪い夢（凶夢《きょうむ》）だと判定されると、その夢を変えなければ我が身に災難がふりかかってしまうと考えられていたんです。

大変なのだ！　悪い夢を見たとなったら、いてもたってもいられないのだ！

そうですよね。だからそんなとき、悪い夢を良い夢に転じる
**夢《ゆめ》違《ちが》へ**
という儀式をします。「**夢違《ちが》へ観音**」に祈れば、夢を作り変えることができるというわけです。

**夢**を見る → **夢《ゆめ》解《と》き**に相談 → **夢《ゆめ》占《うら》**をする
- 吉夢 → 内緒にする
- 凶夢 → **夢《ゆめ》違《ちが》へ**をする

ふーん。みんな必死なにょね。夢と現実は表裏一体！なんて考えてるから大変になるにょね。

そうですね。でも、科学技術の進歩した現代であっても、「夢」とは一体何なのか、確実には証明されていないんです。つまり、「夢と現実は表裏一体ではない」とも言いきれないですよね。現代でもよくわかってないんですから、古代人にとって、夢はさぞかし不思議な体験だったんでしょうね。

まあ、何はともあれ、次の『宇治拾遺物語』の例文を見てください。

**この君入りたまひて、「夢をしかじか見つるなり。いかなるぞ」とて、語り聞かす。**

この君がお入りになって、「夢をこのように見たのだ。どのようなものか」と言って、（夢解きの女に）語り聞かせる。

**女、聞きて、「よにいみじき夢なり。かならず大臣《だいじん》まで成りあがりたまふなり。〈中略〉人に語り給ふな」**

女は、（それを）聞いて、「非常にすばらしい夢である。必ず（あなた様は）大臣にまで出世なさるようだ。〈中略〉人に語りなさるな」

**と申しければ、この君、うれしげにて、衣を脱ぎて女に取らせて、帰りぬ。**（宇治拾遺物語）

と申したので、この君は、嬉しそうにして、（着ていた）衣を脱いで女に与えて、帰っていった。

**衣類は最高のプレゼント!!**

高貴な人が感動したりすると、お礼として自分の着用している上着（袿：うちき）をプレゼントするの。与えられた下々の者にとってこんな名誉なことはなかったのよ。「褒美を与える」という意味の古語は「**かづく**（被く）」。「**給ふ**」（お与えになる）とセットで覚えておいてね！

ここでは夢を見た人（この君）が、夢解き（女）に相談しているんですね。そして、実はそれを物陰から「まき人」という人物が盗み聞きしているという話なんです。

で、結局「この君」は大臣になったのか？

実は、そばでこの話を聞いていた「まき人」が、この夢をそっくりそのままもらって大臣になっちゃった、というオチがつくんですよ。吉夢は、それを聞いた人に盗まれる、という可能性もあるんですね。みなさんも、良い夢は人に話さない方がいいかもしれませんよ。

## 夢で逢えたら

では次に、夢の中にはどんな人が現れやすいかについて説明したいと思います。次の歌を見てください。私の大好きな小野小町《おののこまち》の歌です。

**思ひつつ　寝《ぬ》ればや人の　見えつらむ　夢と知りせば　覚《さ》めざらましを**　（古今和歌集）

あの人のことを思いながら寝たので、（あの人が）夢にやってきてくれたのかしら。もし見ていたのが夢だとわかっていたならば、目を覚ますなんてことはしなかったのに。

**●謎に包まれた伝説の美女、小野小町**

小野小町は和歌の名人（六歌仙の一人）であり、中国の楊貴妃、エジプトのクレオパトラと並んで世界三大美人とも言われています。しかし、こんなに有名なわりには、彼女の生立ちなどについてはほとんど何も資料が残っていません。本当に「伝説」の美女なんですね。

なんともカレンな和歌ですよね。一度でいいから、ステキな女性にこんなふうに言われたいと思うのが男心というものでしょう(笑)。さて、ここで言っておきたいのは、夢の中に現れる人物は、「恋人・親しい人・亡くなった人・神・仏」が圧倒的に多いということです。

**key point**

## 夢に現れる人物＝恋人・親しい人・亡くなった人・神・仏

「会いたい」とずっと思っているから、その気持ちが夢になるだけじゃないにょ？

そうかもしれませんし、そうじゃないかもしれませんよね。とにかく当時の人は、「会いたいと願うと、その人が夢にやってきてくれる」◆などと考えていたわけです。夢と現実は表裏一体だったわけですから、夢で会うということは、現実に会うのと同じような感覚だったんでしょう。なんか、ロマンチックですよね。

先生が「ロマンチック」って言うと、「ロマンチャック」と聞こえるのだ。

お、おだまりっ！　…ま、ステージⅢでまた触れますが、仏教説話などには、仏前で神に祈ると、その夜の夢に仏が現れて、お告げをするという話がゴマンとあるんですよ。これは、夢信仰と仏教信仰がクロスしているわけですよね。

**◆ 伝えたいことがあるから、夢に現れる**

当時の人は、「相手の方が、会いたかったり、何か告げたいことがあると、自分の夢の中にやってくる」とも考えていたの。だから、尊敬する故人や神・仏が夢に出てきて何かお告げをされたとき、そのお告げは絶対的なものだと信じて、お告げのとおり行動したりしたのよ。

では次の『源氏物語』の一節を見てみましょう。追い詰められて須磨《すま》に退去した光源氏の見た夢です。夢に出てくる人物はどんな人が多いのか。知っておくと話がよく見えるでしょう。

**心にもあらずうちまどろみたまふ。〈中略〉故院《こいん》、ただおはしまし様ながら立ちたまひて、**
（光源氏は）気持ちとは裏腹にうたた寝をなさる。〈中略〉（するとその夢に）今は亡き桐壺院が、生前そのままのお姿でお立ちになって、
**〈中略〉「住吉《すみよし》の神の導きたまふままに、この浦《うら》を去《さ》りね」とのたまはす。**（源氏物語・明石）
〈中略〉「住吉の神のお導きになるのに従って、この浦を去ってしまいなさい」とおっしゃる。

源氏の敬愛する、死んだ父上が夢に現れたのだ。故人は夢に出てきやすいのだ。

「親しい人」・「亡くなった人」の条件にあてはまりますよね。このあと光源氏は都に戻り、政界に復帰。一気に頂点まで上りつめていくんです。夢と現実は表裏一体、というわけですね。

**SAVE**

- 夢と現実は表裏一体。気になる夢は、「夢解き」に「夢占」をしてもらう。
  ↓吉夢ならば内緒にする。凶夢ならば「夢違へ観音」に祈って夢違へをする。
- 夢に現れる人＝「恋人・親しい人・亡くなった人・神・仏」が多い。

### 光源氏の夢に現れた藤壺女御

『源氏物語』の主人公光源氏が、生涯にわたって憧れた女性である藤壺女御。彼女は、死んだあと光源氏の夢の中に現れ、「なぜ、（冷泉帝は、実は源氏と藤壺の子であるという）秘密を漏らしたの」と恨みごとを言うのよね…。好きな人が夢に現れたからって、ロマンチックな内容ばかりだとは限らないということね。

STEP 18

# 方違《たが》へと物忌み

別冊 ▶▶ P.14

## 行くな！出るな！寝るな！

「さあ、今日はどこ行こっか？」。現代では、オフの日の行く先の選択は人それぞれ、かつ自由気ままですよね。でも当時はちょっと違うんです。目的地が、その年の神（金神《こんじん》）のいる方角であると、その方角は縁起の悪い方角となり、行く事ができなくなるんです。これを

**方塞《かたふた》がり**

といいます。でも、どうしてもその目的地に行きたい場合もありますよね。そんなときには、

**方違《かたたが》へ**

という方法をとる風習がありました。これは、他の家（**中宿《なかやど》り**）に泊まることによって進む方角を変え、「縁起の悪い方角」に進まずに目的地まで行くという方法です。

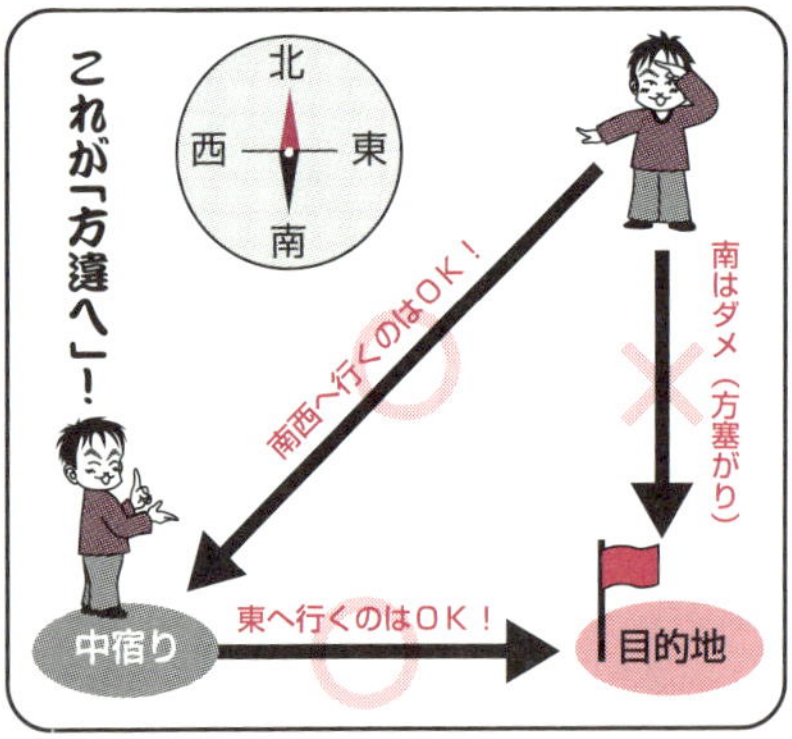

では次の『大和物語』の一節をチェックしてください。付き合っている女性の所に行こうとした男の話です。

**この女のがりいかむとするに、方ふたがりければ、おほかたみなたがふ方へ、院の人々類《るい》していにけり。「この女、いかにおぼつかなくあやしと思ふらむ」と、恋しきに、**（大和物語）

（男が）この女のもとに行こうとすると、**方塞がり**だったので、ほとんど皆は方違の方角へ、院の人々は連れ立って行ったのであった。（男が）「この女は、（今ごろ）どれほど不安で不審に思っているだろう」と、恋しがっていると、

あ、女性の家が縁起の悪い方角にあたっていたから「**方違《かたたが》へ**」をしているのだ。

でも、もし「方違へ」の慣習を無視してその悪い方角に進んだら、どうなるにょ？

身に災いがふりかかったり、寿命が縮まったりするらしいんです。何か不吉だから無視できないんですね。

このあと、男がやって来ないのを不安に思った女性は、男の意見も聞かず出家してしまいます。そして自分の髪の毛を切って男に送りつけるのです。古代の因習が招いた悲劇ってやつですね。

では次行きましょう！『蜻蛉《かげろう》日記』のシーンです。

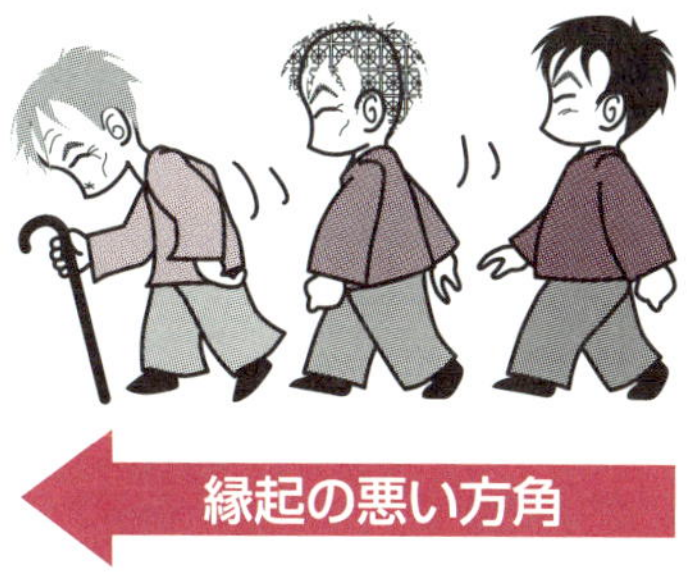

**●陰陽五行説→陰陽道の成立→陰陽師の活躍**

「方塞がり」や「方違へ」など、当時の日常生活における制約的な風習は、古代中国におこった**陰陽道**（陰陽五行説）によるものが多いのです。ちなみに、この陰陽道によって吉凶の判定（占い）や呪術などを行うのが、**安倍晴明**で有名な陰陽師です。こういった平安時代の古文常識は日本史（国風文化）の試験でも出るんですよね。

**十七日、雨のどやかに降るに、かたふたがりたり、と思ふこともあり。世の中あはれに、心細くおぼゆるほどに、**（蜻蛉日記）

十七日、雨が穏やかに降っているときに（夫が私の所に来ないのは、こちらの方角が）、**方塞がり**だからだわ、と思うこともある。（そのようなわけで）世の中がしみじみと、心細く思われていると、

このときの作者のやりきれない気持ち、わかりますか？

雨が降っている日なのだ。前にやった「**身を知る雨**」というやつなのだ。雨の日に夫が来るか来ないかで、本当に愛されているかどうかがわかるのだ。

にゃるほど。夫が来ない理由を「**方塞《かたふた》がり**」のせいにして気持ちを整理しているにょね？

そう！　君たちも古文の本質が本当につかめてきましたね。そのように感じることができてくれば、古文をきっと大好きになっていくと思いますよ。

ちなみに、「方塞がり」などで一定期間外に出るのを避け、家に閉じこもる風習を**物忌《ものい》み**といいます。現代の「ひきこもり」とはちょっと違いますよ。行きたい方角に行くことができなかったり、外に出られなかったりと、当時はわずらわしい風習が数多くあったんですね。

では、最後にもう一つの大変な風習をおさえておきましょう。

当時は、縁起の悪い日（**庚申**《かうしん》の日）の夜に寝ると、病気の原因になる「さんし」という虫が体内に入り病気を引き起こすなどといって一晩中寝ない風習があったんです。その風習を

**庚申**《かうしん》**待**《ま》**ち**

とよびます。徹夜は体に悪いのに大変ですよね。次の例文でチェックしましょう。

**はかなく年もかへりぬ。正月に庚申出で来たれば、東三条殿の院の女御**《にょうご》**の御方**《おんかた》**にも、**

これといって何もなく年が明けた。正月に**庚申**待ちが出てきたので、東三条殿の院の女御（超子）の御方にも、

**梅壺**《うめつぼ》**の女御の御方にも、若き人々「年のはじめの庚申なり。せさせ給へ」と申せば、**

梅壺の女御（詮子）の御方にも、若い女房達が「年の初めの**庚申**の日です。（庚申待ちを）なさいませ」と申し上げると、

**「さは」とて、御方々みなせさせ給ふ。**（栄華物語）

「それでは（しましょう）」と言って、どの方々も皆（庚申待ちのための徹夜を）なさる。

**SAVE**

●縁起の悪い方角に行けなくなること＝方塞がり

↓「方違へ」をして行く場合もあるし、「物忌み」で家にこもる場合もある。

●縁起が悪い日の夜は、寝ると病気になるため、「庚申待ち」で徹夜する。

**●超子（ちょうし）は庚申待ちで「調子」を崩して死亡!?**

藤原道長の姉である超子は、庚申待ちのときに亡くなったとされているのだ。夜が明けたとき、眠るように死んでいたというのだ。上の『栄華物語』の例文は、その事件のときのシーンを描いているのだ。体調が悪い日に徹夜をするのは体に良くないのだ。寝ると病気になるから、とか言うけど、寝なくても病気になるのだ！

STEP 19

# 病気・祈祷・出家・死

別冊 ▶▶ P.15

「馬鹿は風邪ひかない」ってよく言いますが、では、ブタネコ君、あなたは風邪をひきますか？

あたりまえなのだ！　僕は馬鹿じゃないから風邪くらいひくのだ！

そう、「馬《うま》・鹿《しか》」じゃなくて、「豚《ぶた》」だから風邪くらいひくにょねー！

そうなのだ！　豚だから…ってうるさいのだ！　豚じゃなくて猫なのだ！

## 病気とお産と物の怪の関係！

…ま、いずれにしても現代では、病気の原因はウイルスや細菌などだとわかりますが、当時の人は違うんです。多くの病気の原因は、死霊・生霊などという◆**物《もの》の怪《け》**がとりついたせいだと考えられていたんですよ。

◆この「ものの～」という古語は「何かの～」という意味の表現で、はっきりしない場合や、それとなくそのものを指し示す場合に使います。「え～っと、**ものの**本によるとね…」なんていう現代の用法などにこの表現は残っていますよね。

そして、その物の怪を調伏《ちょうぶく》（退治）するために、

**験者《げんざ》**

とよばれる行者《ぎょうじゃ》や、密教の僧侶達が登場し、物の怪を退散させるためにお札《ふだ》を病人に飲ませたり、呪文を唱えたりしたんですね。この一部始終の行動を

**加持祈祷《かぢきたう》**

といいます。**出産**のときの苦しみも、物の怪のせいにし、加持祈祷をしたんです。

「病気になる」ことを、古文では、

**悩《なや》む**

といいますが、この古語は、出産の苦しみを指して「苦しむ」と訳す場合もあるんです。

あとね、病気になると、死後に極楽に行くことができるように、また少しでもその苦しみを仏にやわらげてもらうためにも、**出家《しゅっけ》**する人が多いんです。

「出家する」という意味の古語には、

①**世《よ》を捨《す》つ**

②**様《さま》を変《か》ふ**

③**発心《ほっしん》す**

などのような表現がありますが、①は**俗世間《ぞくせけん》を捨てる**という見地から、②は**外見を僧《そう》らしく変える**という見地から、③は**考え方を改める**という見地から出家を表現しているんです。

そして、「病気が治る」という意味の古語には、

## 験《しるし》あり・怠《おこた》る

などがあります。「験あり」は「霊**験**《れいげん》が**あった**」という見地から、「怠る」は「物の怪が病人を苦しめるのを**怠る**ようになった」という見地からの表現です。

ただ、このような加持祈祷や出家の効果もなく、亡くなってしまう場合もあるわけですね。

あたりまえなにょね。そんにゃんで病気が治ったら医者はいらないにょね！

ただ、「病は気から」ともいいますし、加持祈祷や出家にもそれなりの効果があったんでしょう。でもやっぱり、死亡率は現代よりもずっと高かったと思います。小さな病気が死に直結していたんですね。

さて、「死ぬ」という意味の古語に、

## 言ふかひなくなる

というのがありますが、これは、「いくら加持祈祷をして**言い**騒いでも、**甲斐**《かひ》（効果）が**ない**ような状態になってしまう」というニュアンスがあるように思われます。

なるほど。死んで「言《い》ふ甲斐《かひ》無《な》くなる」いうことなのか。

そうですね。ちなみに、加持祈祷のことを、

**業《わざ》・修《す(ず)》法《ほふ》**

といいますが、亡くなってから行う色々なお葬式に関わる儀式のことを、

**後《のち》の業《わざ》**

といいます。

原則的に、「業《わざ》」に「後《のち》の」が付かなければ**生きているとき（生前）**にする儀式で、「後《のち》の」が付けば**死後**の儀式（法要）というふうに整理すればいいでしょう。

## 病気から死までの流れをおさえろ！

ところで、これらの知識をどのように読解に使うのだ？

人が病気になったという古文が出てきたら、その後の展開は決まりきっているんですよ。つまり、次のように話が展開していくと予想し、古文を読んでいくことができるんです。

**病気**
↓
**加持祈祷** / **出家**
↓
**死ぬ** → **死後の法要（後の業）**
**治る**

**みんな極楽往生したい！地獄にはおちたくない！**

当時の中心的な宗教は仏教で、簡単に言うと「仏を熱心に信仰すれば、死後は極楽往生できる。さもなくば地獄へおちる」と考えられていたの。だから、病気や老いなどで死を意識したとき、みんな出家を望むわけなのよね。なお、極楽往生っていうのは、死後の世界（来世）において、極楽に行って成仏する（仏に成る）ことをいうのよ。

これは、現代の慣習と全然違いますよね。現代は病気になったら病院に行くでしょうし。入試には、特に現代と違う慣習を扱う内容が出題されやすいので注意してください。では最後に、病気や死の流れに関する古語を整理しておきましょう。

## key point 病気の流れと古語

### 病気（になる）
- 心地例ならず
- 心地悪し
- 乱り心地
- おどろおどろしき心地
- 悩む
- わづらふ
- あつし

### 加持祈祷
- 業
- 修法

### 出家する
- 世を捨つ
- 様を変ふ
- 発心す
- 頭おろす
- やつす
- やつる

### 死ぬ
- 言ふかひなくなる
- はかなくなる
- いたづらになる
- むなしくなる
- いかにもなる
- 隠る　失す　消ゆ
- 身まかる　見捨つ

### 治る
- 験あり　怠る
- さはやぐ
- うつしざまなり

### 死後の法要
- 後の業

**ネコ**「病気になると、加持祈祷と出家、両方やる場合もあるにょ？」
**富井**「そうですね。病気になったらふつう、加持祈祷をします。その後、出家する場合もあります。一方、加持祈祷をする前に出家する場合もあります。とにかく、病気になったら、とりあえず加持祈祷か出家か、またはその両方かを行って、結局「治る」か「死ぬ」かだと考えましょう」
**ネコ**「ふーん…。今とはずいぶん違ってるにゃ～」

このように、話の展開が予想できると内容の理解がスムーズになりますよね。病気から死への流れと、これらを表す古語はしっかりおさえておきましょう！

確かに現代の病気の流れとは違うにょね。昔は病院とかなくて大変だったにょね。

当時の貴族は、運動もしないしポッチャリ太ってるし、部屋に引きこもって考え事ばかりしているしで、病気になりやすかったのだ。大変そうなのだ。

**SAVE**

●病は「物の怪」の仕業。医者ではなく、験者（げんざ）が加持祈祷をした。

●病気 → 加持祈祷／出家 → 死ぬ → 死後の法要（後の業）／治る

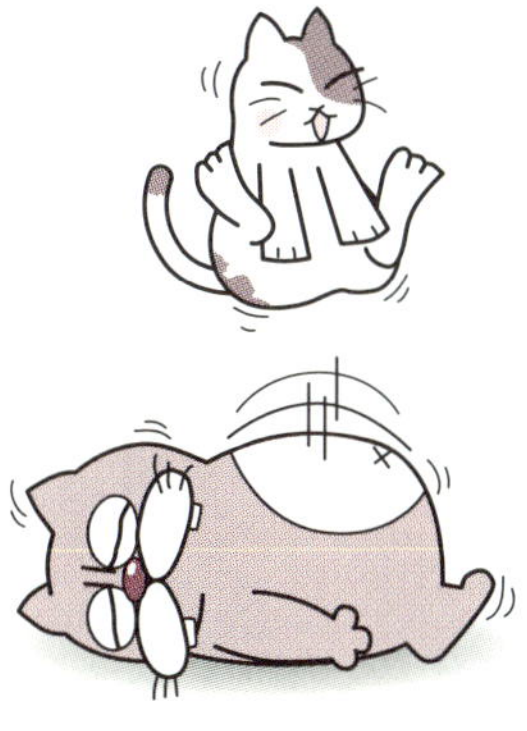

**習得問題** STEP ⑰⑱⑲ 制限時間 10分

**次の古文は『増鏡』の一節である。これを読んであとの問に答えなさい。なお、設問の都合により本文を少し改めたところがある。**

三月の初めつかたより、※1①春宮例ならずおはしまして、日々重らせ給ふ。さまざまの②御修法どもはじめ御祈り、何やかやと※2伊勢《いせ》にも御使ひ奉《たてまつ》らせ給へど、かひなくて、三月二十日、つひに③あさましくならせ給ひぬ。

④宮の内、火を消ちたる心地《ここち》して、まどひあへり。御乳母《めのと》の対《たい》の君《きみ》といふ人、夜昼《よるひる》御かたはら去らず、aさぶらひなれたるに、いみじき心まどひ、まことにをさめがたげなり。※3限《かぎ》りと見え給ふ御顔にさしよりて、「かく残りなき身を御覧じ捨ててはえおはしましやらじ、いま一たび、御声なりとも聞かせさせたまひて、いづ方へも御伴《とも》にゐてbおはしてよ」と、声を惜《お》しまずc泣き入りたまへるさま、いとあはれなり。すべて、宮の内とよみ悲しむさま、いはんかたなし。

(『増鏡』)

※1 春宮……後二条天皇の皇子である邦良親王のこと。

※2 伊勢……伊勢神宮のこと。皇室の祖先が祭ってある。

※3 限り……臨終。

**問一**　傍線部**a**～**c**の主語として、適当なものを次の中からそれぞれ選びなさい。

**ア**　春宮　**イ**　伊勢　**ウ**　乳母（対の君）　**エ**　人々

**問二**　傍線部①「例ならずおはしまして」、傍線部②「修法」、傍線部③「あさましくならせ給ひぬ」を口語訳しなさい。

**問三**　傍線部④「宮の内」と同じ意味を表すものを次の中から一つ選びなさい。

**ア**　帝　**イ**　主上　**ウ**　母屋　**エ**　渡殿　**オ**　九重

●ちょっとアンチョコ

**問一**　敬語の性質と文脈に注意して解きましょう。
**問二**　病気関係の古語は先程やりましたよね。
**問三**　天皇の「住居」を表すのはどれ？　消去法でも解けますよ。

## 解答解説 STEP ⑰⑱⑲

『増鏡』は歴史物語です。鎌倉時代の前半から南北朝までの歴史を皇室中心に描いています。ここでは、皇太子にあたる「春宮」が病気になり、亡くなってしまいます。そして、まわりの人間が悲嘆に暮れているシーンが描かれています。

**問一**　**a**　ウ（乳母）　**b**　ア（春宮）　**c**　ウ（乳母）

▼**a**…「人物、」は主語（訳＝人物は（が）、）と考えます。aの前に「御乳母の対の君といふ人、」とあるから、主語はウ。**b**…「 」の中に尊敬語があったら、主語は二人称が多いんでしたね。**c**…登場人物と文脈で考えて主語はウ。ここで突然、乳母の動作に尊敬語が使われていることにも要注意です。

**問二**　①　病気におなりになって（病気でいらっしゃって）
②　加持祈祷
③　お亡くなりになった

▼①…「例ならず」は「心地例ならず」と同じ表現で、「病気である」という意味です。②…「加持祈祷」のことを「業」や「修法」といいます。③…「あさましくなる」は「死ぬ（亡くなる）」と訳す古語。このように、病気や死に関連する古語を整理しておくとスムーズに読解できますよ。

**問三**　オ（九重《ここのへ》）

▼「宮の内」とは要するに「宮中」（＝内裏）のこと。選択肢の中で同様の意味を持つのはオの「九重（ここのへ）」のみです。アの「帝」・イの「主上」は「天皇」のことですよ。

## 現代語訳

三月の初め頃から、春宮（邦良親王）は**病気でいらっしゃって、**日々重くおなりになる。様々の**加持祈祷**などをはじめお祈りして、何やかやと（行い）伊勢神宮にもお使いを差し上げなさったが、その甲斐もなくて、三月二十日、ついに**お亡くなりになった。**

**宮中は、**火を消したような感じがして、皆悲しみにうちひしがれている。春宮の乳母の対の君という人は、夜も昼も（春宮の）お側を離れず、**お仕え**なれていたので、非常に悲観し、（その悲観は）本当にしずめがたいようである。臨終（寸前）と見えなさる（春宮の）お顔にさしよって、「このように余命いくばくもない私を見捨てなさったとしたら（あの世にも）いらっしゃることはできないでしょう、今一度、（その）お声だけでもお聞かせになって、（私を）どこへでも従者として連れて**いらっしゃってくださいよ**」と、大声で**お泣きになる**様子は、非常にしみじみと気の毒である。すべて、宮中（の人々）が大声で泣き悲しむ様子は、言いようがない。

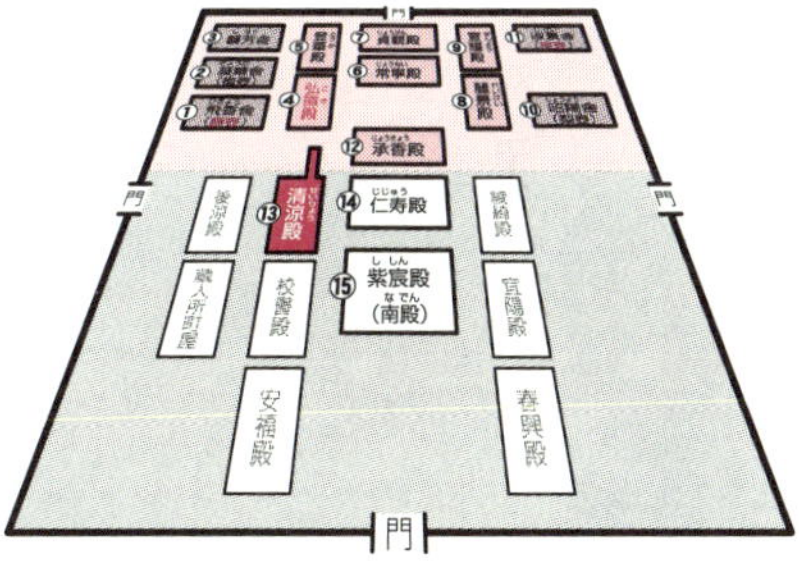

さ、ステージⅡをクリアーしましたねー！　なんか、すごく古文の背景が「見える」ようになった気がしませんか？

古文が書かれた当時の世界のことが色々わかったのだ。古文常識を知らないまま古文を読んできた自分が恥ずかしくなったのだ。

確かに、貴族の部屋の構造とか、知って得した感じにゃ。変な風習とかは信じられにゃかったけど、古文読解で色々使えそうな知識が多かったにょね。

そうですね。この古文常識を知らないと解けない問題というのも出ますから、別冊を何度も復習して絶対にマスターしてくださいね。

早く古文の読解法をマスターしないとキクを助けられないのだ！

そうなにょね！　こんなところでグズグズしてられないにょね！　古文の読解法なんかソッコウでマスターして、早く鬼ヶ島に乗り込むにょね！

ハイ、熱くなったところで、行きましょう！　ステージⅢ『「ジャンル」の海』です。

ステージⅢ

# 「ジャンル」の海

「ジャンル」の海
23
22
21
20
この海では「ジャンル」別の読解法を学びます。非常に重要なステージですよ！

▶STEP ⑳～㉓

全体MAP

STEP 20

# 「説話」の読解

別冊 ▶▶ P.16

さあ、ついにステージⅢ「ジャンルの海」まで来ましたね！
もうそろそろ、鬼ヶ島が見えてきましたよ。今まではていねいに一つ一つの読解法を習得してきましたが、これからは、より実戦的な力をつけていきます。君たちの読解力が飛躍的に伸びていくのもここからですから、心してついてくるように！　いいね!?

頑張るのだ！　もっともっと読解力をつけて、鬼たちをやっつけてキクを助けるのだ！
にゃんか、まだまだ自信ないにょね…。

## 二種類の読解パターン　～説話・物語系or日記・随筆系?～

例えばね、入試で出題される古文には、どんなジャンルがあると思う?

ジャンル?　ん～と…「説話《せつわ》」とか「物語」とか、「日記」とか「随筆《ずいひつ》」とかなのだ?

ハイ、そうですね。古文作品には色々とジャンルがありますが、実は、これらは大きく二つに分けることができるんですよ。

**ジャンル**
- **説話・物語系**…「説話」「物語」
- **日記・随筆系**…「日記」「随筆」「評論」

で、この「説話・物語系」か「日記・随筆系」かによって、読解法も変わってくるんです。

どんなふうに変わってくるにょ？

簡単に言うと、主語の補足の仕方が変わってくるということです。例えばさ、この「ブタ日記」は誰のどんな目線で書かれている？　ブタネコが、ブタネコの目線で書いていますよね。だから、作者（筆者）であるブタネコの意見や感想が文中（地の文）に出てきます。

一方、例えば「説話」である『十訓抄《じっきんしょう》』や『宇治拾遺《うじしゅうい》物語』なんかは、基本的に作者は文中に登場しません。

十月二日(土)
三日ネコがまたテストで0点を取ったのだ。本当にダメな猫だな～と思って、勉強するように言ったら、逆ギレされたのだ。
主語は作者!!
ブタ日記

つまり、「日記・随筆系」を読解する際には、**常に「作者（筆者）」の存在を意識して主語を補足していかなければならないんです。**ま、百聞《ひゃくぶん》は一見《いっけん》にしかず。次の**A**（説話）と**B**（日記）の古文を見てください。傍線部の主語は誰か、省略されていますが、わかりますか？

**A　これも今は昔、奈良に、蔵人得業恵印《くらうどとくごふゑいん》といふ僧ありけり。**
この話も今となっては昔のことであるが、奈良に、蔵人得業恵印という僧がいたのだった。
**鼻大きにて、赤かりければ、「大鼻の蔵人得業」といひけるを、**（宇治拾遺物語）
鼻が大きくて、赤かったので、「大鼻の蔵人得業」と**言った**のだが、

**B　その五月《さつき》のついたちに、姉なる人、子をうみて亡《な》くなりぬ。**
その年の五月の初旬に、姉にあたる人が、子供を産んで亡くなってしまった。
**よそのことだに、幼《をさな》くよりいみじくあはれと思ひわたるに、**（更級日記）
他人のことでさえ、小さい頃からたいそうしみじみと気の毒に**ずっと思っていた**のに、

Aの主語は、要は「まわりの人」で、Bの主語は作者自身、つまり「私」なのだ。

ハイ正解！　Aは「説話」で、Bは「日記」です。この二つは完全に分けて読解しなければいけませんよね。説話・物語系の地の文には、ふつう作者の存在はありません。でも日記・随

筆系には作者（筆者）の存在があるからです。よって、読解するときは次のように登場人物を二大別し、主語を補足していかなければならないんです。

ジャンル
- 説話・物語系 → 登場人物A・B・C
- 日記・随筆系 → 作者＋登場人物A・B・C

そして、実際に主語を補足するために必要なのが、今までやってきた主語同一用法・主語転換用法・敬語法および古典文法・古文常識などなんですね。これらをフルに使って省略された主語を補足していけば、古文をスムーズに読解できるわけです。

なるほど。古文を読むとき、最初に「ジャンルは何か？」から確認しなきゃいけないのだ。

そのとおり！　そのあと、細かい読解法に移るわけです。

ということで、STEP⑳～㉓では、この二大別したジャンルをさらに細分化して、それぞれの細かい読解法を教えていきます。非常に面白いと思いますから、必ずこのジャンル別の読解法をマスターしてくださいね。

## 説話はドキュメンタリー！

先程、古文作品のジャンルを「説話・物語系」と「日記・随筆系」に二大別しましたね。ここでは、「説話・物語系」の「**説話**」の読解法をやっていきます。「物語」は次のSTEP㉑でやりますからね。まずは「説話」からいきましょう！

あにょさ、そもそも「説話」って何なにょ？

「説話」とは、簡単にいうと、**昔話が文章化したもの**だと考えてください。その内容は基本的に、実際にあったこととして語られました。昔々《むかしむかし》のことを話すわけですから、その始まりは、**今は昔・昔・中頃《なかごろ》・近頃《ちかごろ》**で始まります。そして、人々の口から口に言い伝えられてきたことを示すために、文末を**伝聞《でんぶん》過去の助動詞「けり」**◆でつないで終わります。「…だったそうな」などという意味ですよね。ちなみに「説話」は、**章末（文章の終わりの方）にまとめの部分がある**ことが多いんです。つまり内容に関する大きなヒントが章末にあるわけですから、説話だと気づいたら、**最初に章末のまとめの部分をチェックしてから読解する**ことが大切ですよね。

では、次の説話を読んでみましょう。明治大学法学部で実際に出題されたものです。

**◆「けり」は他人の体験！**
**ブタ**「助動詞［けり］についてはSTEP ⑫でもやったのだ。他人の過去の体験を聞いて伝えるときに使用されるのだ」
**ネコ**「自分の体験の場合には、直接過去の助動詞［き］を使うにょね？」
**ブタ**「そうなのだ。三日ネコもだんだん古文がわかってきたのだ」
**ネコ**「なんか、ブタネコに言われるとムカツクにょねー！」

**今は昔**、深草《ふかくさ》の天皇の御代《みよ》に、蔵人《くらうど》の頭右近《とううこん》の少将良峰《せうしやうよしみね》の宗貞《むねさだ》といふ人あり**けり**。大納《だいな》言《ごん》安世と云《い》ひ**ける**人の子なり。形美麗《びれい》にして心正直なり**けり**。身《み》の才《ざえ》人に勝《すぐ》れたり**けれ**ば、天皇殊《こと》に睦《むつ》まじく哀《あは》れに思《おぼ》しめしたり**けり**。しかれば、傍《かたはら》の人これを憎んでよからず思ひ**けり**。その後、天皇身に病を受けて、月ごろ悩《なや》み煩《わづら》はせたまへるに、頭の少将肝砕《きもくだ》け心惑《まど》ひて嘆《なげ》き悲しむといへども、天皇遂《つひ》に失《う》せさせ給ひに**けれ**ば、闇の夜に向かへるここちして、身さらに置き所なく覚えてあり**ける**に、この世いくばくならず、法師になりて仏の道を修行せむと思ふ心深く付きに**けり**。〈中略〉

かくの如くして、修行する程に、霊験《れいげん》実《げ》に強くなりに**けれ**ば、病に煩ふ人のもとに念珠《ねんじゅ》などを遣《や》りたれば、もののけ現れて、霊験あらたなることども有り**けり**。（今昔物語集）

今となっては昔の事だが、深草の天皇の御治世に、蔵人の頭右近の少将良峰の宗貞という人がいたそうな。大納言安世といった人の子供であった。容貌は端整で心は正直であった。学問の才能が抜きん出ていたので、天皇は特に親しくしみじみとすばらしい（者である）とお思いになっていたのだった。そんなわけで、まわりの人が宗貞を憎んでよくない（奴だ）と思っていたのだった。その後、天皇がその身に病を受けて、何ヶ月間も病床についておられたので、頭の少将は胸がつぶれるような思いで嘆き悲しんでいたのだが、天皇はとうとうお亡くなりになってしまったので、真っ暗な闇夜に遭遇したような気持ちになって、（自分の）身の置き所が全くなく思っていたところ、この世は無常であるし、法師になって仏道を修行しようと思う心が深く根付いたのであった。〈中略〉

このようにして、修行するうちに、霊験が本当に強くなったので、病気に悩んでいる人のもとに（彼の）数珠などをおくったところ、（その人にとりついた）物の怪が現れて、霊験著しいことが多くあったそうだ。

ほんとなのだ。最後の段落に主人公についてのコンパクトな説明があるのだ。文章も「今は昔」で始まっているし、文末は「けり」で結ばれているにょね。

そうですね。説話だからといって、その全部が章末の形式段落にまとめがあるわけではありませんが、一応、説話の読解法として最初にこの章末の部分を見てから古文読解を始めるようにしておきましょう。

さて、説話には、大きく分けて次の二つがあります。

**説話** ─┬─ **世俗《せぞく》説話**
　　　　└─ **仏教説話**

一般的な民間の伝承を扱ったのが前者で、仏教関係の伝承を扱ったのが後者です。ただ、世俗説話でも仏教の内容を扱うこともありますので、厳密に二大別するのはあまり意味のないことなんですけどね。ちなみに、説話の内容にはだいたい次の四つが多いんですよ。

**●説話にありがちな内容**

**A　仏教の霊験《れいげん》話をあげて、仏道のありがたみを説《と》くもの**
**B　すばらしい求道者《ぐどうしゃ》・歌人・施政者《しせいしゃ》の話**
**C　不思議な体験談**
**D　有名な人物の回想記**

「あっ、説話だ」と思ったら、この四つの話に的を絞って読んでいくと効果的です。

ちなみに、さっきの例文はこの**A**・**B**・**D**の混合物って感じなのだ。

そうですね。ちなみに、先程の登場人物である「蔵人の頭右近の少将良峰《よしみね》の宗貞《むねさだ》」とは『古今和歌集』の伝説の歌人◆（**六歌仙**《ろっかせん》）として有名な僧正**遍昭**《そうじょうへんじょう》のことなんです。次の有名な和歌を詠んだ人です。この和歌は、先程の例文とも密接なつながりがありますよ。

**皆人**《みなひと》**は　花の衣**《ころも》**に　なりぬなり　苔**《こけ》**の袂**《たもと》**よ　かわきだにせよ**

（古今和歌集）

（深草の天皇の喪が明けて、）すべての人は喪服を脱いで、はなやかな衣になったようだ。（それにひきかえ、）私の相変わらず涙に濡れている僧衣の袂（たもと）よ、せめてかわいてはくれないだろうか。

天皇の喪《も》が明け、黒っぽい喪服をまわりの人が脱いでいく中で、出家して黒っぽい僧衣を着ている自分だけが服を着替えず、涙に濡れているよ、という和歌なんですよ。

ふーん…。古文に出てくる人はホントすぐに泣くにょね。男ならメソメソ泣くにゃ！

いや、なんでキレてんの!?　まあまあ落ち着いて。では、次の説話を読んでみましょう。

**◆六歌仙とは？**

八代集の最初である『古今和歌集』に歌が数多く見られる６人の伝説の歌人が「六歌仙」です。**在原業平**・**小野小町**・**僧正遍昭**・**大伴黒主**・**文屋康秀**・**喜撰法師**の六人がそれにあたります。ちなみに在原業平は、あの有名な歌物語『伊勢物語』の主人公ですよ。

式部の権《ごん》の大輔《すけ》大江挙周《おほえのたかちか》朝臣《あそん》、重病を受けて、たのみすくなく見えければ、母赤染衛門《あかぞめゑもん》住吉《すみよし》に詣《まう》でて、七日籠《こも》りて、「この度たすかりがたくは、速《すみ》やかにわが命に召《め》しかふべし」と申して、七日に満ちける日、御幣《みてぐら》のしでに書きつけ侍りける。

かはらんと　祈《いの》る命は惜《を》しからで　さても別れん　ことぞかなしき

かくよみて奉りけるに、神感やありけん、挙周《たかちか》が病よくなりにけり。母下向《げかう》して、喜びながらこの様を語るに、挙周いみじく嘆きて、「我生きたりとも、母を失ひては何のいさみかあらん。かつは不孝の身なるべし」と思ひて、住吉に詣でて申しけるは、「母われに代《かは》りて命終るべきならば、速《すみ》やかにもとのごとくわが命を召《め》して、母をたすけさせ給へ」と泣く泣く祈りければ、神あはれみて御たすけやありけん、母子共にゆゑなく侍りけり。（古今著聞集）

式部の権の大輔大江挙周朝臣が、重い病にかかって、助かりそうもなく見えたので、母の赤染衛門が住吉大社に詣でて、七日間こもって、「この度（息子が）助かり難いのならば、即座にこの私の命と引き換えに息子をお助けください」と申し上げて、七日目に達した日、（神に奉る）御幣に付けた紙に書き付けました（和歌）。

子供の命と引き換えにと祈るこの命など惜しくはないが、それでも子供と死に別れることは悲しいことです。

このように詠んで（神に）差し上げたところ、神が感動なさったのであろうか、挙周の病気は良くなったのであった。母が（住吉から）下向して、喜びながらこの様子を（挙周に）語ると、挙周はたいそう嘆いて、「私が生きていたとしても、母を失ってしまったら何の生きがいがあるでしょうか。それにしても親不孝なこの身であることよ」と思って、住吉に詣でて申し上げたのは、「母が私に代わって命が終わることになっているのなら、即座にもとのように私の命をお召しになって、母をお助けください」と泣く泣く祈ったところ、神が哀れんでお助けになったのであろうか、母子共に無事であったということです。

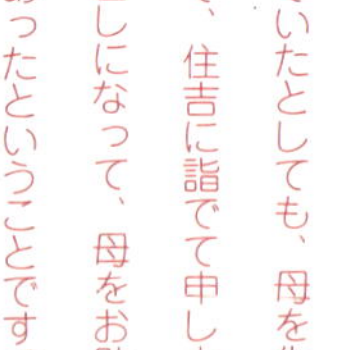

### ✉ 天才紫式部が認めた女性、赤染衛門

赤染衛門は藤原道長の娘である中宮彰子に仕えた女房で、あの紫式部が絶賛した女性なの。『紫式部日記』に、赤染衛門は「はづかしき口つき」、つまり「こちらが気後れしてしまうほどのすばらしい歌人」であると紹介してるのよ。ちなみに住吉大社は、古くから海の神・歌の神を祭っている由緒ある神社で、松の名所としても有名よ。

どうでしたか？　わかりやすい話ですよね。このような**すばらしい和歌を詠んだために願いが叶《かな》うという説話（歌徳《かとく》説話）**も数多く出題されます。

説話は基本的に短編完結型なので問題も作りやすく、入試に頻出します。この読解法をマスターして、「説話」というジャンルを攻略しましょう！

**SAVE**

●古典作品のジャンルは二大別できる↓「説話・物語系」／「日記・随筆系」

※「日記・随筆系」には、「作者（筆者）」が登場するので注意！

**【説話の読解法】**

●「今は昔・昔・中頃・近頃」で始まり、文末には「けり」が付く。

●章末にまとめの部分がある↓最初にチェックすること。

●説話の話の展開はたいていは決まっている↓話のパターンを覚えておくと効果的。

STEP 21

# 「物語」の読解

別冊 ▶▶ P.16

## 「物語」には色々あるんです！

先程紹介した「説話」は、基本的には短編完結型なんですね。一方、「**物語**」はふつう、長編の中の一部を取り扱うことになるので、入試では「**全体の内容の中のある一部分**」を読解することになります。つまり、その内容を知っておくと有利ですよね。

かといって、すべての物語のストーリーを知っておかないとダメなわけじゃありません。別冊のP20～23にある、11～30番の作品のだいたいの内容をチェックしておけばOKです。

さて、別冊の「ビジュアル古文読解マニュアル」にもあげてありますが、物語は、次の三つに分類して読解していきましょう。

**物語**
- **歌物語**（伊勢物語・大和物語・平中物語）
- **大鏡・今鏡・無名草子**（語り手のいる物語）
- **その他の物語**（竹取物語・源氏物語・平家物語など）

まずは「**歌物語**」を紹介していきます。次の『伊勢物語(19)◆』の例文を読んでください。

**むかし、をとこありけり。深草《ふかくさ》に住みける女を、やうやうあきがたにや思ひけむ、かかる歌をよみけり。**

**年をへて　住みこし里を　出でていなば　いとど深草　野とやなりなむ**

**女、返し、**

**野とならば　鶉《うづら》となりて　鳴きをらむ　かりにだにやは　君は来ざらむ**

**とよめりけるにめでて、行かむと思ふ心なくなりにけり。**（伊勢物語・百二十三段）

昔、ある男（在原業平）がいたそうだ。深草に住んでいた女を、次第に飽きてきたのだろうか、このような歌を詠んだのであった。

何年もずっと住んできたこの里を出て行ったならば、ますますこの深草は荒れた野原となってしまうのであろうか。

女は、返事をし、

この深草が荒れた野原となるのなら、（いっそのこと私は）鶉となって鳴いていましょう。（そうすれば）あなたがせめて狩にでも来てくれないだろうか、いや狩に来てくれるだろう（と思われますので）。

と詠んだのを（男は）褒め称えて、（深草を）出て行こうと思う気持ちがなくなってしまったということだ。

飽きられた男に対して、「鶉《うづら》になって鳴いているから、狩に来てほしい」とは、何ともけなげで物悲しい表現なのだ！　切ないのだ（涙）!!

◆この数字は、別冊P.18からの『ミニマム作品常識』における作品の通し番号なのだ。例えばこの『伊勢物語』は、別冊では⑲番のところで詳しく内容が説明されているという意味なのだ。

ブタネコは涙もろいにょね。男ならメソメソ泣くにゃ！

まあ、この**『伊勢物語』**のお話は本当に短いけれど、独特の存在感を放っていますね。これが、短編完結型の歌物語の魅力なんですよ。歌物語というのは、簡単にいうと和歌をメインテーマにした物語のことです。歌いあげられた和歌にスポットライトがあてられるわけだから、**和歌と本文の同じ部分を比較しながら読解する**ことが大切です。先程の『伊勢物語』では、「深草《ふかくさ》」という語句がその箇所。**深草**にある、男が通わなくなって**深い草**が生えてしまった自分の家。そんな状況で泣きたい自分の立場を、深い草の中でしきりに鳴いている鶉《うずら》に例えるわけです。

また、物語は平安時代という階級の違う様々な人物が登場する時代の産物ですから、**地の文の尊敬語の有無に注意し、主語を補足しながら読解する**ことも必要になってくるでしょう。STEP⑦～⑧で習得した敬語の知識が生かせますね。

『伊勢物語』は在原業平の一代記という設定ですが、**『大和《やまと》物語**（20）』には統一した主人公は存在しません。宇多《うだ》天皇のまわりの人間が登場することが多いんですけどね。

ちなみに、この『伊勢物語』や『大和物語』以外にも、色好みで有名な平貞文《たいらのさだふみ》を主人公とした**『平中《へいちゅう》物語**（21）』という歌物語があります。名前だけでも覚えておいてくださいね。

**ブタ**「『平中物語』は面白いのだ。哀愁をおびた『伊勢物語』とは違って、主人公がアホでドジなことをしたりするのだ」
**ネコ**「どんなドジをするにょ？」
**ブタ**「例えば、女の前で涙を流すフリをしようとして水を用意したけど、その水に墨が入ってて、顔が真っ黒になってしまったりするのだ」
**ネコ**「あ、つまり、平貞文はブタネコみたいな奴なにょね…」

## 「語り手」のいる物語

次に**語り手のいる物語**にトライしてみましょう。

これから紹介する『**大鏡**《おおかがみ》（23）』という作品は「歴史物語」というジャンルで、一九〇歳の**大**《おお》**宅世継**《やけのよつぎ》と一八〇歳の**夏山繁樹**《なつやまのしげき》とその妻が、三〇歳ぐらいの若い侍を相手に昔語りをし、そのそばで作者が筆録したという設定になっています。

一九〇歳の人なんているわけないのだ。ネコも四十歳以上になると「猫又《ねこまた》」という化け猫になってしまうらしいのだ。吉田兼好の『徒然草』に載っていたのだ。

確かに一九〇歳なんて人間が本当にいたら、それは妖怪ですよね（笑）。

この『大鏡』は1100年頃に成立した歴史物語です。そして、その中で扱っているのは850～1025年の出来事なんですよ。つまり、250年前からの話をとりあげているわけです。時代の生き証人として、一九〇歳の老人を語り手に設定することで、この歴史物語の信憑性《しんぴょうせい》を高めようとしたんですね。

私が幼いとき、今は亡き祖父が満州国《まんしゅうこく》（昔の中国の一部）

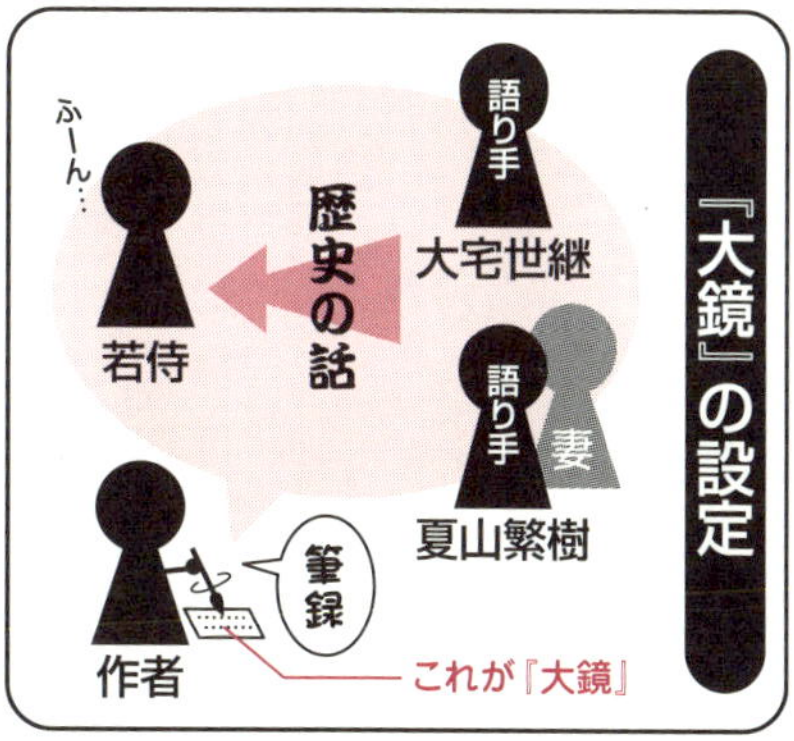




**●和歌の読解は「恋・死」「それ以外」の二大別が基本！**

和歌が出題されたら、「**恋・死**」の歌と「**それ以外**」の歌に分けて解釈してください。例えば、和歌に「花」が出てきた場合、「恋・死」の歌なら「**愛しい人**」の比喩で、「それ以外」の歌なら普通に「花」を表すことが多いんです。「恋・死」の歌にはとにかく比喩などの修辞法がよく使われますから、それ以外の歌とは分けて解釈するようにしましょうね！

に行ったときの体験を話してくれました。その話は私にとって、中国について書かれたどの本よりも面白かったんです。『大鏡』にはこういった実際の体験者、経験者の生々しい「語《かた》り」の効果がいかんなく発揮されているんですよ。

前のSTEP⑳では、「説話・物語系」にはふつう作者は登場しないと言いましたが、『大鏡』や『**今鏡**《いまかがみ》（24）』などの歴史物語や、物語評論の『**無名草子**《むみょうぞうし》（48）』には、一種の例外として「語り手」が登場します。この三つの作品に出くわしたら、

**主語のない心情語・謙譲語の主語は語り手自身（私）**

であると考えましょう。

次の『大鏡』の例文を見てください。傍線部が心情を表す語（**心情語**）ですね。

> **いづれの御時《おんとき》とはたしかにえ聞き侍らず。**
> どの天皇の御治世とは確かに聞いたと答えることはできません。
> **ただ深草の御ほどにやなどぞおもひやり侍る。**（大鏡・上巻）
> ただ深草天皇の御治世の頃であっただろうかと（私は）**はるかに思い返しております。**

この傍線部の主語は「**語り手**」なのだ。この作者は、老人たちの話をただ書きとめていただけという設定だから、「思ふ」「知る」といった感じの心情語の主語は、「作者」ではなく「語り手」の老人である可能性がすごく高いのだ。

**●フィクション VS ノンフィクション**

『栄華物語』『大鏡』『今鏡』『水鏡』『増鏡』は色々な時代の出来事を伝える**歴史物語**。そして『平家物語』『太平記』は戦乱を伝える**軍記物語**。これらは、実際にあった**史実**を語っているんですよ。『竹取物語』や『源氏物語』などのフィクション（作り物語）とは対極的な位置にあると言っていいですよね。

そのとおりです！　では『大鏡』の次の部分も見てください。

**村上の帝《みかど》、はた①申すべきならず。「なつかしうなまめきたる方《かた》は**
村上天皇（の優秀さ）は、何かと（私が）**申し上げる**までもありません。「親しみやすく優雅でいらっしゃる方面は
**延喜《えんぎ》にはまさりまうさせたまへり」とこそ人②申すめりしか。**（大鏡・下巻）
醍醐天皇にもまさっていらっしゃる」と（世間の）人が**申す**ようでした。

傍線部①は謙譲語で、主語は省略されているから、主語は「語り手（私）」なのだ。

傍線部②も謙譲語だけど、主語は省略されてないにょね。「人」が「申す」とあるにゃ。

そう！　このように、「主語のない心情語」だけでなく、「主語のない**謙譲語**」があった場合も、その主語は「語り手」である可能性が高いというわけなんですね。いい？

もう一つの歴史物語の『今鏡』には、こんなに露骨に語り手は登場しませんが、語り手の存在は意識してください。

さて、**主語のない心情語・謙譲語の主語は語り手である**というのは大切な読解法ですが、次のような文章の主語には注意してくださいね。

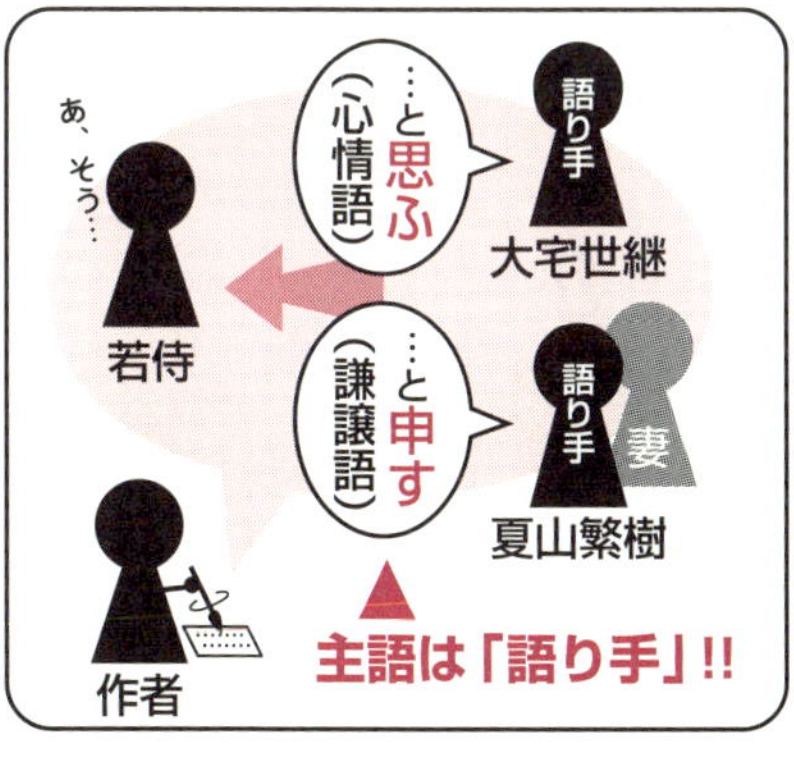

大臣《おとど》の位にて十九年、関白にて九年、この生《しやう》きはめさせたまへる人ぞかし。

（太政大臣の頼忠は）大臣の位で十九年、関白で九年、この世の栄華を極めて一生を過ごしなさったお方ですよ。

三条《さんでう》よりは北、西洞院《にしのとうゐん》より東に住みたまひしかば、三条殿と申す。（大鏡・上巻）

（京都の）三条よりは北、西洞院より東に（お邸があり）住んでおられたので、（人々は）三条殿と**申し上げる**。

このような場合の謙譲語（申す）の主語は、あえて訳すなら「**（まわりの）人々**」です。文脈を考えても、「語り手」ではありませんよね。こういった場合には要注意です。主語を補足する際には、できる限り文脈も考慮しましょう。

さ、次に評論『無名草子』を見てみましょう。この作品にも語り手がいます。

この世にいかでかかることありけむと、めでたくおぼゆることは、文《ふみ》にこそ侍るなれ。『枕草子』に返す返す申して侍るめれば、事《こと》新しく申すに及ばねど、なほいとめでたきものなり。遥《はる》かなる世界にかき離れて、幾歳《いくとし》逢《あ》ひ見ぬ人なれど、文といふものだに見つれば、只《ただ》今さし向かひたる心地して、なかなか、うち向かひては思ふほども続けやらぬ心の色もあらはし、言はまほしきことをもこまごまと書きつくしたるを見る心は、めづらしくうれしく、あひ向ひたるに劣りてやはある。（無名草子）

この世にどうしてこんなすばらしいものがあったのだろうかと、すばらしく**思われる**ことは、手紙であるようです。『枕草子』に（清少納言が手紙のすばらしさを）返す返す**申し**ておりますようなので、（この私が）ここで新たに（手紙のすばらしさを）**申し上げる**には及ばないけれど、（手紙は）やはり大変すばらしいものである。遥か遠くの場所にかけ離れて、何年も会うことができない人であっても、手紙というものさえ見れば、たった今（目の前に）面と向かっているような**気がして**、かえって、面と向かっては**思う**ことも言い続けることのできない心模様もはっきりとさせ、言いたいことを細々と書きつくしたものを見る**気持ち**は、すばらしくうれしく、面と向かっているのに劣っているであろうか、いや劣っていないだろう。

二行目の「返す返す申して」の「申し」は謙譲語ですが、その前に「『枕草子』に」とありますから、この謙譲語の主語は文脈的に『枕草子』の作者、清少納言です。

しかし、それ以外の傍線部の心情語・謙譲語の主語はすべて**語り手**ですね。

この『無名草子』◆は、1202年までに成立したとされる評論で、年老いた尼《あま》と若い女房達の対話形式で書かれているんです。**この作品のジャンルは「物語」ではなく「評論」**ですが、『大鏡』や『今鏡』などと同じく、「語り手のいる物語」という枠の中に入れましょう。

ところで、出題された古文が「歌物語」や「語り手のいる物語」**以外**だったらどうするにょ？

それ以外の物語作品であったら、**尊敬語の有無などに注意**してふつうに読解していけばいい

STEP 21 「物語」の読解

◆✉ **異彩を放つ評論『無名草子』は貴重な資料！**

平安時代当時、評論といえばほとんどが和歌に関しての**和歌**評論でした。でも、この『無名草子』はちょっと違っていて、物語というものが当時の人にどのように受けとられていたかが書いてある**物語**評論なのよ。そういった点で現在、『無名草子』は貴重な資料とされているの。

んです。例えば次の古文は継子《ままこ》いじめの物語である『**住吉《すみよし》物語**(18)』の一節です。「姫君」が母と死別して心細い状態になったところから始まっています。「侍従《じじゅう》」とあるのは、姫君の忠実な侍女《じじょ》で、乳母《めのと》の娘のことです。傍線部の敬語に注意しながら読解してみましょう。

**かくしつつ、明かし暮らす程《ほど》に、姫君の乳母《めのと》、例ならず心地《ここち》おぼえければ、姫君の、**
このようにしながら、月日を過ごすうちに、姫君の乳母が、気分が悪く思われたので、姫君が、
**ゆかしうおはしますに、立ち寄らせ給ふべきよし、侍従《じじゅう》がもとへ言ひやりければ、**（住吉物語）
お目にかかりたいお姿で**いらっしゃる**ので、**お**立ち寄り**になる**ようにと、侍従のもとに言い遣ったところ、

『住吉物語』は「歌物語」でも「語り手のいる物語」でもないから、今まで習ってきた武器を使って、主語をはっきりさせながら読解することに専念すればいいのだ。

…傍線部の「おはします」「給ふ」は尊敬語にゃ。地の文にある尊敬語の主語は「高貴な人」が多いから、これらの主語は「姫君」なにょね！

ハイ、正解です。君たちも本当の読解力がついてきましたね〜。
さて、調子のいいところで、今までの話をまとめてみましょう。
「説話・物語系」の古文で、「説話」ではなく「物語」の出題があった場合、『伊勢物語』『大和物語』『平中物語』などの**「歌物語」だったら和歌をチェックしてから読解**し、『大鏡』『今

**✉ (子−実母)＋継母＝イジメ !?**

一夫多妻制の当時、母に死なれた子供が父に引取られた場合、継母（ままはは）にイジメられることが数多くあったのよ。継母っていうのは、血のつながりのない母のこと。当時の女性は部屋の中にずっとこもって考えごとなどをしていることが多いから、そういうところでストレスを発散してたのかしらね。あ〜嫌だ嫌だ…。

鏡』『無名草子』などの**「語り手のいる物語」だったら、「語り手」の存在を意識**して主語のない心情語・謙譲語に気を配るわけです。で、その他の物語だったら、余計な心配はしないでふつうに読解法を駆使して読解すればいいというわけですね。

**説話・物語系**
- **説話**
- **物語**
  - **歌物語** → 和歌をチェック!!
  - **大鏡・今鏡・無名草子** → 「語り手」の存在（心情語・謙譲語）を意識
  - **その他の物語** → ふつうに読解（尊敬語の有無に注意）

**SAVE**

**【物語の読解法】**

●**歌物語**（伊勢物語・大和物語・平中物語）
↓和歌を先にチェックし、和歌と本文の同じ部分を比較しながら読解する。

●**大鏡・今鏡・無名草子**（語り手のいる物語）
↓「語り手」の存在を意識。主語のない心情語・謙譲語の主語は「語り手」。

●**その他の物語**（竹取物語・源氏物語・平家物語など）↓ふつうに読解する。

**次の古文は『落窪物語』の一節である。これを読んであとの問に答えなさい。**

今は昔、中納言《ちゅうなごん》なる人の、女《むすめ》あまた持ちたまへる①おはしき。大君《おほいぎみ》、中《なか》の君《きみ》には婿《むこ》どりして、西の対《たい》、東の対に、はなばなとして住ませたてまつりたまふに、「三四の君、裳《も》着せたてまつりたまはむ」とて、かしづきぞしたまふ。

また時々通ひたまふ※1わかうどほり腹《はら》の君《きみ》とて、母もなき御女おはす。北の方、②心やいかがおはしけむ、つかうまつる※2御達《ごたち》の数にだに③おぼさず、寝殿の放出《はなちいで》の、また一間《ひとま》なる落窪《おちくぼ》なる所の、二間なるになむ、住ませたまひける。※3君達《きんだち》とも言はず、※4御方《おほんかた》とはまして言はせたまふべくもあらず。名をつけむとすれば、④さすがに、おとどの思す心あるべしとつつみたまひて、「落窪《おちくぼ》の君《きみ》とい⑤へ」とのたまへば、人々もさいふ。

（『落窪物語』）

※1 わかうどほり腹……皇族の血統。姫君の祖母が皇女である。
※2 御達……宮仕えの女性に対する敬称。
※3 君達……親王・摂家など高貴な貴族の子女への敬称。
※4 御方……貴婦人、姫君への敬称。

**問一** 傍線部①・③・⑤の主語として、適当なものを次の中からそれぞれ選びなさい。

**ア** 中納言　**イ** 北の方　**ウ** 大君・中の君　**エ** 母もなき御女　**オ** 人々

**問二** 傍線部②「心やいかがおはしけむ」及び④「さすがに」を口語訳しなさい。

**●ちょっとアンチョコ**

**問一**　①は、上にある同格の「の」に注意。「持ちたまへる」の直後に「人」が省略されていますよ。③は、「【人物、】の形＝主語」を意識。⑤は命令形。命令されているのは誰？

**問二** 「、…推量、」は挿入句ですよね（→STEP⑥参照）。この「けむ」は過去推量（…ただろう）の助動詞。「らむ」の過去バージョンです。

## 解答解説 STEP ⑳㉑

この作品は歌物語でもなく、語り手のいる物語でもないですから、登場人物に注意してふつうに読解することになります。『落窪物語』は継子イジメのお話ですよ。

**問一** ① **ア**（中納言） ③ **イ**（北の方） ⑤ **オ**（人々）

▼「中納言なる人の、」の「の」は、「～で」と訳す同格の「の」です。よって傍線部①の「おはす」の主語はアの「中納言」です。③ですが、「人物、」は主語（訳＝人物は、）になりますし、「心やいかがおはしけむ、」は独立した挿入句ですから、「北の方、…おぼさず、」という文構造は明らか。よって、傍線部③の主語はイに決定！ そして傍線部⑤の「いへ」とはこの「北の方」がまわりの人々に「姫を、落窪の君と呼べ」と命令しているわけですから、主語は聞き手である「人々」ですよね。「人々が」そう呼ぶわけですから。

**問二** ② **（その）心がどのようでいらっしゃったのだろうか**
④ **そうとはいってもやはり**

▼傍線部②は挿入句。よって、（ ）で囲んで「～だろうか」と訳します。「さすがに」は「そうとはいってもやはり」と訳す重要古語です。

## 現代語訳

　今となっては昔のことであるが、中納言である人で、娘をたくさん持っておられる人が**いらっしゃった**。長女と次女には婿とりをして、西の対、東の対に、晴れやかに住ませ申し上げなさっていて、「三番目の娘と四番目の娘には、裳を着せ申し上げましょう」と言って、可愛がりなさる。

　また（中納言が）時々お通いになった（女性で）皇族腹（皇族の血筋）の君として、母も（亡くして）いない娘様がいらっしゃった。北の方は、**（その）心がどのようでいらっしゃったのだろうか**、お仕えする女房達と同等とさえ**お思いになら**ず、寝殿の放ち出の、またその先にある一室の落ちくぼんだ、二間の所に、お住ませになった。（まわりの人々には）姫君とも呼ばせず、御方とはまして呼ばせなさることもない。名前を付けるということになると、**そうとはいってもやはり**、中納言が（実の娘だと）お思いになることもあるだろうと遠慮なさって、「落窪の君と**呼べ**」とおっしゃるので、まわりの人々もそのように呼ぶ。

STEP 22

# 「日記」の読解

別冊 ▶▶ P.17

## 日記＝作者登場＋主語のない心情語・謙譲語＋和歌

ハイ、今から「日記・随筆系」の「**日記**」の読解法をやっていきますが、これ大事！ 説話や物語と違って、日記や随筆にはふつう、本文に

**作者が登場する**

わけです。この違いをまずおさえてください。『大鏡』などのような語り手の出てくる「物語」もありますがね。とにかく、古文を読むときにはまず、そのジャンルを確認する！ つまり

**出典《しゅってん》を確かめる**

ことが大切です。で、そのとき「～日記」というふうな出典であったら、「あっ、これは日記だ」と判断してください。そして、

**主語のない心情語・謙譲語の主語は作者（私）**

だと考えて読解していくことになります。ちょいと、別冊P24～25の作品番号31～40の10作品を見て！ 『土佐**日記**』『蜻蛉**日記**』などはすぐに日記だと理解できるんですが、『**建礼門院右**

**京大夫集**（37）』『**うたたね**（39）』『**とはずがたり**（40）』などはその出典名から日記とはわかりにくいですよね。でも、これらはちゃんとした日記ですから、注意してください。

でもさぁ、もし出典を見て日記だとわからにゃかったら、どうすればいいにょ？

この別冊に記載されていないようなマイナーな作品が出た場合や、試験問題に出典の記載されていない場合は、確かに困りますよね。でも、そういったときに、「あ、これは日記だ！」と判断できる方法もあるんです。次の例文を見てください。

**なほ打過《うちす》ぐるほどに、ある木陰《こかげ》に、石を高く積みあげて、目にたつさまなる塚《つか》あり。人に尋ぬれば、梶原《かぢはら》が墓となん答ふ。道のかたはらの土となりにけりと見ゆるにも、顕基《あきもと》中納言の口ずさみ給へりけん、「年々に春の草のみ生ひたり」といへる詩、思ひ出でられて、これもまた古き塚となりなば、名だにも残らじと、あはれなり。**（東関紀行）

さらに旅を続けていくと、ある木陰に、石を高く積み上げて、目立っている塚がある。（私が）近くの人に尋ねたところ、梶原の墓と答える。（この人は）道の傍らの土となってしまったのだなあと思われるにつけても、顕基中納言が口ずさみなさったという、「年々に春の草だけが生えている」といった詩が、**思い出され**て、これもまた古い塚となってしまったのなら、その名さえも残らないだろうと（思うと）、**しみじみとした気持ちがする。**

この『東関紀行《とうかんきこう》』という出典名。「紀行」とあるんだから、「旅日記かな?」と考えることができる察《さっ》しのいい人は良いんですが、ふつう、ジャンルはわかりにくいですよね。

ただ、この傍線部を見てください。「思《おも》ひ出《い》でられ」「あはれなり」という心情語です。実はこのように、

**主語のない心情語があれば、日記である**

と考えることもできるんですよ。「日記・随筆系」の古文には「主語のない心情語」があるわけですから、主語のない心情語があれば、その古文は日記であると、逆の発想ができるわけです。

ま、何はともあれ、ある程度古文を読んでみれば、それが「説話・物語系」なのか「日記・随筆系」なのかはだいたいわかると思いますよ。

携帯黒板
日記・随筆
主語のない心情語がある
ふ〜ん…

にゃるほど。まあ、とにかく古文をたくさん読んで慣れていくにょね。

それと、日記を読解する上で絶対に忘れないでほしいのが、

**日記は一種の歌集である**

ということです。難しく言えば、ダイアリーという表現形式を使って、そこで自作の和歌を紹

**ブタ**「確かに僕の日記にも、『〜と思った・〜と感じた』みたいな言葉（心情語）がたくさんあるけど、主語（僕は）は書いてないのだ」
**富井**「どうして主語を書かないの？」
**ブタ**「だって、僕の日記だから、僕が思ったことについていちいち『僕は〜、僕は〜』と主語を書かなくてもわかるのだ！　…あ、だから古文の日記でも、心情語の主語（作者）が省略されるのか」

介したり、古歌《こか》を引用したりするんです。それは平安や鎌倉の日記に限ったことではなくて、あの有名な江戸時代の俳諧の紀行文『奥の細道』もその流れをくんでいると考えてください。前の章にあげた『伊勢物語』でも、和歌は重要な地位をしめていましたよね。よって、歌物語では**和歌と本文とを比較しながら読解する**ことが大切であったわけなんですが、日記においても同じことが言えるんです。

なるほど。とにかく日記は、「作者」と「心情語・謙譲語」と「和歌」に要注意なのだ。

## この日記には要注意！

ではこれから、読解するときに少し気を使わなければならない日記を紹介していきます。まずは『**土佐日記**（31）』の冒頭の一節を紹介します。この（31）とかいう数字は別冊の通し番号ですからね。この作品は、「女性が書いた」ということにして書かれてあります。

**男もすなる日記《にき》といふものを、女もしてみんとてするなり。それの年のしはすの二十日《はつか》あまり一日《ひとひ》の日の戌《いぬ》の時に、門出《かどで》す。その由《よし》、いささかにものに書きつく。**（土佐日記）

男も書くという日記というものを、**女（の私）も**書いてみようとして書くのである。ある年の十二月の二十一日の午後八時頃に、旅立つ。その旅中のことを、（これから）手短に書き記すことにする。

変なのだ。作者の紀貫之《きのつらゆき》は男なのに、「女」が書いたみたいになってるのだ。

あ、わかったにょね！　実は紀貫之は女だったにょねー！

あのね…。当時の男性の日記は「文《ふみ》」、つまり**漢文**で書くのが常識だったんです。ただ、漢文は風格はあるのですが、見た感じ非常に重々しいので、自由に気持ちを表現するには向いていないと貫之は感じていたんですね。よって、女性の日記などに用いられる「**仮名**《かな》」を使って日記を書く手法をとったわけです。この手法を**女性仮託**《じょせいかたく》とよびます。当時は、男性の用いる漢字を「真名《まな》」、女性の用いる文字を「仮名《かな》」とよび、男女の使う文字が分けられていたんですね。

つまり紀貫之は、「私、体は男でも、心は女なの！」と言いたかったにょね？

違うのだ！　仮名を使いたいから女のふりをしたのだ！

…。『土佐日記』は、紀貫之が土佐の国司《こくし》を終えて京都に帰るまでの日記で、任地の土佐で愛する子供を失ってしまった愛惜が、作品を通じて描かれているんです。自分を三人称

私は今、土佐にいるわよ♥でもなんだかちょっと悲しい気分なの…(T.T)
ピッピッ
出会い系?
その女性仮託はやめなさい!!

**●土佐(とさ)、常陸(ひたち)、上総(かずさ)**

『土佐日記』において「いたれりし国」とは、貫之が国司となって赴任した**土佐**（現在の高知県）のことを指すのだ。ちなみに『更級日記』の作者「菅原孝標女」の父の赴任国は**常陸**（茨城県）と**上総**（千葉県）なのだ。この 3 つの国名は、入試で最も重要な国名 BEST3なのだ。

で書くことでその悲しみを客観的な出来事にしてしまい、今の自分の切なく辛い状況を前向きに見つめようとしたのかもしれませんね。では、次。『**蜻蛉日記**《かげろう》（32）』を読んでみましょう。

**かくありし時過ぎて、世の中にいとものはかなく、とにもかくにもつかで、世に経る人ありけり。かたちとても人にも似ず、心魂《こころだましひ》もあるにもあらで、かうものの要にもあらであるも、ことわりと思ひつつ、ただ臥《ふ》し起き明かし暮《く》らすままに、**（蜻蛉日記）

このように生きてきた歳月が流れて、この世の中にたいそう頼りなく、どっちともつかずの有様で、**暮らしている人（＝私）**がいた。容貌は人並みでもなく、才覚があるわけでもなくて、このように何の役にも立たない様子であるのも、もっともなことだと思いつつ、ただ日が暮れれば寝て夜が明ければ起きるというような（無意味な）生活をおくるままに、

あっ、これも自分のことを「世に経る人」というように三人称で表記しているのだ。

三人称表記は『土佐日記』に限ったことではないんですね。この『蜻蛉日記』は、作者**藤原**《ふじわらの》**道綱母**《みちつなのはは》が、夫藤原兼家との愛と苦悩を描いた作品です。自分の所にきちんと通ってこない夫に対する嫉妬《しっと》を中心に描いているんですよ。ＳＴＥＰ⑭で学習した**通**《かよ》**い婚**《こん》のことを思い出してください。この冒頭のナゲヤリな表現は、その気持ちが表れたものだと考えてくださいね。

では、次。『和泉式部日記』です。傍線部に注目して読んでみましょう。

STEP 22 「日記」の読解

**思ひがけぬほどに忍びてとおぼして、昼より御心まうけして、日ごろも御文とりつぎて参らする右近《うこん》の丞《じょう》なる人を召して、「忍びてものへ行かむ」とのたまはすれば、さなめりと思ひてさぶらふ。あやしき御車にておはしまいて、「かくなむ」と言はせたまへれば、女いとびなきここちすれど、「なし」と聞こえさすべきにもあらず。**（和泉式部日記）

（宮は）意外な時間にひそかに（行こう）とお思いになって、昼から心がまえをなさって、普段もお手紙を取り次いで差し上げている右近の丞という人をお呼びになって、「内緒で出かけることにしよう」とおっしゃったところ、（右近の丞は）「あの女の所に行かれるおつもりだな」と思ってお仕え申し上げる。わざと目立たぬようにしたお車で（女の所へ）いらっしゃって、「来ましたよ」と（右近の丞に）言わせなさったところ、**女（＝私）**はとても困った気持ちがするけれど、「おりません」と申し上げるわけにもいかない。

**『和泉式部日記《いずみしきぶにっき》**（33）』は、和泉式部による、帥《そつ》の宮敦道《みやあつみち》親王との一年にも満たない愛の日記なんですよ。彼女は、敦道親王の兄、為尊《ためたか》親王という人の愛人だったのですが、為尊と死別して喪に服していたときから急速に敦道親王と仲良くなっていくんです。

作者は、自分自身を客観的に「女」と三人称表記し、物語風に日記を描きます。物語風であるために、『和泉式部物語』という書名も残っているくらいです。これは、日記の中で最も作者自身に三人称表記を多用している作品なんですよ。

兄と付き合ってて、兄が亡くなったらその弟と付き合う？　なんか不純なにょねー！

和泉式部はまわりから相当悪口を言われたみたいです。当時は、現代のように「結婚していたら、他の異性と交際しちゃダメ」といった文化ではなく、男女共に複数の愛人を持っている場合もあったようですが、和泉式部の男性関係の多さは、倫理的に常軌を逸していると思われていたんですね。

和泉式部は、敦道親王に死なれたあと、藤原道長の娘である**中宮彰子**《しょうし》に仕えますが、同じ彰子に仕えていた先輩の**紫式部**は、自らの日記の中で次のように和泉式部を評しています。

**和泉式部といふ人こそ、おもしろう書きかはしける。されど、和泉はけしからぬかたこそあれ。うちとけて文《ふみ》はしり書きたるに、そのかたの才《ざえ》ある人、はかなき言葉の、にほひも見えはべるめり。**（紫式部日記）

和泉式部という人は、実に趣き深く手紙をやりとりしたものです。けれど、**和泉式部には感心しない所があります。**（しかし）自由に手紙を走り書きした場合に、その（手紙のやりとりの）方面の才能がある人で、ちょっとした言葉に、魅力が見えるようです。

紫式部だけではなく、当時の人々の中には和泉式部を非難する人は多いんです。非難するどころか、「男性をかどわかした罪で地獄に落ちた」とか言ったりね。一応、慎み深い女性が理想とされた時代のことですから。

でも、日記としての出来は本当にすばらしく、和歌もさりげない中にもズシンと心の奥に響

### ✉ 和泉式部は有罪、小野小町は無罪!?

数多くの男性の心を惑わした罪で地獄に落ちた女性、として昔話によく語られるのが和泉式部と小野小町なの。でもね、確かに和泉式部の私生活にはたくさんの男性の影が見え隠れするけど、小野小町にはそのような具体的な醜聞はこれといってないのよ。多分、美人で和歌も妙に色っぽいから、そこから様々な話が勝手に作られて後世に広まったんだと思うの。

いてくるんですよ。

このように、大切な人を亡くした切なさを描いた作品として、先程あげた『**土佐日記**』、それと亡くなった堀河天皇を追悼《ついとう》した『**讃岐典侍《さぬきのすけ》日記**（36）』をあげることができます。そして、鎌倉時代初期に成立した◆『**建礼門院右京大夫集《けんれいもんいんうきょうのだいぶしゅう》**（37）』なども、亡くなってしまった愛人の平資《すけ》盛《もり》をしのぶ日記なんですよ。

死者って最強ですよね。死んだときの悲しさや切なさは、亡くなった人の欠点をすべて浄化し、理想的な姿だけをそこに残像として浮かび上がらせてしまうんです。

では最後に、鎌倉時代の日記『**十六夜《いざよい》日記**（38）』を紹介します。家の相続問題の裁判をするために鎌倉の地頭（不動産管理の役人）のもとに下った**阿仏尼《あぶつに》**という女性の日記です。

> **よろづのはばかりを忘れ、身をえうなきものになし果てて、ゆくりもなく、いざよふ月にさそはれ出でなんとぞ思ひなりぬる。**（十六夜日記）
>
> 様々な遠慮も忘れ、自分のこの身を無用のものと決心して、突然、十六夜の月に誘われるように出発しようと心に決めたのであった。

鎌倉の女性と平安の女性の決定的な違いは「自我《じが》の確立」という点にあります。平安の女性が何か受身でウェットであるのに対し、鎌倉の女性は自らの決心で旅をしたりします。

**◆『建礼門院右京大夫集』は「裏から見た平家物語」！**

この作品は**平資盛**（平清盛の孫）と交際した作者（建礼門院右京大夫）の日記なの。愛する資盛が源平の争乱で亡くなってしまい、その追慕の情をしみじみとした和歌を交えて綴っていくのよ。『平家物語』を裏から見た作品とも言われているわね。

例えば、同じ鎌倉時代に書かれた『**とはずがたり**（40）』♦という、後深草院《ごふかくさいん》に仕えた**二条**《にじょう》という女房の日記にも、失恋のための出家求道の旅が描かれているのです。

では、このへんで日記の説明を終了しましょう。ただ、ここで紹介したもの以外でも、**頻出作品の概略をおさえておく**ことは大切です。別冊P24～25の作品番号31～40をチェックして、しっかり頭に入れておきましょう。**日記は省略が多い**ので、作品の概略を知っておくと古文読解を相当有利に展開することができるんです。

なんだか古文の色々な「日記」を読みたくなってきたのだ。

ぼくは別に読みたくないけど、読まなきゃいけないにょね…。

**SAVE**

- ●日記は**作者**が登場する。「主語のない**心情語**・**謙譲語**」の主語は「作者（私）」。
- ●日記では「**和歌**」も重要。本文とのつながりに注意。
- ●日記では、作者が第三者（三人称）として客観的に描かれている場合もある。
- ●日記は、頻出作品の概略をある程度知っておくと有利！

**♦ 『とはずがたり』は愛欲生活の告白本！**

14歳で後深草院の寵愛を受けた作者が、他の男性との数々の交際について赤裸々に綴ったのがこの作品なの。14歳よ!? 当時は食べ物も今みたいに豊かじゃないから、きっと体も今の14歳より小さかったはずなのに…。ワイドショーもビックリよね。で、後半は西行法師に憧れて出家求道の旅に出てしまうの。こんな激しい告白を描いた日記はまずないわよ。

STEP 23

# 「随筆」の読解

日記というのは、日常の体験を書き記したものですよね。
で、そこには作者の心情が（主語なしで）表現されているため、基本的に、**主語のない心情語の主語は作者（私）**でしたよね。

そして特に平安時代の日記は、高貴な人にお仕えした人が書いている場合がすこぶる多いので、高貴な人を前に謙遜《けんそん》するケースが多くなり、必然的に**主語のない謙譲語の主語は作者**という読解法にいたるわけです。

今回の「**随筆**《ずいひつ》」も、それと同じように読解するわけですが、随筆の場合は作者の**主張**も意識して読解しなければなりません。

別冊 ▶▶ P.17

## 随筆＝日記＋主張

日記が自分の日常体験をありのままに記しているのに対して、原則的に随筆はテーマを決め、そこで作者が主張（意見）を述べたものであると考えてください。随筆も日記と同様、自分の体験や感想などを気の向くままに書いているという面は共通します。ただ、決定的な違いは、随筆の場合はそこに何らかの主張が入っているという点です。つまり、**随筆には主張の部分がある**ということ。ここが日記とは違う。で、随筆を読解する際には、どこがこの「主張」であるのかを見つけ出すことが大切になってくるんです。

どうやって見つけ出すにょ？

簡単なんですけど、随筆では主張をまとめた部分に**係結《かかりむす》びや当然の助動詞「べし」**などの**強調表現**を使うことが多いんです。これらを見つけたら、その文が主張であると疑ってください。係結びは「強《きょう》意《い》」のために使いますし、助動詞「べし」には、「当然…のはずだ！」という強い推量の意味がありますよね。断定の助動詞「なり」や、願望の終助詞「なむ」「ばや」「がな」も強調表現にあたります。

では、次の『枕草子』の例文を、傍線部に注意しながら読んでみましょう。

**左右《さう》にある垣《かき》にある、ものの枝などの、車の屋形《やかた》などに、さし入《い》るを、いそぎてとらへて折《を》らんとするほどに、ふと過ぎてはづれたるこそ、いとくちをしけれ。**（枕草子・二二三）

（道の）左右にある垣根にある、何かの木の枝などが、車の屋形などに、入り込むのを、（車の中にいる私が）急いでつかまえて折ろうとするときに、すっと車が通り過ぎて（手から）はずれてしまうのは、大変残念である。

傍線部がちょうど係結びになっていますよね。この例文で作者は、「牛車の中にふと入り込んできた木の枝を、ひょいとつかもうとして失敗するのは残念なことですよ～」と軽く主張しているわけです。清少納言が主張したいのはこれだけではありませんが、ここが強調されているのは確かなんです。

**随筆の主張・強調にあたる部分をまとめる問題は入試頻出**

ですから、日頃からこの大切な部分に目がいくよう訓練しておきましょうね。

## 随筆の頻出作品、『枕草子』『方丈記』『徒然草』

さて、これからは入試に頻出する随筆を、一つ一つ紹介していきたいと思います。まずは、中宮定子に仕えた女房である清少納言の書いた『**枕草子**（41）』です。『枕草子』には、おおむね次の三つの章段がありますので、注意して読解してくださいね。

### ●枕草子の章段構成

①物尽《ものづ》くしの章 → 「すさまじきもの」のようなテーマ書きの章段
②自然・人事の章 → 「春はあけぼの」のような自然や人事の観察の章段
③中宮定子の回想記 → 宮中生活の回想記（日記）

ちなみにこの③を読解するときは、別冊P26（上段）にある「中宮定子の親族」の知識が必要になってきます。また、③の章は、「随筆」というよりも「日記」として読んで結構です。『枕草子』は「随筆」のジャンルに入っていますが、中宮定子に仕えた回想記である③の章は、純粋に「日記」のカタチで書かれているといえるからです。

中宮定子のまわりには、筆者も含めて、数々の女房たちがお仕えしています。そして彼女のもとに、中宮の夫である一条天皇や、中宮の親族がやってくるんです。

ここで、別冊P10（上段）の部屋の中の構造を意識してください。母屋《もや》には中宮、廂《ひさし》の間《ま》には清少納言などの女房、そして簀《す》の子《こ》にはいったん待たされている男がいて、その男は妻戸《つまど》（両開きの戸）を開けて、入室してくるんでしたね。

STEP⑮でもやりましたが、この『枕草子』を読解しているとき、その様子や動きをビジュアルにイメージできるようになってください。

『枕草子』は入試頻出作品。おそらくこれからも避けては通れません。部屋の中のイメージ、中宮定子の親族関係、すべておさえておくこと！

では、次に行きましょう。鴨長明の『**方丈記**（42）』と吉田兼好の『**徒然草**（43）』です。『方丈記』は鎌倉時代の初期、『徒然草』は鎌倉時代の末期に成立した随筆です。『方丈記』が◆**無常**《むじょう》を前に立ちすくむ自己や人間を描き、詠嘆しているのに対し、『徒然草』は個人の体験や思考に裏づけられた独自の無常観を展開しています。

学校で『方丈記』と『徒然草』を習ったけど、何か『方丈記』は暗く感じたのだ。

鴨長明、そして吉田兼好、その双方ともが出家をしていますし、歌人でもあったわけですし、有名な随筆を残したという点でも似ています。そして、鎌倉時代という不安な時代を生きたという面でもね。

ただ、「無常」というとてつもない存在を前にして、長明はただその脅威の前にたたずみ嘆息し、出家をうながすのに対して、兼好はそれを受け止め、無常の世の中をどうやって生きていくかという方法を提示し、出家の大切さを強調しているんです。

なるほど！　吉田**兼好**《けんこう》の方が、**健康**《けんこう》的な考え方だったということなのだ！

さて、次の例文は『**方丈記**』の一節です。読んでみましょう！

無視！？

**◆✉「無常」は良いもの？悪いもの？**

**無常**とは、「**常**に同じ状態で存在し続けるものなど**無**い。すべてのものは決して永遠ではない」ということなの。で、「この世は無常だ！」という考え方を**無常観**というのよね。どんなに単語を覚えてもすぐ忘れちゃうし、お金をためてもなくなっちゃう…。でも、悪いことも永遠には続かないよね。無常を良しとするか悪しとするかは、考え方次第なのかもね。

**それ三界《さんがい》は只《ただ》心ひとつなり。心若《も》しやすからずは、象馬《ざうめ》・七珍《しっちん》もよしなく、宮殿・楼閣も望みなし。今、さびしきすまひ、一間《ひとま》の庵《いほり》、みづからこれを愛す。**（方丈記）

そもそもこの人間界というものはただ気の持ち方次第である。心がもし安らかでなかったならば、（貴重な）象も馬も財宝も何の価値もなく、宮殿・楼閣も欲しいと思われない。今、さびしい住まい、一間だけの庵、自分ではこれがお気に入りである。

長明は『方丈記』の前半において、実際の飢饉・大火・辻風・福原遷都《せんと》・地震などの五つの災厄を克明に描くことで、読者の前に「無常」を突きつけます。そして無常の世に生きる人間の悲劇から、出家の大切さを訴え続けていくのです。

では次に『**徒然草**』を読解してみましょう。『方丈記』とは随分違いますよ。傍線の部分が係結びで主張にあたります。

**あだし野の露《つゆ》消ゆる時なく、鳥辺山《とりべやま》の煙立ちも去らでのみ住みはつる習ひならば、いかに物のあはれもなからむ。世は定《さだ》めなきこそいみじけれ。**（徒然草）

（人間の寿命が、あの京都のお墓の）あだし野の露が消えることがないように、（また京都の）鳥辺山の（火葬の）煙が立ち去らないでいるように（死なないでこの世に）ずっと存在する習わしであったなら、どんなにものの情趣もないことであろう。この世は無常であるからこそすばらしいのである。

**●『方丈記』、奇跡の23枚**

『方丈記』の全文を400字詰め原稿用紙に換算すると、実はわずか23枚に満たないものなんです。対して『源氏物語』はざっと2500枚。しかしながら、この23枚が2500枚の作品と肩を並べ、対等のレベルの作品として現代まで論じられてきたというのは、考えてみるとスゴイことですよね。

散らない桜を想像してみてください。

一年中満開の桜。全く散りません。なんか、ブキミに感じませんか？　無常だからこそ良い。そんな**主張**が、係結びを使って強調されているわけです。

私は、この『徒然草』を随筆の読解のお手本と考えています。典型的な随筆の名文だと思いますよ。

## 随筆＋和歌＝評論？

随筆の**テーマが和歌に絞られた**とき、ジャンルは「**評論（歌論《かろん》）**」になります。先程あげた『方丈記』の作者、鴨長明の歌論『無名抄』を、心情語に注意して読解してみましょう。

**秋の夕暮の空の気色《けしき》は、色もなく、声もなし。いづくにいかなる故《ゆゑ》あるべしとも覚えねど、すずろに涙こぼるるがごとし。これを心なきつらの者は、さらにいみじと思はず。ただ目に見ゆる花・紅葉《もみぢ》をぞめで侍る。**（無名抄）

秋の夕暮の空の様子は、（特別華やかな）色もないし、（聞きほれるような）音もない。どこにどのような理由があるのだとも**思われ**ないけれど、無性に涙がこぼれてしまうようだ。これを風流心のない者達は、全くすばらしいと**思わ**ない。ただ（はっきりと）目に見える花・紅葉などを（あたりまえに）誉めるのです。

和歌の価値を決める一つの基準として、「幽玄《いうげん》」という情趣があります。「ユウゲン」と読みます。

例えば、「この山里に雪は降りつつ」という和歌（下の句）を詠んだとしますね。

この和歌には「さびしい」とか「切ない」とか全く表向きには表記されていませんが、「山里に雪」と聞いただけで、何か趣深いさびしさを感じるでしょ。このように、言葉の表面には表れない情趣を「幽玄」というんです。

別冊Ｐ27にある「評論（歌論）で解かれる文学理念」は評論読解の重要ポイントですから必ずチェックしてくださいね。

この「幽玄」とか、本当に「日本」を感じる独自の文化なのだ。「表面的な言葉に表さずに、その奥で何かを表す」なんて、なんかカッコいいのだ。

最高ですよね。さて、時は流れ、近世（江戸時代）の随筆の仲間の説明に入りましょう。

ここで、かの有名な**松尾芭蕉**の紀行文『**奥の細道**（49）』を読解してみます。

この作品は「随筆」というよりも「日記」の仲間に入れるべきなのですが、「俳諧《はいかい》とはナンゾや」と論じている点から、ここでは「**歌論**」の仲間としてとりあげてあります。

南部《なんぶ》道《みち》遥《はる》かにみやりて、岩出《いはで》の里に泊《と》まる。小黒崎《をぐろざき》みづの小島《をじま》を過ぎて、鳴子《なるご》の湯より尿前《しとまへ》の関にかかりて、出羽《では》の国に越えんとす。この路《みち》旅人稀《まれ》なる所なれば、関守《せきもり》にあやしめられて、やうやうとして関を越す。大山《おほやま》をのぼつて日既《ひすで》に暮れければ、封人《ほうじん》の家を見かけて舎《やどり》を求む。三日風雨あれて、よしなき山中に逗留《とうりう》す。

**蚤虱《のみしらみ》　馬の尿《しと》する　枕もと**　（奥の細道）

（東北の）南部方面への道を遥か遠く眺めやって、岩出山の里に泊まることにする。小黒崎や美豆の小島を通り過ぎて、鳴子温泉から尿前の関にさしかかって、出羽の国を越えていこうとする。この道は旅人もめったに通らない所なので、関所の番人に不審に思われて、かろうじて関所を越える。大きな山を登って日がすでに暮れたので、国境の番人の家を見つけて宿を頼む。（この場所で）三日間風雨が荒れて、つまらない山中に滞在することになった。

蚤や虱が私を苦しめ、加えて枕もとでは馬が小便をする音まで聞こえてくる。

芭蕉はこのように旅を続けながら、苦吟《くぎん》を続けていくんです。

俳諧の作品の価値を決める一つの基準として、「**わび**」「**さび**」というものがあります。これは先程紹介した「幽玄」に通じる情趣として蕉風《しょうふう》では最も価値のあるものとされました。

「わさび」ではないのか。なんか似てるから間違えるのだ。

**●旅に病んで 夢は枯野を かけめぐる**

松尾芭蕉は『奥の細道』の清書を終え、大坂に着いたとき、高熱を出して51歳の生涯をとじました。辞世の句は「旅に病んで 夢は枯野を かけめぐる」。生涯を旅に生きた芭蕉にふさわしい句ですよね。死を迎えてもなお、夢に見るのは旅なんです。芭蕉の遺体はその遺言により、滋賀県の大津にある「義仲寺」に葬られました。

「**わび**【侘び】」というのは、「飾りやおごりを捨てた、ひっそりとした静けさのある質素な趣」のこと。「**さび**【寂】」とは、芭蕉の俳諧の基本理念で、「古びて枯《か》れはてた渋《しぶ》み」のことです。ちょっと言葉にするのは難しいけど、どちらも伝統的な日本の美的境地ですよね。

うーん…。要するに、わびしくて寂しい～感じが芸術的になったものなのか？　確かに西洋文化なんかは、派手で華美でオシャレな感じだけど、日本文化は静かで質素な感じなのだ。

料理でも建築でも何でも、「洋風」と「和風」は全然違いますよね。この違いはやはり、「和風」にはこの「わび・さび」が根底に流れているからなんでしょう。

それでは次に、江戸時代のその他の随筆に触れていきたいと思います。

江戸時代には、孔子《こうし》・孟子《もうし》などの儒学《じゅがく》の一派である**朱子学**《しゅしがく》を幕府が官学と決定しました。朱子学は封建社会における君主の権威付けに向いていたからなんですね。

その方面で有名なのが、**林羅山**《はやしらざん》や**新井白石**《あらいはくせき》などです。

日本史って面白いですよね。このように中国系の学問が流行ると、必ずその対極に位置する日本古来の思想を重視する学問が芽生えてくるんですね。古代文学の中に、これからの日本人の生き方を模索《もさく》しようという動きが出てきます。これを**国学**《こくがく》といいます。

国学の代表的な人に**本居宣長**《もとおりのりなが》がいますが、その著、『**玉勝間**《たまかつま》（45）』を読解してみましょう。師匠の**賀茂真淵**《かものまぶち》とのエピソードです。

**宣長、三十《みそぢ》あまりなりしほど、縣居《あがたゐ》の大人《うし》のをしへをうけたまはりそめしころより、古事記の注釈を物せむのこころざし有りて、そのこと大人《うし》にもきこえけるに、さとし給へりしやうは、「われももとより、神の御典《みふみ》をとかむと思ふ心ざしあるを、そはまづからごころを清くはなれて、古《いにしへ》のまことの意をたづねずはあるべからず。然るに、そのいにしへのこころをえむことは、古言《いにしへごと》を得たるうへならではあたはず。〈以下省略〉」**（玉勝間・二の巻）

私宣長が、三十余歳になった頃、県居の大人（賀茂真淵先生）の教えを**承り**始めた頃から、『古事記』の注釈をしようという**志**があって、そのむねを先生にも**申し上げ**たところ、（先生が）さとしなさったことは、「私ももともと、神様のことを述べた書物（＝『古事記』）を解釈しようと思う意志があったのだが、それにはまず中国思想からきっぱりと決別して、古代の真の精神を究明しなかったら（それは）できるはずがない。けれども、その古代の精神を理解することは、古代の言葉を習得した上でないとできないのだ。」

宣長やその師匠の賀茂真淵がどうして国学を始めようと思ったのかが、すごくわかりやすく表現されていますよね。

宣長はその著**『源氏物語玉《たま》の小櫛《をぐし》』**において、日本文学における物語の本質を「**もののあはれ**」にあるとしました。

この概念は「人間が何かに触れたときに自然と心の中に沸き起こってくるしみじみとした感情」のことです。それは人間らしい情愛にもあてはまりますし、自然を見ていてジーンときた

**●松阪の一夜　～一度きりの師弟の出会い～**

本居宣長は、自分の住む松阪に賀茂真淵が宿泊すると聞くと、早速そこに押しかけ、その夜、師弟の契りを結びました。これが師弟関係の始まりだったのですが、宣長と賀茂真淵が会ったのは、生涯このたった一度だけだったといわれています。それからの二人の学問研究のやりとりは、手紙で続けられたんです。

ときの気持ちにも使用されます。
清少納言の『枕草子』に表現されている「**をかし**」という感性は、**華やかな情趣や滑稽《こっけい》な笑い**に広がるという点で、「(ものの)あはれ」とは異なります。
『枕草子』をどこか明るく、『源氏物語』をどこかさびしく感じるのはそのためでしょうね。
もう一度、別冊P27の「評論(歌論)で説かれる文学理念」に目を通しておきましょう。
…あれ？　ところで、さっきから三日ネコ君が妙に静かですが、大丈夫ですか？

ZZZ…

寝てるのだ！

コラ起きなさい！　さぁ、最後の習得問題ですよ！　気を引き締めていきなさい！

SAVE

●随筆には主張がある↓「係結び」や「べし」などの強調表現が主張の部分。
●テーマが和歌に絞られた随筆を「評論(歌論)」という。
※和歌の美的境地＝「幽玄」。俳諧の美的境地＝「わび」「さび」。

STEP 23 「随筆」の読解

**ネコ**「年越しの除夜の鐘を聞いていると、一年間の色々な出来事を思い出して何かジーンとくるにょね。この感じは『もののあはれ』なにょ？」
**富井**「そうです！あと、線香花火ってあるよね。決して派手じゃないのに、なんか妙に心にジーンとくる感じがない？　あれも『もののあはれ』だと思うし、『わび・さび』にも通じる情趣がありますよね」
**ネコ**「にゃんだか、日本の文化がすごく素敵に思えてきたにょね」

# 習得問題

STEP ㉒ ㉓

制限時間 12分

**次の古文は『更級日記』の一節である。これを読んであとの問に答えなさい。なお、設問の都合により本文を少し改めたところがある。**

※1あづま路《ぢ》の道のはてよりも、なほ奥つ方《かた》に生《お》ひ出でたる人、①いかばかりかはあやしかりけむを、いかに思ひはじめけることにか、世の中に物語といふものの②あんなるを、（　③　）見ばや④と思ひつつ、つれづれなるひるま、よひゐなどに、姉、継母《ままはは》などやうの人々の、その物語、かの物語、光源氏のあるやうなど、⑤ところどころ語るを聞くに、⑥いとどゆかしさまされど、わが思ふままに、⑦そらでいかでかおぼえ語らむ。

いみじく心もとなきままに、等身《とうじん》に※2薬師仏《やくしほとけ》をつくりて、手洗ひなどして、人《ひと》まに⑧みそかに入りつつ、「京にとくあげたまひて、物語の多くさぶらふなる、⑨あるかぎり見せたまへ」と、身をすてて額《ぬか》をつき祈り申すほどに、十三になる年、のぼらむとて、九月《ながつき》三日門出《かどで》して、いまたちといふ所にうつる。

（『更級日記』・かどで）

※1　あづま路の道のはて……作者は父の赴任先である上総国(今の千葉県)で幼年期を過ごしたことがある。

※2　薬師仏…………衆生の病を救い、ありがたいご利益があるという薬師如来のこと。

**問一** 傍線部①・④・⑤・⑦・⑨の主語として適当なものを次の中からそれぞれ選びなさい。

ア 物語　イ 姉・継母　ウ 薬師仏　エ 光源氏　オ 作者

**問二** 傍線部②「なる」の品詞説明として正しいものを次から一つ選びなさい。

ア 四段動詞「成る」の連体形　イ 形容動詞ナリ活用の連体形活用語尾

ウ 断定の助動詞「なり」の連体形　エ 伝聞・推定の助動詞「なり」の連体形

**問三** 空欄部③に入る語を次の中から一つ選び、記号で答えなさい。

ア いかが　イ いかで　ウ いかにも　エ いづら　オ いで

**問四** 傍線部⑥「いとど」と⑧「みそかに」の意味を書きなさい。

**●ちょっとアンチョコ**

**問一**　主語のない心情語・謙譲語および作者の三人称表記に注意してください。

**問二**　上の「あん」はラ変の連体形「ある」の「る」が撥音便化したもの。

**問三**　願望とセットになる古語は？

# 解答解説 STEP ㉒㉓

『更級日記』は幼年期を上総《かずさ》（今の千葉県）で過ごした作者が、『源氏物語』に憧れたり、様々な経験をしていくいわば、人生の回想記です。本文一行目の「奥つかたに生ひ出でたる人」とは作者自身の三人称表記なんですね。

**問一** ① **オ** ④ **オ** ⑤ **イ** ⑦ **イ** ⑨ **ウ**

▼傍線部①の前にある「人」とは作者のことで、「人物、」は主語だから①はオ。日記にある「思ふ」などの心情語の主語は「作者」ですから、④は簡単にわかりますね。ちなみに⑨の場合、物語を作者に「見せる」のはウ（薬師仏）ですよね。主語を決めるときは、その動作の主体をキッチリ考えましょう。「　」の命令文の主語は二人称であることからも、主語を判断できます。

**問二** **エ**（伝聞・推定の助動詞「なり」の連体形）

▼「あんなり」は「あるなり」で、「あるそうだ」と訳します。「ある」（ラ変動詞「あり」の連体形）＋「なり」ということですよね。この場合の「なり」は「断定」ではなく、「伝聞・推定」の助動詞ですよ。

**問三** **イ**（いかで）

▼「いかで（いかにして）…願望」は「何とかして…したい」と訳す重要な願望表現です。ちなみに「いつしか…願望」は「早く…したい」と訳します。空欄の直後にある「ばや」の主語は100％「私は」です。

**問四** ⑥ **ますます** ⑧ **こっそり**

▼「いとど」も「みそかに」も別冊「ミニマム古語辞典」所収の重要古語。チェックしておきましょう！

## 現代語訳

「東路の道（東海道）の果てなる常陸…」と古い歌に詠まれるその常陸国よりも、もっと奥深い方（上総国）で育った人（である私）は、**どんなにか田舎びてもいただろう**に、どのように（そう）思い始めたのであろうか、「世間に物語というものがある**そうだ**が、**何とかして**見たいものだ」と**思いつつ**、退屈な昼間や宵のだんらんなどに、姉や、継母などのような人が、その物語だの、あの物語だの、光源氏の有様など、**ところどころ語る**のを聞くと、**ますます**（物語に対する）見たさはつのる一方ではあるが、自分の思いどおりに、**どうして（その人達が）暗記して思い出し語ってくれるだろうか、いや語ってくれないだろう。**

たいそうじれったい気持ちなので、等身大に薬師仏（の像）をつくって、手を（お清めのために）洗ったりなどして、人のいない間に**こっそり**（仏間に）こもっては、「京都に早く（私を）上げ（上京させ）なさって、物語が数多くあるといいますが、（その物語を）**あるだけお見せください**」と、一心不乱に額をすりつけて祈り申し上げるうちに、十三歳になる年、上京しようということになって、九月三日に門出をして、「いまたち」という場所に移る。

さて、最後の最後で三日ネコ君がとうとう力尽きて寝てしまうというアクシデントがありましたが（苦笑）、次はついに鬼ヶ島ですよ？　大丈夫ですか？

ブタネコのせいなにょね！　ブタネコが「吉田**兼好**の方が**健康**的だ」みたいなサブいこと言うから凍死寸前になって寝ちゃったにょねー!!

嘘なのだ！　難しい文学史的な話についてこれなくなったから寝たくせに！

まあまあ、とにかく、古文はオナジミの作品が試験でもよく出るわけですから、作品常識を身につけておくと断然有利なんです。というわけで、こんな重要な話を聞き逃した三日ネコ君は、別冊の「ミニマム作品常識」を最低10回は読んでおくこと！　いい!?

10回も!?　厳しいにょねー！

ハイ、ではいよいよ最後のステージですね！　ついに鬼ヶ島に上陸です。気合いを入れて行きましょう！　ステージⅣ『「実戦」の鬼ヶ島』です！

ステージⅣ

# 「実戦」の鬼ヶ島

「実戦」の鬼ヶ島
今までやった様々な読解法、そのすべてがここで
合体して一つの読解マニュアルになるんです！
▶ STEP FINAL
全体MAP

STEP FINAL

# ビジュアル古文読解マニュアル

▲ 現在地

別冊 ▶▶ 見返し

とうとう最後のステージにたどり着きましたね。

このステージⅣでは、今までの読解法を体系的かつ効果的に使用するための、本当に大切な総仕上げをします。別冊見返しにある「ビジュアル古文読解マニュアル」を見て！　先に進む前に、これをチェックしておくと理解が断然早いですから、ちゃんと見て！　いい？

ついに鬼ヶ島に乗り込んだのだ！　早くボス鬼をやっつけてキクを助けるのだ！

## すべての読解法を体系化しよう!!

さて、別冊の「ビジュアル古文読解マニュアル」を見ながら話を聞いてくださいね。これからテストのとき、どうやってどのような手順で問題文に挑《いど》めばいいのか、そのマニュアルを一つ一つていねいに説明していきますよ。

まず、テストで問題用紙が配られたら、

### 出典《しゅってん》・注《ちゅう》・前書《まえが》きに目を通す

ことから始めます。出典や注や前書きには、非常に有効な読解のヒントがありますから、一番最初に必ずチェックしましょう。

そして、**正誤問題などがあればその選択肢に目を通す**◆こともします。正誤問題などの選択肢は本文の内容を知る上で非常に有効ですからね。

それが終わったら、出題された古文を

### 「説話・物語系」か「日記・随筆系」か

のどちらかに分けてください。一番最初に見た出典などで、どちらかを判断するんです。ここでは作品常識（文学史）の知識も役立ちますね。そして「説話・物語系」であった場合は、

### 説話か物語か

の二つのどちらかに分類し、物語ならばさらに三つのどれかに分けて読解します。

一方、問題文が「日記・随筆系」だったら、さらに

### 日記か随筆（評論）か

のどちらかに分類し、おのおのの読解法を駆使していけばいいということですね。

さあ、この**マニュアル**①の作業が終わったら、実際に問題文を読み始めましょう。そして、**マニュアル②・③**に入ります。

### 地の文と「　」の文

では、読解の仕方がまるで違います。地の文を読解する場合はマニュアル②を、「　」の文を

**◆正誤問題は一種の「注書き」だ！**

正誤問題は古文読解をする前にチェックしておくと、読解の内容理解に役立つことが多いんです。特に間違い探し（内容と合っていないものを1つ選ぶ）の選択肢は要チェック！　例えば選択肢が5つあるとしたら、そのうちの4つが正しい内容にあたるわけですから、この選択肢だけでも内容がかなりわかってしまうわけです。

読解する場合はマニュアル③を使います。いずれにしても、**主語を補足する**ことが、このマニュアル②・③を使用する目的です。地の文の主語の補足には、STEP②③でやった

**主語同一用法と主語転換用法**

を使用してください。それと、STEP⑦⑧でやったように、

**尊敬語の有無**

でも主語を補足できますよね。

一方、「　」の文を読むときは、マニュアル③を使用します。「　」の文の読解では、次のような敬語と主語の関係に注意して読解していきましょう。

**尊敬語の主語→二人称（聞き手）→三人称（高貴）→一人称**

**謙譲語の主語→一人称（話し手）→三人称（高貴でない）→二人称**

これに加えて、丁寧語（侍り・候ふ）の有無にも気をつけてください。丁寧語があれば、**聞き手が高貴**であるということです。これらはSTEP⑨⑩⑪でやりましたよね。

そして、STEP⑫～㉓でやったように、

**古典文法・古文常識・作品常識**

の知識も、大きな読解の武器になりますよね。主語を補足できたり、話が「見える」ようになったり、展開が読めるようになったりするわけです。これらをマニュアルα《アルファ》とします。

さて、これらが体系的古文読解の仕方だと考えてください。今まで習ったことが全部ここでつながりましたね！「ビジュアル古文読解マニュアル」は読解法すべての結晶なんです。

**●隠れた「　」の文を浮き彫りにしろ！**

地の文と「　」の文（会話文）を分けて読解するためにも、STEP④・⑤・⑥でやったことが活きてきます。**心中表現文**は、地の文の中に混ざっていますが実は「　」の文ですし、**「　」の付いていない会話文**もあったりするからです。**挿入句**は独立した文としてください。これらを見つけたら、問題文中に鉛筆で「　」や（　）を入れてしまいましょう。

## 読解の手順をイメージせよ！

ではこの「ビジュアル古文読解マニュアル」を実際の古文で使ってみましょう！　このマニュアルは**何度も使用しているうちに精度を増します**。はじめは上手くやれないかもしれませんが、何度か問題にチャレンジすれば、すぐに使いこなせるようになりますよ。

まずジャンルを決めて、地の文と「　」の文を分けて主語を補足しながら読めばいいのだ。にゃんかよくわかんにゃいけど、とにかく「習うより慣れろ」の精神なにょね。

ハイ！　今から、実際に最近の入試に出題された古文を紹介し、ビジュアル解説をしていきたいと思います。ここで君たちは私の指示に従って、ビジュアル解説を見て読解の手順を確認し、鮮明なイメージを頭の中に定着させてください。

そして、最後にこの鬼ケ島のボス鬼《おに》の所に乗り込みます！　ボス鬼は、実戦入試問題を出してくるでしょうから、それを君たちに解いてもらいます。そうすればボス鬼は降参して、キクを返してくれるでしょう。いい？　しっかり今までの知識を整理して挑むんですよ!?　では、まずはそこに行くまでの最後の仕上げをここでしておきましょう。次のページの文章はよく入試問題（東京大・白百合女子大など）に引用されるものです。下の欄にある①～③の手順で読解するわけです。しっかりと確認してください。

## 読解の手順

記号の意味▼ 同＝主語同一用法／転＝主語転換用法／尊＝尊敬語・謙＝謙譲語・丁＝丁寧語

登場人物

宗俊の大納言、御母は宇治大納言隆国《たかくに》のむすめなり。管弦の道すぐれておはしましける。時光といふ笙《しゃう》の笛吹きに習ひけるに、大食《たいしき》調《てう》の入調《にふでう》を、「いまいま」とて、年へて教へざりけるほどに、雨かぎりなくふりて、暗闇しげかりける夜、出て来て、「今宵、かのもの教へたてまつらむ」と申しければ、よろこびて、「とく」とのたまひけるを、「殿の内にては、おのづから聞く人も侍らむ。大極殿《だいごくでん》へ渡らせ給へ」といひければ、さらに牛など取り寄せておはしけるに、「御供には、人侍らでありなむ。時光ひとり」とて、蓑笠《みのかさ》着てなむありける。大極殿におはしたるに、「なほおぼつかなく侍り」とて、続松《つぎまつ》取りて、さらに火ともして見ければ、柱に蓑着る者の立ち添ひたるあ

### ② 地の文の読解

●「宗俊」の動作は基本的に**尊敬語**だが、「時光」の動作は尊敬語なし。

●**主語転換用法**も**主語同一用法**も通用する。

### ③「　」の文の読解

●基本的に「時光」は敬語を使って話しているが、「宗俊」は敬語を使って話していない。「宗俊」の方が身分が上！

### α マニュアルα

マニュアルを使って読解しているとき、プラスαとして、**古典文法**・**古文常識**・**作品常識**の知識も使って多角的に読解しましょう！

りけり。「かれは誰《たれ》ぞ」と問ひければ、「武能《たけよし》」と名のりければ、「さればこそ」とて、その夜は教へ申さで、帰りにけりと申す人もありき。また「かばかりこころざしあり」とて、教へけりとも聞こえ侍りき。それはひがことにや侍りけむ。

（今鏡）

## 現代語訳

宗俊の大納言は、お母様は（あの）宇治大納言隆国の娘である。（宗俊様は）管弦の道に優れていらっしゃった。時光という笙の笛吹きに習っていたが、大食調の入調（秘曲）を、「今すぐに（教えます）」と（時光は）言って、何年も教えなかったある日、雨が激しく降って、真っ暗であった夜、（時光が）出てきて、「今宵、あの秘曲を教え申し上げよう」と申し上げたので、（宗俊様は）喜んで、「早く（教えてくれ）」とおっしゃったのを、「ご自宅の中では、ひょっとして聞く人もおりましょう。（人のいない宮中の）大極殿へいらっしゃってください」と言ったので、（宗俊様は）さらに牛車の準備をなさったが、（時光が）「（あなた様の）お供には、付き人がいてはなりませぬ。この時光一人（だけで結構です）」と言って、蓑笠を着ていたということだ。（宗俊様が）大極殿にいらっしゃったが、（時光が）「やはり（人がいないかどうか）心配であります」と言って、松明を取って、さらに火を灯して見たところ、柱の所に蓑を着ている者で立ち添っている者がいたのだった。（時光が）「あの人は誰だ」と尋ねたところ、「武能」と名のったので、（時光は）「思ったとおり」と言って、その夜は（秘曲を）教え申し上げないで、帰ってしまったと申す人もいた。また「これほど志がある」ということで、（時光が宗俊様に）教えたとも伝えられました。それは間違いであったのでしょうか。

スタート

### ① ジャンルの決定

●最初に必ず**出典**を確認！『今鏡』だから、「説話・物語系」の「**語り手のいる文章**」に決定。語り手が登場するかもしれないので注意！

①〜③の順に読解しつつ、マニュアルαを使いましょう。
まず出典とかを見てジャンルを決めるにょね？

どうですか？　あますところなく読解法を使用することができるでしょう。ちなみに、これ以外に注意すべき点として、

**動作の及ぼす相手と及ぼされる相手に二大別して読解する**

ことも大切ですよ。今回の古文の場合、琴を伝授する側と伝授される側に分かれますから、

**動作を及ぼす人　＝時光**
**動作を及ぼされる人＝宗俊**

の二大別が可能です。こうやって分ければ、その動作の主語がわかりますよね。ちなみに、このように**動作の違いで主語を判断する**のはセンター試験の攻略法としても最適なんですよ。

では、次の四コマ漫画で、もう一度読解の手順をしっかり確認してください。

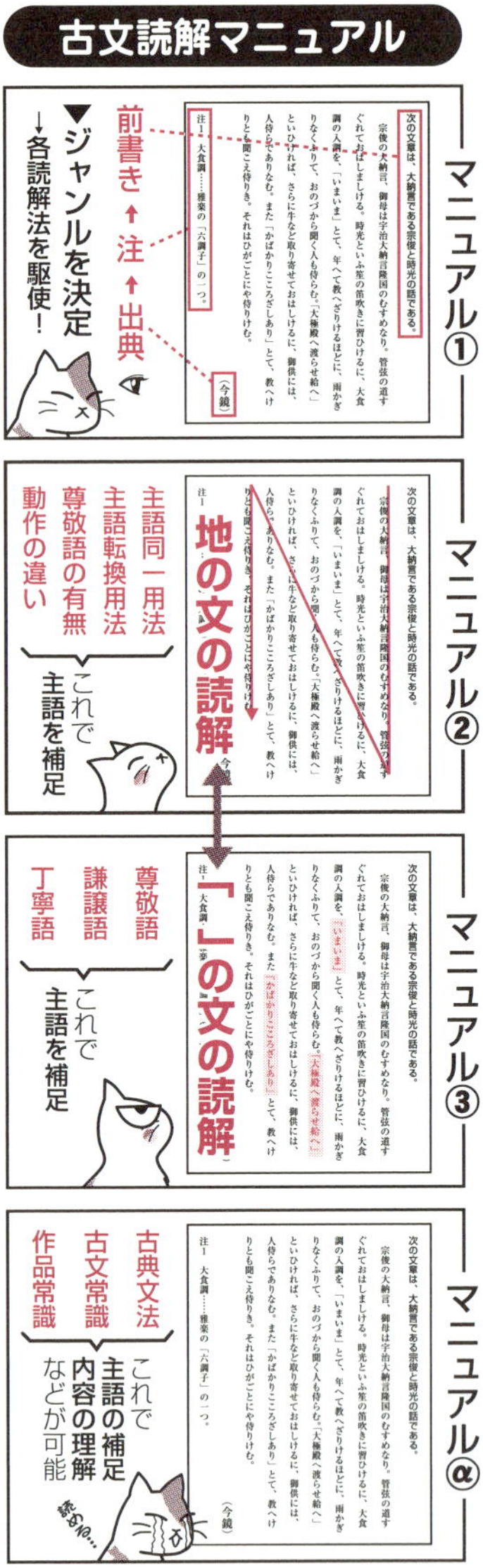

なるほどなのだ。このように読めばよいのだ。

これならもしも主語同一用法や主語転換用法が通用しなくても、何とかなりそうにゃ。

そうですね。とにかく、「一つの武器に頼らず、色々な武器や魔法を使って読解していく」ことが大切ですよね。主語同一用法などが使えない場合もありますが、その他にも、登場人物がすべて高貴な人物で、登場人物すべてに尊敬語が使用されているなど、敬語法がいまいち使えないということもありえるわけです。そんな場合はどうする？

そんなときは、主語同一用法や主語転換用法を使ってみるのだ。

古典文法・古文常識・作品常識の知識も使えるにょね！　最高敬語も要チェックにゃ！

あ、あと動作を及ぼす側・及ぼされる側に分けて主語を判別することもできるのだ！

そう！　つまり、今までやってきたことすべてを使用して多角的に攻めることが、古文読解の牽引力《けんいんりょく》になっていくんです。いい？

わかったのだ！　別冊を何度も何度も復習して、古文読解を完全にマスターするのだ！

いい心構えです！　ではもう一つ、今度は「日記・随筆系」の文を読解してみましょう。

ビジュアル古文読解マニュアルの使い方 弐《その》 日記・随筆系

記号の意味▼ 同＝主語同一用法／転＝主語転換用法／尊＝尊敬語・謙＝謙譲語・丁＝丁寧語／心＝心情語

筆者は、失恋してその痛手から出家を思い立つ。しかし、男への未練は断ち難く、どうしてもその姿を追ってしまうのであった。

その頃、**心地例ならぬことありて、命もあやうき程なるを、ここながらともかくもなりなば、わづらはしかるべければ、思ひかけぬたよりにて、愛宕の近き所にて、はかなき宿り求め出でて、移ろひなんとす。かくとだに聞こえさせまほしけれど、問はずがたりもあやしくて、泣く泣く門を出づる折しも、先に立ちたる車あり。前華《はな》やかに追ひて、御前などことごとく見ゆるを、誰ばかりにかと目とどめたれば、かの人知れず恨み聞こゆる人なりけり。顔しるき随身など、紛ふべくもあらねば、かくとはおぼしよらざらめど、そぞろ**

## 読解の手順

### ② 地の文の読解

●主語のない心情語・謙譲語の主語は筆者！ 尊敬語の主語は「男」。

●このあたりから主語同一用法・主語転換用法が使用できる。

### ③ 「 」の文の読解

●今回は特に会話文はない。ただ、心中表現文や「 」のない会話文には常に注意すること。

### α マニュアルα

有名作品なので、**作品常識**が使える！ これは『十六夜日記』の筆者**阿仏尼**のもう一つの日記で、若い頃失恋して出家した話が中心。

に車の中恥かしくはしたなき心地しながら、今一度それぱかりも見送り聞こゆるは、いと嬉しくもあはれにも、さまざま胸静かならず。つゐにこなたかなたへ行き別れ給ふ程、いといたう顧《かへり》みがちに心細し。

（うたたね）

スタート

## ① ジャンルの決定

●出典を確認！『うたたね』だから、「日記・随筆系」の「**日記**」に決定！

●前書きもチェック！　筆者は、失恋のショックで出家した女性であるとわかる。読解のヒントをゲット！

## 現代語訳

その頃（の私は）、病気にかかって気分の悪いことがあって、命もあぶないくらいであったのを、この尼寺にいながら死んでしまったならば、（それも）煩わしいことになるだろうので、思いがけない縁故があって、（葬送地のある）愛宕に近い所で、ちょっとした泊まる所を探し出して、移転しようとする。（あのお方に）ここにいますとだけでも申し上げたいけれど、向こうが尋ねないのにこちらから連絡するのも変なので、泣く泣く（何も告げずに家の）門を出たときに、先行する車がある。前を華やかに先払いして、御前などが派手に見える（その車）を、誰の車であろうかと目をとどめたところ、（その車の主は）あの人知れず恨み申し上げる人（失恋相手の男）であった。顔をよく知っている護衛の者など、見間違うわけもないので、ここに私がいるとは（あのお方が）思いよりになられることはないだろうけど、むしょうに車の中で恥かしく中途半端でみっともない気持ちになりながら、（それでも）もう一度あの方だとだけでも見送り申し上げるのは、たいそう嬉しくもまたしみじみとも感じ、様々に胸の鼓動はおさえられない。結局別々の方向に行き別れなさるとき、（私は）たいそうひどく後ろを振り返りがちになって心細くなる。

①〜③の順に読解しつつ、マニュアルαを使うのだ！

さて、どうでしたか？　この文章は関西学院大学などで実際に出題されたものなんです。

出典は、有名な『うたたね』。これは日記ですよね。

そして、前書きにも内容を理解するためのヒントが満載なんですね。日記だから、

**主語のない心情語・謙譲語の主語は作者自身（私）**

でしたよね。そして、失恋相手に尊敬語を使っていることにも注目しましょう。主語を補足する際の大きなヒントになります。

出家して求道《ぐどう》した女性の日記というのは、後深草院二条《にじょう》の『とはずがたり』と似ているのだ。

中世の女性は平安の女性と違って、旅をしたりするにょね。

君たちも本当に古文というものがわかってきましたね。女性の自我の確立という面では、平安時代の女性よりも中世の女性の方に強いものがあるんですよね。

ま、とにかく、色々な読解法がありますが、**作品の内容を知っていることは、古文読解における最大の武器になる**、ともいえますから、別冊P18～27の「ミニマム作品常識」は最低限しっかり頭に叩き込んでおくといいですよ。

**●マニュアルαはものすごい武器なのだ！**

マニュアルαは、古文読解マニュアル①～③をやりながら使うすごい武器なのだ。**古典文法**や**古文常識**は読解全体で役に立つし、**作品常識**を知っていれば、ジャンルとか登場人物とか話の内容とかがすぐにわかったりするのだ。古文は一度読んだことのある文章が再び出題される可能性のある教科だし、作品常識を身につけているとすごく有利なのだ。

さあ！　ではそろそろボス鬼《おに》の所に乗り込みますよ～！　準備はいいですか？

いいのだ！　ボス鬼の出す問題なんて、もう恐くないのだ！　かかってくるのだ！

いよいよ、最後の戦いなにょね…。緊張してきたにょね…。

## ボス鬼登場!!

ほう、ザコのくせによくぞここまでたどり着いたもんだな。

「ザコ」じゃなくて「ネコ」にゃにょね！　一匹ブタみたいなのがいるけど、これでも一応ネコなにょねー!!

そんなことはどうでもいいのだ！　とにかくキクを返すのだ！　もうお前が出す古文問題なんて恐くないのだ！

…ということです。約束どおり、あなたの出す古文問題をこの子らが解けたら、キクを返してもらいますよ!?

ふん。いいだろう。では、この問題を解いてみろ！

実戦問題
STEP ①～㉓
制限時間 15分

**次の文章は、北国の山寺に一人籠って修行する法師が、雪に閉じ込められ、飢えに苦しんで観音菩薩に救いを求めている場面から始まっている。これを読んであとの問に答えろ。**

「などか助け給はざらん。高き位を求め、重き宝を求めばこそあらめ、ただ今日食べて、命生くばかりの物を求めて賜《た》べ」と申すほどに、乾《いぬゐ》の隅のあばれたるに、狼《おほかみ》に追はれたる鹿《しし》入り来て、倒れて死ぬ。ここにこの法師、①「観音の賜びたるなんめり」と、「食ひやせまし」と思へども、「年ごろ仏を頼みて行ふこと、やうやう年積もりにたり。いかでかこれをにはかに食はん。聞けば、生き物みな前《さき》の世の父母《ちちはは》なり。われ物欲しといひながら、親の肉をほふりて食らはん。物の肉を食ふ人は、※1仏の種を絶ちて、地獄に入る道なり。よろづの鳥獣も、見ては逃げ走り、怖《お》ぢ騒ぐ。菩薩も遠ざかり給ふべし」と思へども、この世の人の悲しきことは、後の罪もおぼえず、ただ今生きたるほどの堪へがたきに堪へかねて、刀を抜きて、左右の股の肉を切り取りて、鍋に入れて煮食ひつ。その味はひの甘きこと限りなし。

さて、物の欲しさも失せぬ。力も付きて人心地《ひとごこち》おぼゆ。「あさましきわざをもしつるかな」と思ひて、泣く泣くゐたるほどに、人々あまた来る音す。聞けば、「この寺に籠りたりし聖はいかになり給ひにけん。人通ひたる跡もなし。②参り物もあらじ。人気《ひとげ》なきは、もし③死にたまひにけるか」と口々に言ふ音す。「この肉を食ひたる跡をいかでひき隠さん」など④思へど、すべきかたなし。「また食ひ残して鍋にあるも見苦し」など思ふほどに、人々入り来ぬ。

「いかにして日ごろ⑤おはしつる」など、廻りを見れば、鍋に檜《ひのき》の切れを入れて煮食ひたり。「これは、食ひ物なしといひながら、木をいかなる人か食ふ」と言ひて、いみじくあはれがるに、人々仏※2を見（ a ）ば、左右の股を新しく彫り取りたり。「これは、この聖の食ひたるなり」とて、「いとあさましきわざし給へる聖かな。同じ木を切り食らふものならば、柱をも割り食ひてんものを。など仏を⑥損なひ給ひけん」と言ふ。驚きて、この聖見奉れば、人々言ふがごとし。「さは、ありつる鹿は仏の験《げん》じ給へるにこそありけれ」と思ひて、ありつるやうを人々に語れば、あはれがり悲しみあひたりけるほどに、法師、泣く泣く仏の御前に参りて申す。「もし仏のし（ b ）ることならば、もとの様にならせ給ひね」と返す返す申しければ、人々見る前に、⑦もとの様になり満ちにけり。

（『古本説話集』）

※1 仏の種を絶ちて……成仏する可能性を絶って。
※2 仏……ここでは観音菩薩のこと。

**問一** 傍線部①「観音の賜びたるなんめり」を口語訳しろ。

**問二** 傍線部②〜⑦の傍線部の主語として正しいものを、次の中からそれぞれ一つずつ選べ。
ア 菩薩・仏　イ 法師　ウ 人々　エ 作者

**問三** 空欄部a・bに入る敬語として正しいものを、次の中からそれぞれ一つずつ選べ。
ア 給ふ　イ 給へ　ウ 奉る　エ 奉れ

# 解答解説 STEP ①～㉓

この文章は実際に東京大学の前期試験（文科）で出題されたものです。読んですぐに仏教説話とわかりましたよね。STEP⑳のP162で習得した仏教説話の四つの内容のAかCがあてはまります。説話ですが、章末を見てもまとめの内容は得られないので、この仏教説話のだいたいの内容・展開を予測できた人の方が読解において有利だったと思います。

**問一　観音(様)がくださったようだ**

▼「観音の」の「の」は「～が」と訳す主格用法です。「なんめり」は断定の助動詞「なり」の連体形「なる」の「る」が撥音便化したもので、「めり」は推定の助動詞「めり」の終止形です。「～であるようだ」と訳すんですよ。

**問二　②イ　③イ　④イ　⑤イ　⑥イ　⑦ア**

▼前半は法師の動作（心中表現）中心、中盤から後半にかけて人々が登場し、法師の様子を色々と評しています。②・③・⑤・⑥は尊敬語に注意。「　」の文に主語のない尊敬語がある場合、主語は「二人称」か「三人称」が多いんでしたよね。

**問三　a　エ（奉れ）　b　イ（給へ）**

▼「給ふ」は尊敬の補助動詞。「奉る」は謙譲の補助動詞。aは人々が仏を見るわけだから、ここには仏を高めるために謙譲語が入ります。「ば」は未然形か已然形にしか接続しないので、答えは已然形のエ。一方、bの主語は「仏」ですから、主語を高める尊敬語が入ります。空欄直後の「る」は、完了・存続の助動詞「り」の連体形です。「り」はサ変の未然形か四段の已然形（要は「～e」の音）に接続。「給ふ」はサ変ではない。つまり、bは四段活用動詞の已然形。「給ふ」の已然形（給へ）が入ります。

## 現代語訳

「どうして（観音様は）お助けくださらないのだろうか。高い位を求め、貴重な宝を求めるのなら仕方ないが、ただ今日食べて、命をつなぐだけの食べ物を探してお与えになってください」と申し上げるときに、北西の隅の荒れている場所に、狼に追われた鹿が入ってきて、倒れて死んだ。ここでこの法師が、「**観音（様）がくださったようだ**」と思い、「食べてしまおうかなあ」と思うが、「長年仏を信頼して修行をすることは、次第に積もり何年にもなった。どうしてこの鹿をすぐに食べることができようか。聞くところによると、生き物すべて前世の父や母にあたるということだ。私は食べ物が欲しいけれど、（前世の）親の肉を切り裂いて食べてよかろうか。肉を食う人は、成仏する可能性を絶って、地獄へ入るという道理である。すべての鳥や獣も、（肉を食う人間を）見ては逃げ走り、恐れ騒ぐ。（観音）菩薩も遠ざかってしまいなさるだろう」と思うけれども、この俗世間の悲しい性は、後世の罪も考えず、ただ今生きているときの堪え難さに堪えかねて、刀を抜いて、（鹿の）左右の股の肉を切り取って、鍋に入れて煮て食べてしまった。その味わいの美味しいことはこの上もない。

そうして、食べ物を欲しいと思う気持ちもなくなった。力もみなぎってやっと我に返ったような気になる。（法師は）「あきれたことをしてしまったものだ」と思って、泣く泣く（そこに）いるうちに、人々がたくさん来る音がする。（法師）がその人々の声を）聞くと、「この寺に籠っていた聖（法師）はどうおなりになったのだろうか。人が通った形跡もない。（法師が）**召し上がる**物もないだろう。人の気配がないのは、もしかしたら（法師は）**お亡くなりになった**のか」と口々に言う声がする。「この肉を食べた痕跡をどのように隠せばいいのだろうか」などと（法師は）**思う**けれど、どうしようもない。「また食い残して鍋にあるのも見苦しい」などと思うときに、人々が入ってきた。

（人々が）「どのようにして何日もの間**生きていらっしゃったのか**」などと言って、周囲を見回したところ、鍋に檜の切れ端を入れて煮て食べてある。「これは、食べ物がないとは言いながら、木をどんな人間が食べるであろうか」と言って、たいそう気の毒がるが、人々が仏を拝見すると、左右の股を新しく切り取ってある。「これは、この聖が食べたのだ」と言って、「たいそうあきれたことをなさる聖であることよ。同じ木を切って食べるというのなら、柱を割って食べればよいものを。どうして仏を**壊しなさったのであろうか**」と言う。驚いて、この聖が（仏を）拝見したところ、人々が言うとおりである。（法師は）「それでは、先程の鹿は仏が霊験によって変化なさったものだったのか」と思って、先程のことを人々に語ったところ、しみじみと感じてお互いに悲しんでいる間に、法師が、泣く泣く仏の御前に参上して申し上げる。「もし仏のなさったことならば、もとの姿におなりになってください」と何度も申し上げたところ、人々が見る前で（仏は）**もとの完全な姿になったということだ。**

主語同一用法斬り!!!
ズギャーン
ぐはっ
敬語法ファイヤー!!!
まさか、この私の古文問題をこいつらが解くとは……
ゴゴゴゴゴゴ・・・
いいだろう…キクは返してやろう…しかし、最後にこれだけは言っておく…
その読解力があれば入試でも大丈夫だぜ!!
ちゅどーん
キラーン
メッチャさわやかにくだけ散ったー!!!
なんで!?
やったにょねー！
とにかく、見事ボス鬼を倒しました！
やったのだー！

ハッ！　キクは…
キクはどこなのだ!?
キク～！
どこなのだ～!?
ブタネコ君？
キク!!!
みんなありがとう！
えーん恐かったよ～
心配かけて
ごめんね！
無事で
よかったのだ
ボス鬼を倒し、キクを助ける
ことができました！
これでようやく
全ステージクリアですね！
……コ
……ネコ
ブタネコ！

ブタネコ君！　起きなさい！

…へあ!?　…あれ？　…ここはどこなのだ？

ここはいつもの教室でしょ！　テスト中に寝るとは何ごとですか!!

ん？　…あれ？　鬼ヶ島に行って…ボス鬼を倒して…キクを助けて…、それからどうしたのだ？

完全に寝ぼけてるにょね。鬼ヶ島なんて無いにょね！

なんでなのだ！　三日ネコも富井先生も一緒に行ったのだ！　一緒に古文読解をマスターしてボス鬼を倒したのだ！

何言ってるにょ？　鬼ヶ島？　行ったことも見たこともないにょね！

ハイハイ。夢でも見たんでしょう。いいから、早くその机の上にあるテスト問題をやりなさい。試験時間はあと10分しかありませんよ！

マジなのだ!?　大変なのだ！

ブタネコはただでさえ古文読解は苦手なにょに。もうあきらめた方がいいんじゃないにょ？得意な古典文法の問題だけ解いておけば？

**音声再生**　**★古文の「朗読音声」で本書の復習＆読解力アップ！**

◀この二次元コードを読み取ると、本書の例文や問題文に出てきた古文の朗読音声が再生されます。**本書の復習**になるだけでなく、一流ナレーターによる「本物」の古文の読み方（＝**「音読」の仕方**）がわかることで、（英語と同様に）**古文読解の速度も向上する**ことでしょう。古文は日本語。聞けばなんとなくわかるものです。その効果をぜひ体感してほしいと思います。

大丈夫なのだ！　古文読解はもう得意になったのだ！

〈翌日〉

ハイ、では昨日やった古文テストの結果を返しますよ～。まずは三日ネコ君。ハイ。
ま、…もっともっと頑張りましょう！

にゃー!!　また0点なにょねー！

では次、ブタネコ君。…なんと、これはちょっと信じられない結果です！

あ、やった！　100点満点なのだ！
にゃんで!?　半分寝てたくせにー！　あっ、わかった！
僕のをカンニングしたにょねー!?

君のを見てたら0点でしょ（笑）！　どうやら本当に夢の中で読解法を身につけたようですね。夢と現実は表裏一体…ということでしょうか。大変な吉夢でしたね！

…吉夢だから、夢の内容は、もう誰にも話さないようにするのだ！　特に三日ネコには盗まれたくないのだ！

**●別冊を持ち歩いて、どんどん読解問題に挑戦するのだ！**

僕の夢は終わったけど、君たちの受験はまだまだ終わってないのだ！　この別冊『ビジュアル古文読解マニュアル』は古文読解のバイブルだから、常に持ち歩いて、古文の問題集などをやるときに活用するのだ！　新しく学んだことがあれば、この別冊に書き込んでいけばいいのだ。とにかく、君たちの旅はここからがスタートなのだ！　頑張るのだ！

あとがき

# 遠い世界の、けれど鮮やかなもの。

新聞の社会面や経済面などを見ていると、日々目まぐるしく変わるその情勢を、ついつい気にとめてしまいます。「ボクたちのこれからの未来はどのようになっていくのかな」なんてね。

でも古文の内容は、みなさんのそんな日常体験とは、ちょっと違うところにあります。ですから、「古文なんて、そんな古い時代の遺物、かまってられねぇよ」などと思う人もいるかもしれません。でも、昔から私は、自分の近くにあるリアリティのあるものは見えないけど、普通の人が見えない遠い世界の不思議な一見リアリティのないものが、はっきり見えたりするんですよ。そして、その鮮やかなものをできるだけ正確に伝えてみたいなあといつも思っているんです。

人は自分の思いを後世に残したいという本能があるんだと思います。古文を読んでいると、そういった古代の人の気持ちを垣間見ることになります。すると、授業などで、そのくみ取った気持ちをできるだけ鮮明に話してみたくなるんですよね。

# 覚える行為、読む行為。

「はじめに」でも触れましたが、古文を読むために、古文単語・古典文法などの知識は必ず必要になってきます。しかし、古文に費やすことのできる限られた時間のほとんどを、その知識の習得に注ぐのはいかがなものでしょう。古文単語や古典文法の知識がカンペキでないと、さも古文読解ができないように錯覚してはいませんか。覚える行為を優先させるあまりに、読む行為をおろそかにしていませんか。入試古文は、「読解」中心に展開されるものです。時間内に一定量の古文を読みこなすことができなければ、いくら古文単語や古典文法の知識があっても、宝の持ちぐされになってしまいますよね。

ですから、知識的にかなりあやふやな部分が多く残っている人であっても、読解法を早く身につけて、どんどん古文を読んで読解力を養ってほしいと願います。

古文は本当に面白いものです。古文を読んでいると、何かしみじみとした思いになります。古文ではこの感情を「もののあはれ」とよびますが、こんな気持ちを感じながら、知識の有無にこだわらず、気軽に古文に親しんでほしいですね。

## 【志望校レベルと本書のレベル対応表】

※主に文系学部（国公立大は前期）のレベル。偏差値は東進模試のデータにもとづくおおよその目安です。

| 難易度 | 偏差値 | 志望校レベル 国公立大（例） | 志望校レベル 私立大（例） | 本書のレベル（目安） |
|---|---|---|---|---|
| 難 | ～67 | 東京大，京都大 | 国際基督教大，慶應義塾大，早稲田大 | |
| | 66～63 | 一橋大，東京外国語大，国際教養大，筑波大，名古屋大，大阪大，北海道大，東北大，神戸大，東京都立大，大阪公立大 | 上智大，青山学院大，明治大，立教大，中央大，同志社大 | ⑥最上級編 |
| | 62～60 | お茶の水女子大，横浜国立大，九州大，名古屋市立大，千葉大，京都府立大，奈良女子大，金沢大，信州大，広島大，都留文科大，静岡県立大，奈良県立大 | 東京理科大，法政大，学習院大，武蔵大，中京大，立命館大，関西大，成蹊大 | ⑤上級編 |
| | 59～57 | 茨城大，埼玉大，岡山大，熊本大，新潟大，富山大，静岡大，滋賀大，高崎経済大，長野大，山形大，岐阜大，三重大，和歌山大，島根大，香川大，佐賀大，岩手大，群馬大 | 津田塾大，関西学院大，獨協大，國學院大，成城大，南山大，武蔵野大，京都女子大，駒澤大，専修大，東洋大，日本女子大 | ④中級編 |
| | 56～55 | **共通テスト**，広島市立大，宇都宮大，山口大，徳島大，愛媛大，高知大，長崎大，福井大，新潟県立大，釧路公立大，大分大，鹿児島大，福島大，宮城大，岡山県立大 | 玉川大，東海大，文教大，立正大，西南学院大，近畿大，東京女子大，日本大，龍谷大，甲南大 | ③標準編 |
| | 54～51 | 弘前大，秋田大，琉球大，長崎県立大，名桜大，青森公立大，石川県立大，秋田県立大，富山県立大 | 亜細亜大，大妻女子大，大正大，国士舘大，東京経済大，名城大，武庫川女子大，福岡大，杏林大，白鴎大，京都産業大，創価大，帝京大，神戸学院大，城西大 | ②初級編 |
| | 50～ | 北見工業大，室蘭工業大，職業能力開発総合大，公立はこだて未来大，水産大 | 大東文化大，追手門学院大，関東学院大，桃山学院大，九州産業大，拓殖大，摂南大，沖縄国際大，札幌大，共立女子短大，大妻女子短大 | ①文法編 |
| 易 | - | 一般公立高校（中学レベル） | 一般私立高校（中学～高校入門レベル） | |

## 【世界初!?】古文の「朗読音声」付き問題集！

英語と同様、実は古文も「音読」によって読解力が上がります。本書では、一流ナレーターによる朗読音声を収録。解説冒頭に印刷されたQRコードをスマホのカメラで読み取ると，問題文の朗読音声が再生されます。

大学受験 気鋭の講師シリーズ
富井の古文読解をはじめからていねいに

2004年 9月29日　初版発行
2025年 8月27日第47版発行

| | |
|---|---|
| 著　者 | 富井 健二 |
| 発行者 | 永瀬 昭幸 |
| 発行所 | 株式会社ナガセ<br>〒180-0003<br>東京都武蔵野市吉祥寺南町1-29-2<br>出版事業部　TEL：0422-70-7456　FAX：0422-70-7457 |

| | |
|---|---|
| カバーデザイン | 山口 勉 |
| 校閲協力 | 井上 誠 |
| 制作協力 | 伊勢川 暁／小平 友美／中里 律子／藤井 翼／藤田 恵美 |
| 編集担当<br>本文イラスト | 八重樫 清隆 |
| 印刷 | シナノ印刷株式会社 |


Printed in Japan
ISBN978-4-89085-316-8 C7381

東進の合格の秘訣が次ページに

合格の秘訣1

# 全国屈指の実力講師陣

## 東進の実力講師陣
## 数多くのベストセラー参考書を執筆!!

**WEBで体験**
東進ドットコムで授業を体験できます！
実力講師陣の詳しい紹介や、各教科の学習アドバイスも読めます。
**www.toshin.com/teacher/**

### 英語

雑誌『TIME』やベストセラーの翻訳も手掛け、英語界でその名を馳せる実力講師。

宮崎 尊先生
[英語]

爆笑と感動の世界へようこそ。「スーパー速読法」で難解な長文も速読即解！

渡辺 勝彦先生
[英語]

100万人を魅了した予備校界のカリスマ。抱腹絶倒の名講義を見逃すな！

今井 宏先生
[英語]

本物の英語力をとことん楽しく！日本の英語教育をリードするMr.4Skills.

安河内 哲也先生
[英語]

論理的に展開される授業はまさに感動。丁寧な板書とやる気を引き出す圧倒的な講義！

慎 一之先生
[英語]

全世界の上位5％(PassA)に輝く、世界基準のスーパー実力講師！

武藤 一也先生
[英語]

いつのまにか英語を得意科目にしてしまう、情熱あふれる絶品授業！

大岩 秀樹先生
[英語]

### 国語

ビジュアル解説で古文を簡単明快に解き明かす実力講師。

富井 健二先生
[古文]

東大・難関大志望者から絶大なる信頼を得る本質の指導を追究。

栗原 隆先生
[古文]

明快な構造板書と豊富な具体例で必ず君を納得させる！「本物」を伝える現代文の新鋭。

西原 剛先生
[現代文]

「脱・字面読み」トレーニングで、「読む力」を根本から改革する！

輿水 淳一先生
[現代文]

文章で自分を表現できれば、受験も人生も成功できますよ。「笑顔と努力」で合格を！

石関 直子先生
[小論文]

小論文、総合型、学校推薦型選抜のスペシャリストが、君の学問センスを磨き、執筆プロセスを直伝！

正司 光範先生
[小論文]

幅広い教養と明解な具体例を駆使した緩急自在の講義。漢文が身近になる！

寺師 貴憲先生
[漢文]

縦横無尽な知識に裏打ちされた立体的な授業に、グングン引き込まれる！

三羽 邦美先生
[古文・漢文]

## 数学

明快かつ緻密な講義が、君の「自立した数学力」を養成する!

寺田 英智先生
[数学]

「ワカル」を「デキル」に変える新しい数学は、君の思考力を刺激し、数学のイメージを覆す!

松田 聡平先生
[数学]

論理力と思考力を鍛え、問題解決力を養成。多数の東大合格者を輩出!

青木 純二先生
[数学]

数学を本質から理解し、あらゆる問題に対応できる力を与える珠玉の名講義!

志田 晶先生
[数学]

## 理科

原子レベルで起こっている化学現象を、一緒に体感しよう!

岸 良祐先生
[化学]

化学現象を疑い化学全体を見通す"伝説の講義"は東大理三合格者も絶賛。

鎌田 真彰先生
[化学]

一片の疑問も残さない指導と躍動感ある講義が物理を面白くする!

高柳 英護先生
[物理]

正しい道具の使い方で、難問が驚くほどシンプルに見えてくる!

宮内 舞子先生
[物理]

地球や宇宙、自然のダイナミズムを、ビジュアルを駆使して伝える本格派。

青木 秀紀先生
[地学]

「いきもの」をこよなく愛する心が君の探究心を引き出す!生物の達人。

飯田 高明先生
[生物]

丁寧な板書、明晰かつ簡潔な講義、徹底した入試分析が定評。

橋爪 健作先生
[化学]

「なぜ」をとことん追究し「規則性」「法則性」が見えてくる大人気の授業!

立脇 香奈先生
[化学]

## 地歴公民

わかりやすい図解と統計の説明に定評。

山岡 信幸先生
[地理]

世界史を「暗記」科目だなんて言わせない。正しく理解すれば必ず伸びることを一緒に体感しよう。

加藤 和樹先生
[世界史]

"受験世界史に荒巻あり"と言われる超実力人気講師!世界史の醍醐味を。

荒巻 豊志先生
[世界史]

歴史の本質に迫る授業と、入試頻出の「表解板書」で圧倒的な信頼を得る!

金谷 俊一郎先生
[日本史]

「今」を知ることは「未来」の扉を開くこと。受験に留まらず、目標を高く、そして強く持て!

執行 康弘先生
[公民]

政治と経済のメカニズムを論理的に解明しながら、入試頻出ポイントを明確に示す。

清水 雅博先生
[公民]

※書籍画像は2025年3月末時点のものです。

# 合格の秘訣2 ココが違う 東進の指導

## 01 人にしかできない やる気を引き出す指導

### 夢と志は志望校合格への原動力！

東進では、将来を考えるイベントを毎月実施しています。夢・志は大学受験のその先を見据える、学習のモチベーションとなります。仲間とワクワクしながら将来の夢・志を考え、さらに志を言葉で表現していく機会を提供します。

夢・志を育む指導

### 受験は団体戦！仲間と努力を楽しめる

東進ではチームミーティングを実施しています。週に1度学習の進捗報告や将来の夢・目標について語り合う場です。一人じゃないから楽しく頑張れます。

チーム制

### 一人ひとりを大切に君を個別にサポート

東進が持つ豊富なデータに基づき君だけの合格設計図をともに考えます。熱誠指導でどんな時でも君のやる気を引き出します。

担任指導

**現役合格者の声**

東京大学 理科一類
三宅 潤くん
東京都 私立 海城高校卒

毎週のチームミーティングでは、質問したいことを気軽に聞けて、不安なことや不満のあることを聞いてもらえて心の支えになっていました。また、同じ志望校に向けて一緒に頑張る仲間がいたことは、とても大きかったと思います。東進に行くと気軽に話せる担任の先生や友人がいて、気持ちが明るくなりました。

## 02 人間には不可能なことを ＡＩが可能に

### 学力×志望校 一人ひとりに最適な演習をＡＩが提案！

桁違いのビッグデータと最新のＡＩによる得点予測が組み合わさった東進のＡＩ演習講座は、日本一の現役合格実績の原動力となっています。これまで蓄積されたデータに、最新のデータが毎年大量に加わることで、ＡＩの精度も向上しています。

ＡＩ演習

**現役合格者の声**

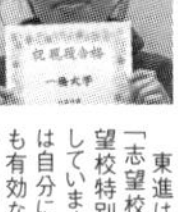


一橋大学 社会学部
鍋田 夏帆さん
千葉県立 千葉高校卒

東進は「過去問演習講座」やＡＩを使った「志望校別単元ジャンル演習講座」、「第一志望校特別演習」といった演習コンテンツが充実しています。「志望校別単元ジャンル演習講座」は自分に合った適切な演習量を積む上でとても有効なツールで、秋の追い込みの時期の学習の中心でした。

### AI演習講座ラインアップ

**高3生** 苦手克服＆得点力を徹底強化！

「志望校別単元ジャンル演習講座」
「第一志望校対策演習講座」
「最難関4大学特別演習講座」

**高2生** 大学入試の定石を身につける！

「個人別定石問題演習講座」

**高1生** 素早く、深く基礎を理解！

「個人別基礎定着演習講座」

東進で勉強したいが、近くに校舎がない君は…

## 東進ハイスクール 在宅受講コースへ

「遠くて東進の校舎に通えない……」。そんな君も大丈夫！ 在宅受講コースなら自宅のパソコンを使って勉強できます。ご希望の方には、在宅受講コースのパンフレットをお送りいたします。お電話にてご連絡ください。学習・進路相談も随時可能です。

**0120-531-104**

## 03 本当に学力を伸ばすこだわり

### 楽しい！わかりやすい！そんな講師が勢揃い

わかりやすいのは当たり前！おもしろくてやる気の出る授業を約束します。1・5倍速×集中受講の高速学習。そして、12レベルに細分化された授業を組み合わせ、スモールステップで学力を伸ばす君だけのカリキュラムをつくります。

**実力講師陣**

### 英単語1800語を最短1週間で修得！

基礎・基本を短期間で一気に身につける「高速マスター基礎力養成講座」を設置しています。オンラインで楽しく効率よく取り組めます。

**高速マスター**

**パーフェクトマスターのしくみ**

### 本番レベル・スピード返却学力を伸ばす模試

常に本番レベルの厳正実施。合格のために何をすべきか点数でわかります。WEBを活用し、最短中3日の成績表スピード返却を実施しています。

**東進模試**

### 現役合格者の声

**早稲田大学 政治経済学部**
香山 盛林くん
東京都 私立 國學院高校卒

東進でまず取り組んだのが「高速マスター基礎力養成講座」です。英単語の修得はもちろん、学習習慣を身につけることに大きく役立ち、計画的に学習をするくせがつくきっかけになりました。また、「共通テスト本番レベル模試」は自分の学力を測る、貴重な指標となり、共通テスト形式の問題に慣れるのにもとても役立ちました。

君の高校の進度に合わせて学習し、定期テストで高得点を取る！

# 高校別対応の個別指導コース

**学年順位急上昇!!**
**「先取り」で学校の勉強がよくわかる！**

### 楽しく、集中が続く、授業の流れ

**1. 導入**

授業の冒頭では、講師と担任助手の先生が今回扱う内容を紹介します。

**2. 授業**

約15分の授業でポイントをわかりやすく伝えます。要点はテロップでも表示されるので、ポイントがよくわかります。

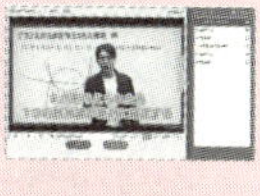

**3. まとめ**

授業が終わったら、次は確認テスト。その前に、授業のポイントをおさらいします。

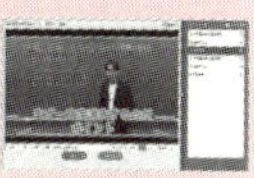

※2025年4月現在

# 2025年 東進現役合格実績

# 受験を突破する力は未来を切り拓く力!

## 東大 現役合格 実績日本一※ 7年連続800名超!

現役生のみ! 講習生を含まず!

※2024年の東大現役合格者を公表している予備校の中で東進の834名が最大(2024年JDnet調べ)。

## 東大815名

文科一類 117名　理科一類 297名
文科二類 100名　理科二類 130名
文科三類 111名　理科三類 34名
学校推薦型選抜 26名

**現役合格者の35.1%が東進生!**

東進生 現役 占有率 815/2,319 **35.1%**

全現役合格者に占める東進生の割合

2025年の東大全体の現役合格者は2,319名。東進の現役合格者は815名。東進生の占有率は35.1%。現役合格者の2.9人に1人が東進生です。

**学校推薦型選抜も東進!**

**東大26名** 昨対+1名

学校推薦型選抜 現役合格者の30.2%が東進生!

推薦入試でも東進生現役占有率 30.2%

| | | | |
|---|---|---|---|
| 法学部 | 2名 | 工学部 | 13名 |
| 経済学部 | 3名 | 理学部 | 2名 |
| 文学部 | 2名 | 農学部 | 1名 |
| 教育学部 | 1名 | 医学部健康総合科学科 | 1名 |
| 教養学部 | 1名 | | |

## 東京科学大・一橋大 444名

東京科学大 260名
一橋大 184名

**現役合格者の23.1%が東進生!**

東進生 現役 占有率 444/1,917(東進推定) **23.1%**

2025年の東京科学大・一橋大の現役合格者数は未公表のため、仮に昨年の現役合格者数(推定)を分母として東進生占有率を算出すると、現役合格者における東進生の占有率は23.1%。現役合格者の4.4人に1人が東進生です。

## 早慶5,628名

**早稲田大 3,467名**

| | | | |
|---|---|---|---|
| 政治経済学部 | 418名 | 文化構想学部 | 295名 |
| 法学部 | 310名 | 理工3学部 | 684名 |
| 商学部 | 293名 | 他 | 1,467名 |

**慶應義塾大 2,161名**

| | | | |
|---|---|---|---|
| 法学部 | 253名 | 理工学部 | 594名 |
| 経済学部 | 286名 | 医学部 | 39名 |
| 商学部 | 419名 | 他 | 570名 |

東進生 現役 占有率 一般選抜 4,357/17,219(前年) **25.3%**

**一般選抜現役合格者の25.3%が東進生!**

2025年の早稲田大・慶應義塾大の現役合格者数は未公表のため、仮に昨年の大学公表の一般選抜現役合格者数(早稲田大は大学入学共通テスト利用入学試験を除く)を分母として東進生占有率を算出すると、現役合格者における東進生の占有率は25.3%。現役合格者の4.0人に1人が東進生です。

## 医学部医学科1,593名

**国公立医・医 991名** 防衛医科大学校を含む

| | | | | | | | |
|---|---|---|---|---|---|---|---|
| 東京大 | 34名 | 名古屋大 | 23名 | 千葉大 | 15名 | 大阪公立大 | 9名 |
| 京都大 | 29名 | 大阪大 | 22名 | 東京科学大 | 21名 | 神戸大 | 22名 |
| 北海道大 | 16名 | 九州大 | 20名 | 横浜市立大 | 11名 | その他国公立医・医 | 708名 |
| 東北大 | 27名 | 筑波大 | 18名 | 浜松医科大 | 16名 | | |

**私立医・医 602名**

## 上理明青立法中20,098名

| | | | | | |
|---|---|---|---|---|---|
| 上智大 | 1,644名 | 青山学院大 | 1,900名 | 法政大 | 3,791名 |
| 東京理科大 | 2,935名 | 立教大 | 2,518名 | 中央大 | 2,373名 |
| 明治大 | 4,937名 | | | | |

## 旧七帝大3,700名 昨対+22名

| | | | | | | | |
|---|---|---|---|---|---|---|---|
| 東京大 | 815名 | 北海道大 | 406名 | 名古屋大 | 404名 | 九州大 | 568名 |
| 京都大 | 488名 | 東北大 | 417名 | 大阪大 | 602名 | | |

## 関関同立12,620名

| | | | | | |
|---|---|---|---|---|---|
| 関西学院大 | 2,751名 | 同志社大 | 2,851名 | 立命館大 | 4,271名 |
| 関西大 | 2,747名 | | | | |

## 国公立大15,803名

## 日東駒専8,494名

| | | | | | | | |
|---|---|---|---|---|---|---|---|
| 日本大 | 3,262名 | 東洋大 | 3,026名 | 駒澤大 | 942名 | 専修大 | 1,264名 |

**国公立 総合・学校推薦型選抜も東進!**

**旧七帝大469名** 昨対+20名

+東京科学大・一橋大・神戸大

| | | | | | |
|---|---|---|---|---|---|
| 東京大 | 26名 | 名古屋大 | 78名 | 東京科学大 | 57名 |
| 京都大 | 23名 | 大阪大 | 52名 | 一橋大 | 8名 |
| 北海道大 | 9名 | 九州大 | 40名 | 神戸大 | 56名 |
| 東北大 | 120名 | | | | |

**国公立医・医 348名** 昨対+29名

**国公立大 2,155名** 昨対+62名

## 産近甲龍6,293名

| | | | | | | | |
|---|---|---|---|---|---|---|---|
| 京都産業大 | 670名 | 近畿大 | 3,800名 | 甲南大 | 594名 | 龍谷大 | 1,229名 |

ウェブサイトでもっと詳しく 東進 検索

2025年3月31日締切

各大学の合格実績は、東進ネットワーク(東進ハイスクール、東進衛星予備校、早稲田塾)の現役生のみ、高3時在籍者のみの合同実績です。一人で複数合格した場合は、それぞれの合格者数に計上しています。

富井の古文読解をはじめからていねいに

# 別冊

## ビジュアル古文読解マニュアル

名前

# ビジュアル古文読解マニュアル

読解の手順

『出典』・注・前書きを一番最初にチェック!!

マニュアル①

ジャンルが決定したら読解開始!

## ジャンルの決定

### 説話・物語系

#### 説話

- 世俗説話
- 仏教説話

章末のまとめ部分を最初にチェックする。話の展開を予測しながら読む。

#### 物語

- 歌物語

最初に和歌をチェックし、和歌と本文の同じ部分を比較しながら読解する。

- 大鏡・今鏡・無名草子（語り手のいる物語）

「語り手」が登場。主語のない心情語・謙譲語の主語は語り手(私)。

- その他の物語

ふつうにマニュアル②・③を使って読む。地の文の尊敬語の有無には特に注意。

### 日記・随筆系

#### 日記

「作者」が登場。主語のない心情語・謙譲語の主語は作者(私)。和歌にも注意。

#### 随筆（評論）

日記と同じように読解。ただし「主張」の部分（係結び・「べし」等）には注意。

読解法

ジャンル別の読解法を駆使！

## マニュアルα

プラスαとして、**古典文法・古文常識・作品常識**の知識も使って多角的に読解してね！

このマニュアルαは、ジャンルを分けるときにも、主語を補足するときにも使えるわよ！

## マニュアル② 地の文の読解

（文に合わせて使い分ける）

### 地の文

- **主語同一用法** … 「て、（で、）」の前後の主語は同じ。
- **主語転換用法** … 「を、に、が、ど、ば、」の前後で主語が転換。
- **尊敬語**
  - 有 … 主語は高貴な人。
  - 無 … 主語は基本的に高貴でない人。

## マニュアル③ 「　」の文の読解

### 「　」の文

- **尊敬語** … 一人称◀三人称◀二人称
  - 二人称が一番多い。次に多いのは三人称。一人称は天皇の自敬表現に時々ある。
  - ※◀は頻度（右の方が高い）
- **謙譲語** … 二人称◀三人称◀一人称
  - 一人称が一番多い。次に多いのは三人称。二人称は天皇の自敬表現に多い。
  - ※二重尊敬（＝最高敬語）や絶対敬語にも注意して主語を補足すること。
- **丁寧語**
  - 有 … 聞き手は高貴な人。
  - 無 … 聞き手は高貴とは言えない。

これで主語を補足する！

CONTENTS 目次

# STEP 1 省略とその対策

本冊 ▶▶ P.14

## 古文の四つの省略

❶ **「が」の省略**…現代語で「〜**が**…をした」などの「**が**」にあたる部分が省略される。

※【人物、】の形は主語。「人**が**(は)、」と訳す。

❷ **「の」の省略**…現代語で「〜**の**」にあたる部分が省略される。

❸ **体言の省略**…体言(名詞・代名詞のこと)が省略される。

❹ **主語の省略**…主語が省略される。

※特にこの❹「主語の省略」が古文を読みづらくしている要因

→主語を補足しながら読む必要がある

# STEP 2 STEP 3 主語同一用法 主語転換用法

本冊 ▶▶ P.20

### 主語同一用法

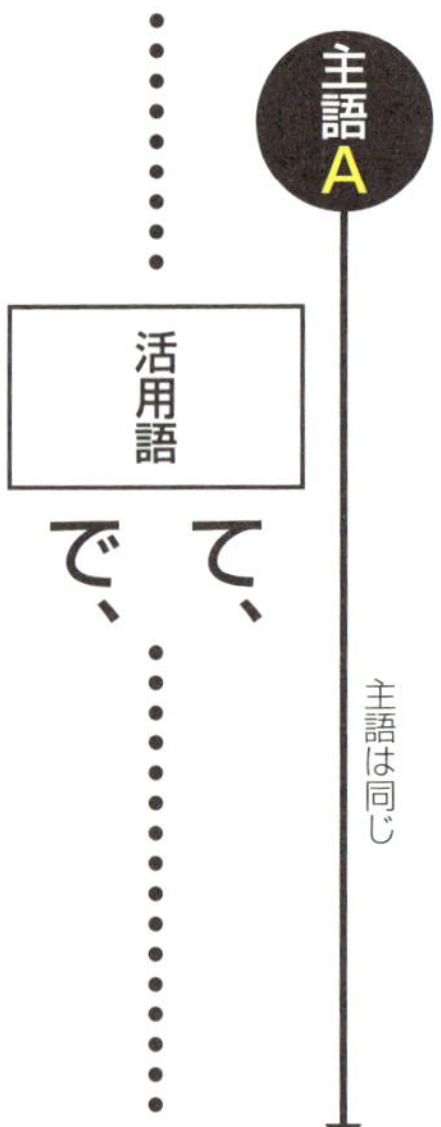


### 主語転換用法

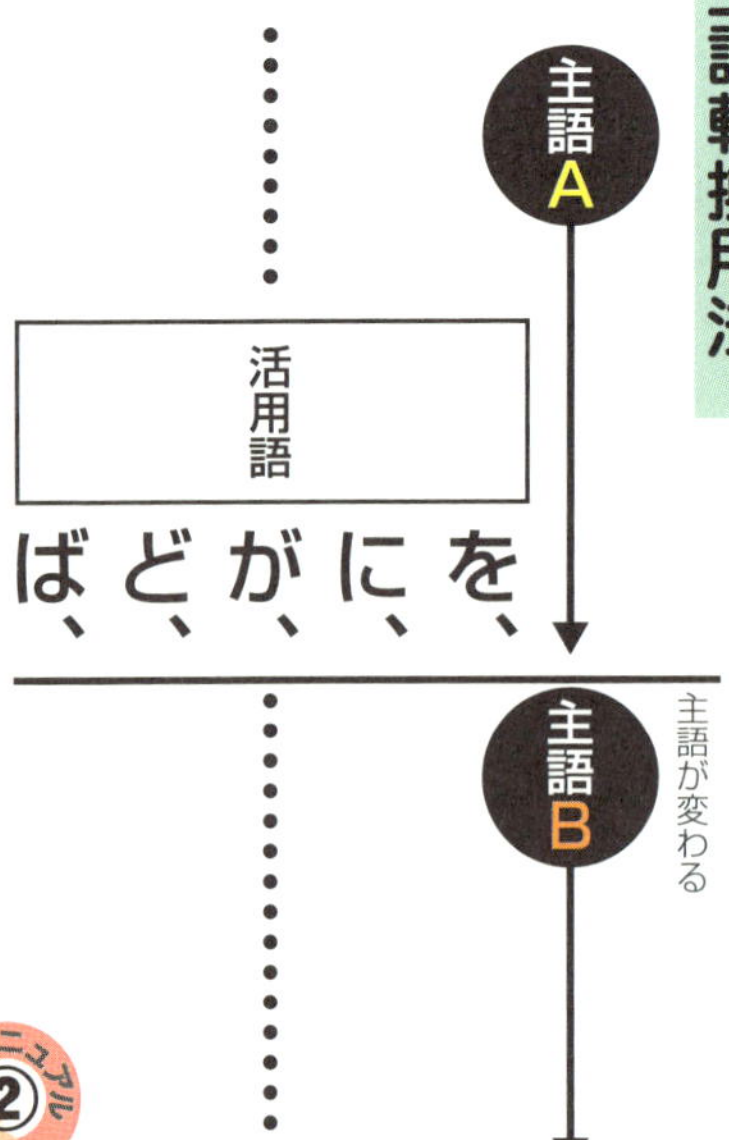


※両方とも例外があるので注意

## STEP 4 STEP 5 心中表現文を区切れ 会話文を区切れ

本冊 ▶▶ P.32

……………。

……接続助詞、「心中《しんちゅう》表現文」とて、と思ふ※1（心情語）

副詞・感動詞が多い

……………。

……接続助詞、「会話文」とて、と言ふ※2 とあり※3。

※1 「思ふ」以外の心情語
※2 おほす・のたまふ・申す・聞こゆ
※3 候ふ・侍り／ものす
（※2・※3）となっている場合もある

## STEP 6 挿入句《そうにゅうく》を区切れ

本冊 ▶▶ P.42

…………、

（挿入句）
……にや、
……にか、
……推量、

む・らむ・けむ 等

……………。

※「心中表現文」「会話文（手紙文）」は「　」の文として読解し、「挿入句」は独立した文（句）として扱うこと。

STEP 7

# 地の文の尊敬語

本冊 ▶▶ P.50

**三種類の敬語**

① **尊敬語《そんけい》**…動作の主体（主語）を高める言い方
② **謙譲語《けんじょう》**…動作の**受け手**を高める言い方
③ **丁寧語《ていねい》**…**読者や聞き手**に対する丁寧な言い方

※それぞれ「補助動詞」の働きもする

**地の文**―**尊敬語**―
- **有**→主語は**高貴な人**
- **無**→主語は**高貴でない人**

マニュアル②

※**判断不可の場合**（高貴な人が多い場合など）もある

---

STEP 8

# 尊敬語と特別な尊敬語

本冊 ▶▶ P.62

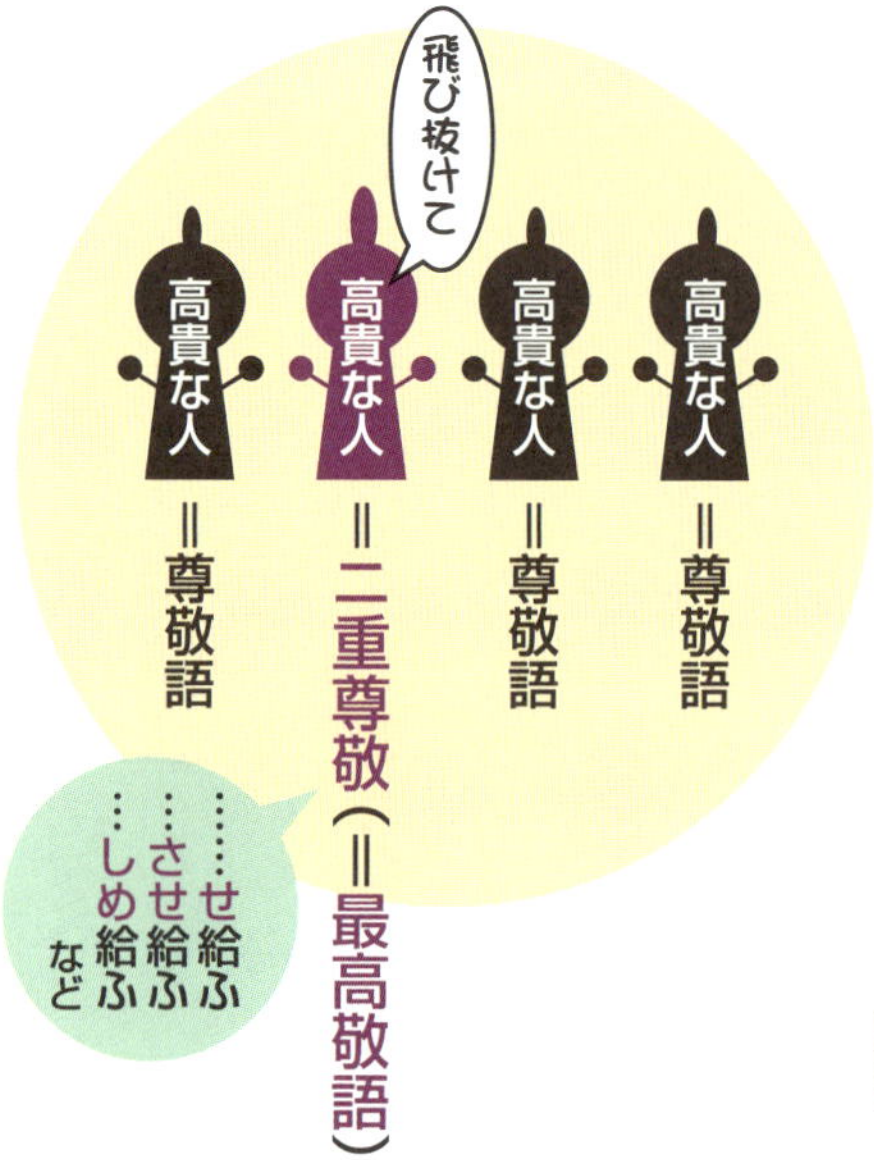


- **単なる尊敬語**→主語は「（単なる）**高貴な人**」
- **特別な尊敬語**→主語は「**飛び抜けて高貴な人**」

**地の文**
- **謙譲語**→主語は**一人称**か（比較的）高貴でない**三人称**
  ※一人称は「日記・随筆」に多い
- **丁寧語**→作者が読者に対して丁寧に語っているだけ

STEP 9 STEP 10 STEP 11

# 「」《カギカッコ》の中の敬語

本冊 ▶▶ P.70

**「」の文**

- **尊敬語**
  - 二人称 ◀ 三人称 ◀ 一人称
  - 二人称：（高貴な）**話し相手**を高める
  - 三人称：その場にいない**高貴な三人称**を高める
  - 一人称：自分で**自分**を高める（天皇の**自敬表現**が主）
- **謙譲語**
  - 一人称 ◀ 三人称 ◀ 二人称
  - 一人称：自分の動作の**受け手**を高める
  - 三人称：三人称の動作の**受け手**（話し相手）を高める
  - 二人称：相手の動作の**受け手**である自分を高める（天皇の**自敬表現**が主）
- **丁寧語**
  - 有 → 聞き手は**高貴な人**
  - 無 → 聞き手は**高貴とは言えない**

基本的に、自分の動作は謙譲語。
話し相手の動作は尊敬語で。
高貴な人の動作も尊敬語で。
これって実は、現代の習慣と
ほとんど同じなのよね！

◆ここで一句

**カギカッコ　尊敬二歳　謙譲秘密**

尊敬二歳：に　さ　い（二→三→一）

謙譲秘密：ひ　み　つ（一→三→二）

STEP 12

# 文法と読解 ～主語をめぐって～

本冊 ▶▶ P.88

| 助動詞 | 意味 |
|---|---|
| き | 〔直接〕過去(…た) |
| けり | 〔間接・伝聞〕過去(…た・…たそうだ) |
| る<br>らる | ①受身(…(ら)れる) ②可能(…できる)<br>③自発(〔自然と〕…(ら)れる) ④尊敬(お…になる・…なさる) |
| す<br>さす<br>しむ | ①使役(…(さ)せる) ②尊敬(お…になる・…なさる) |

## 過去の助動詞「き」と「けり」

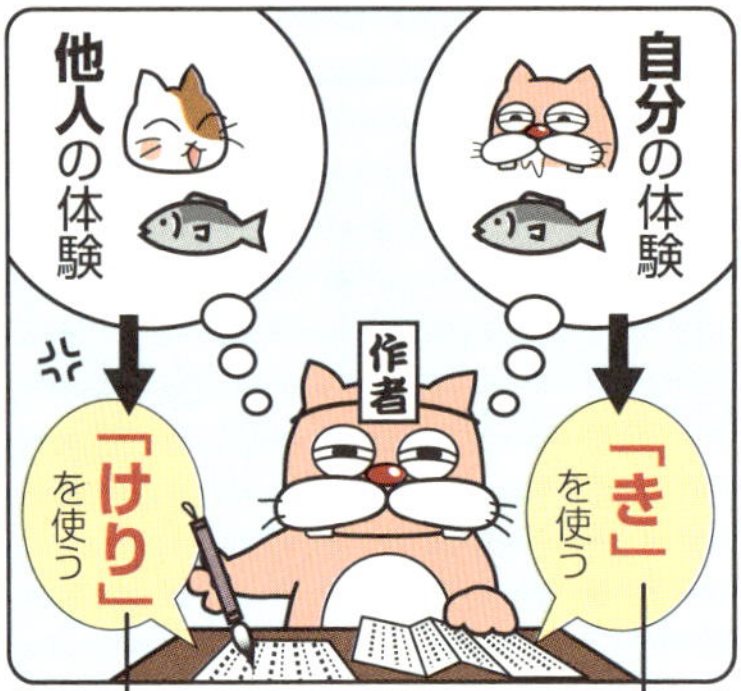


「き」→ 主語は私(一人称)

「けり」→ 主語は他人

## 尊敬の助動詞「る・らる」「す・さす・しむ」

「る・らる」「す・さす・しむ」＝尊敬の助動詞(尊敬語の一種)

有 → 主語は高貴な人

無 → 主語は高貴でない人

## 主語が必ず一人称

願望の終助詞「ばや」

謙譲の補助動詞「給ふ」

→ 主語は私(一人称)

「思ひ(覚え・知り・見・聞き)＋給へ(ふる・ふれ)」の形で出る

下二段活用

STEP 13

# 文法と読解 ～感覚をみがく～

本冊 ▶▶ P.96

| 助動詞 | 意味 |
| --- | --- |
| めり | ①〔視界内の〕推定（…ようだ）　②婉曲（…ようだ・…と思われる） |
| らむ | ①〔視界外の〕現在推量（〔今ごろは〕…ているだろう）<br>②原因推量（〔どうして／～なので〕…なのだろう）<br>③婉曲・伝聞（…のような・…とかいう） |
| なり | ①〔聴覚的な〕推定（…ようだ）　②伝聞（…という・…だそうだ） |

## 視覚　助動詞「めり」⇔「らむ」

**めり**…語源は「見え＋あり」(mie + ari → meri)（見え〔ること〕がある）。
↓目に**見える**ものに対して推定するときに使う。

**らむ**…語源は「あり＋む」(ari + mu → ramu)（あるだろう）。
↓目に**見えない**ものに対して推量するときに使う。
現在を推量。過去を推量するときは「けむ」を使う。

## 聴覚　助動詞「なり」

**なり**…語源は「音《ね》＋あり」(ne + ari = nari)（音〔声〕がある）。
↓聴覚にもとづいた推定をするときに使う。

STEP 14

# 男女交際の常識

## 結婚の流れ

本冊 ▶▶ P.106

## 和歌の流れ

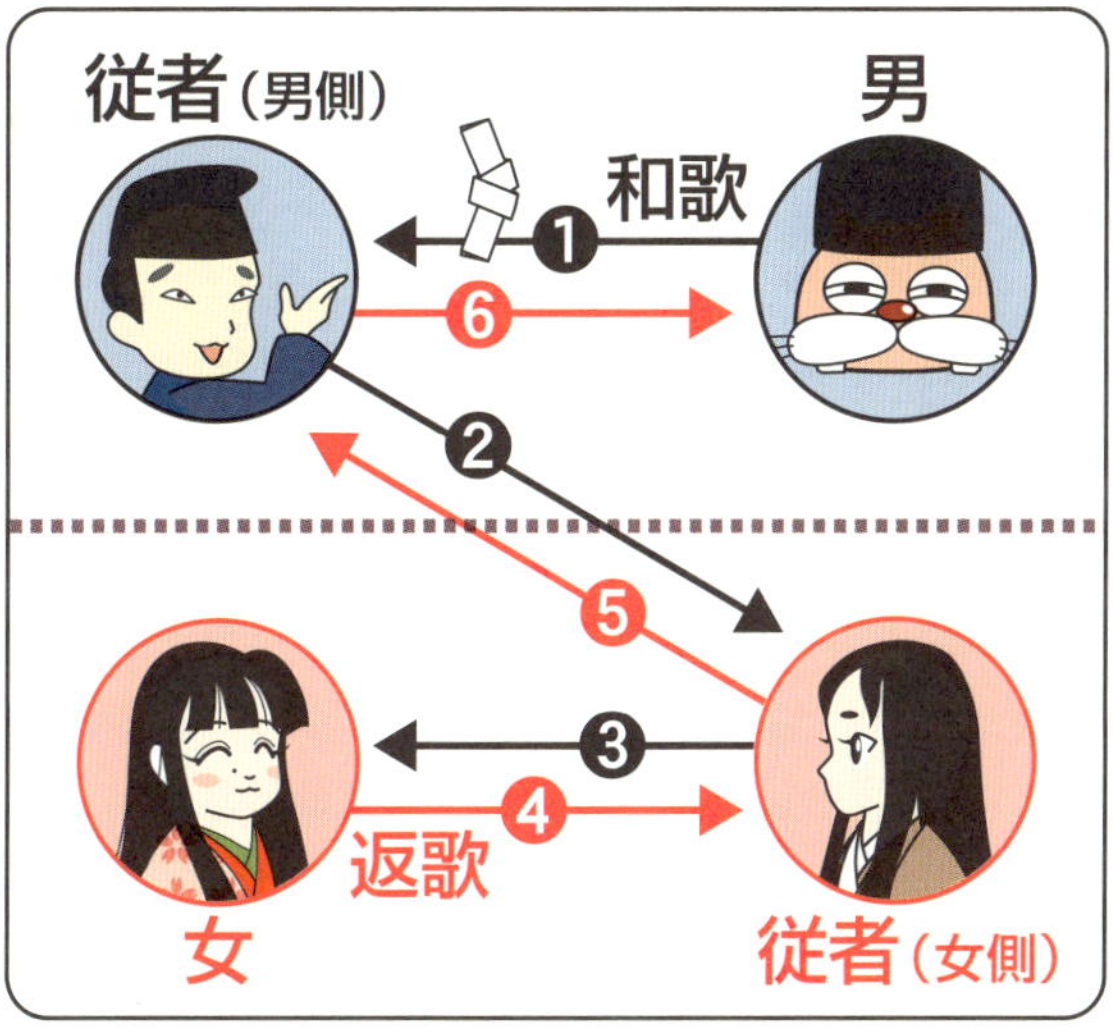

### Word✓Check

- □ 当時の結婚形態は「一夫多妻制《いっぷたさいせい》」「通《かよ》い（妻問《つまど》い）婚《こん》」が主流だが、**見合い結婚**などの例外も多々あった。
- □ 男性による求愛行動を総じて「呼《よ》ばひ」という。
- □ 子供の養育は**妻の義務**。実際の育ての親は「乳母《めのと》」。
- □ **和歌**のことを「大和《やまと》歌《うた》・言《こと》の葉《は》・敷島《しきしま》の道《みち》」という。
- □ **手紙**のことを「文《ふみ》・消息《せうそこ》・懸想文《けさうぶみ》」という。
- □ 返事や返歌のことを「答《いら》へ・返《かへ》し」という。
- □ その場にピッタリとマッチした和歌を即座に詠んで返すことを「当意即妙《とういそくみょう》」という。
- □ 相手と自分を結ぶ仲介者（取次ぎ）を「頼《たよ》り・ゆかり・よすが・由《よし》」などという。
- □ 取次ぎを頼むことを「案内《あない》す」という。

STEP 15

# 生活の常識

本冊 ▶▶ P.116

## 貴族の部屋の中

## 寝殿造の簡略図

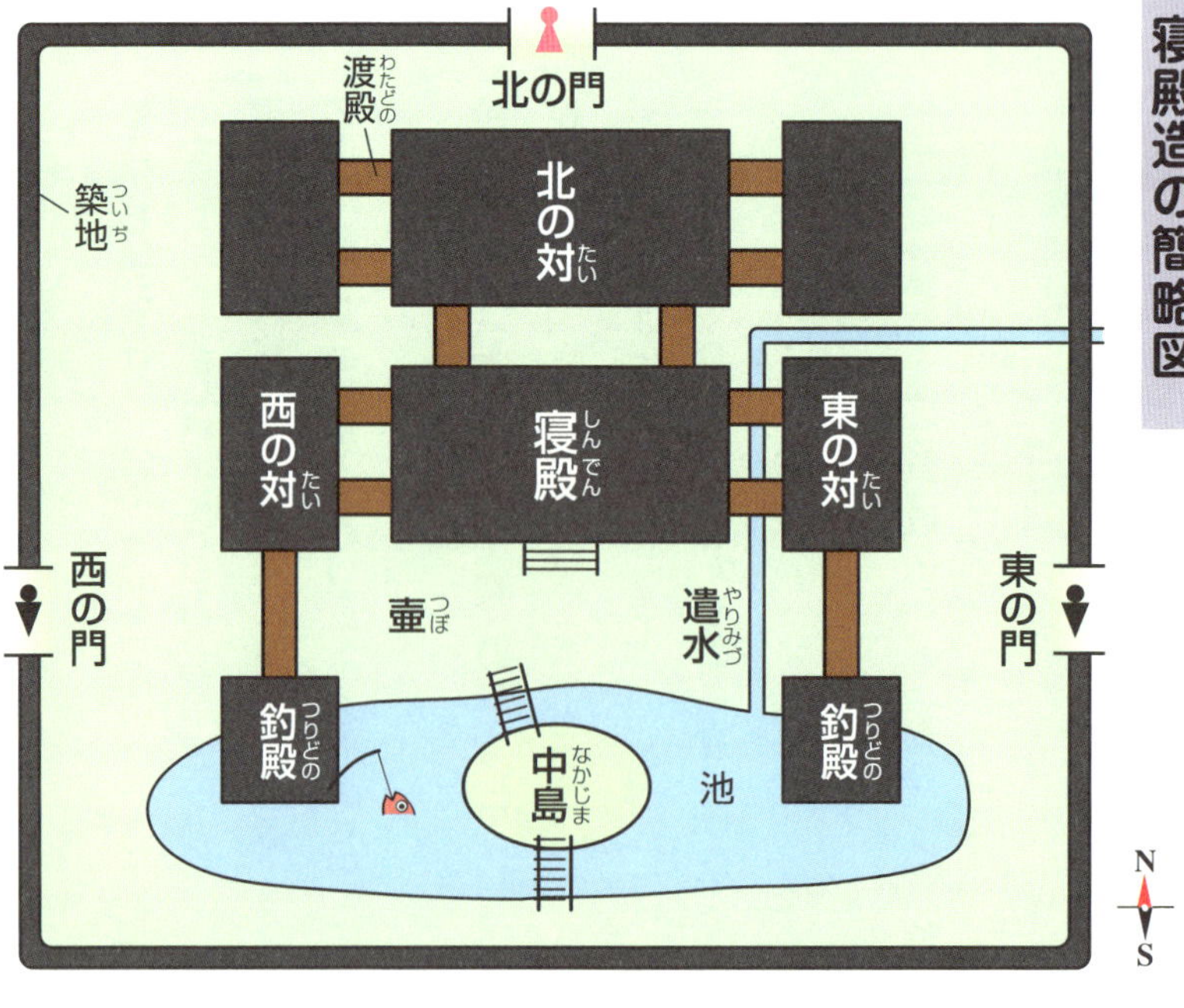

## 内裏の簡略図

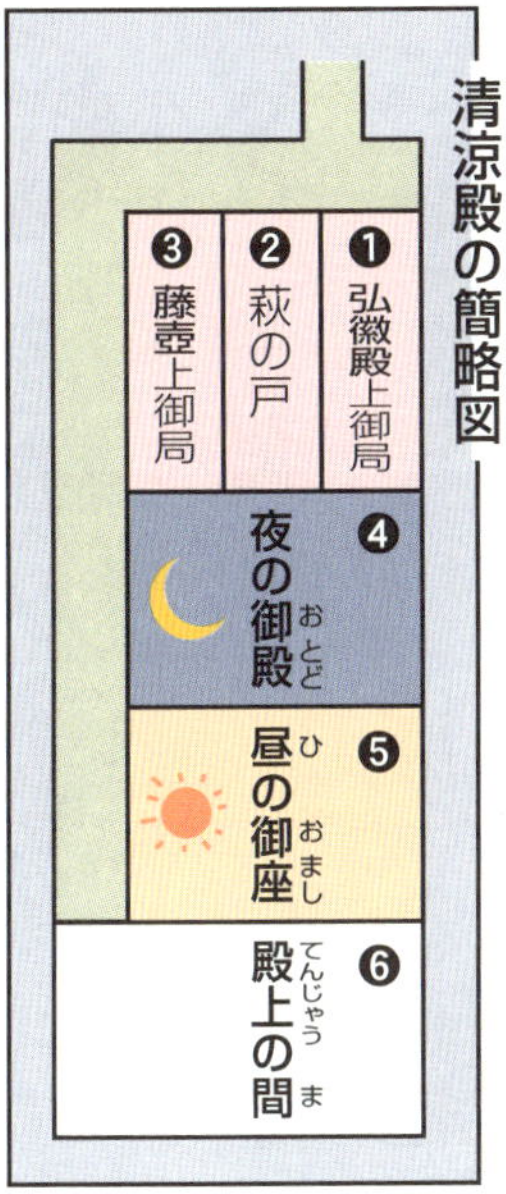


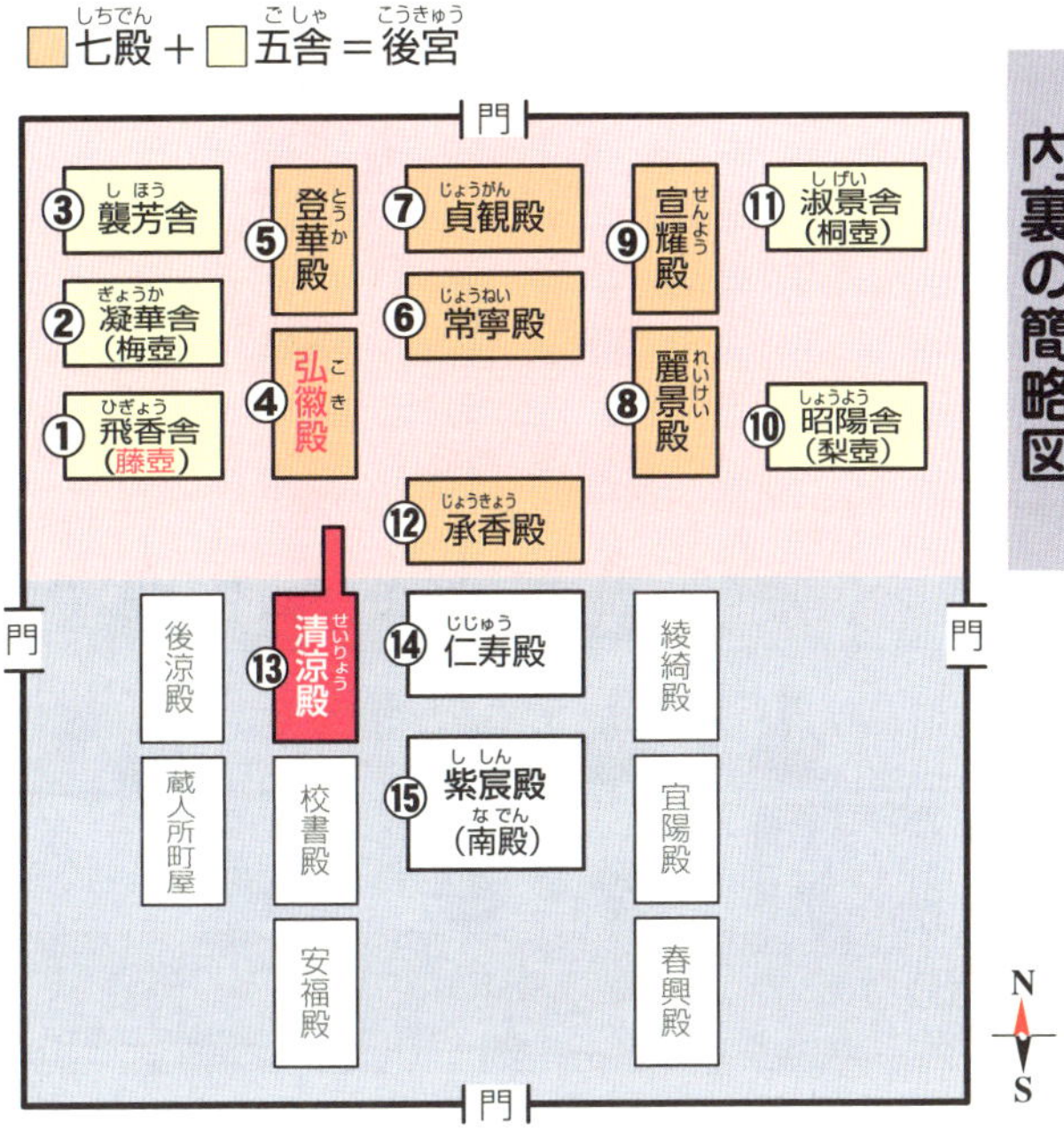


※清涼殿に最も近い「弘徽殿」と「藤壺」には最も有力な妻が入った。

## 男女の正装

**男性** **束帯《そくたい》（日《ひ》の装束《さうぞく》）**

**その他**
**直衣《なほし》・狩衣《かりぎぬ》**（普段着）
**指貫《さしぬき》**（ズボン），**直垂《ひたたれ》**（武士の普段着）
※略装・夜勤のとき→ **宿直《とのゐ》装束**

**女性** **女房《にょうばう》装束《さうぞく》（十二単《じふにひとへ》）**

**その他**
**小袿《こうちき》**（略式の正装）
**汗衫《かざみ》**（童女の正装）

STEP 16

# 官位の常識

本冊 ▶▶ P.126

## 官位の簡略図

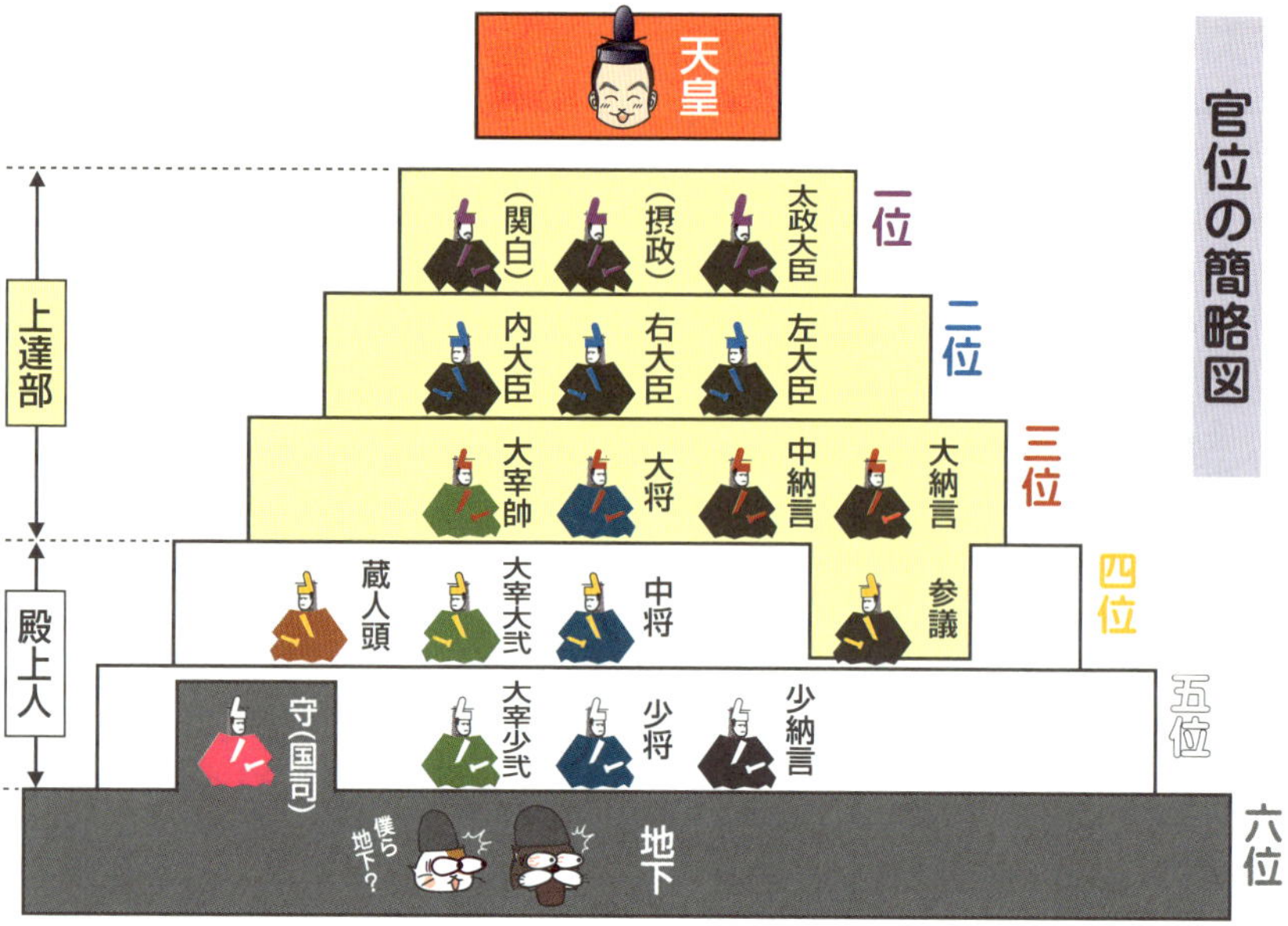


※参議は四位でも「上達部」に含まれる一方、守は五位でも昇殿を許されない「地下」であった。

| 位階の色分け（冠の色参照） | |
|---|---|
| ■→ 一位 | 上達部 |
| ■→ 二位 | 上達部 |
| ■→ 三位 | 上達部 |
| ■→ 四位 | 殿上人 |
| □→ 五位 | 殿上人 |
| ■→ 六位 | 地下 |

| 官職の色分け（服の色参照） | |
|---|---|
| ■→ 太政官 | 政治・行政を担当 |
| ■→ 近衛府 | 内裏の警護を担当 |
| ■→ 大宰府 | 九州の統括を担当 |
| ■→ 蔵人所 | 天皇の秘書（男性） |
| ■→ 国　司 | 地方の行政を担当 |

## 官位の二つの名称

位階（冠）　四位
官職（司）　中将

## 官位任命式

除目《ぢもく》

- 春の除目・県召し《あがため》 → 国《こく》司《し》の任命式
- 秋の除目・司召し《つかさめ》 → 中央官の任命式

## 別称とイメージ

内《うち》＝上《うへ》・主上《しゅしゃう》＝君《きみ》・大君《おほきみ》＝帝《みかど》・御門《みかど》

上達部《かんだちめ》＝公卿《くぎゃう》＝月客《げっかく》＝月卿《げっけい》

殿上人《てんじゃうびと》＝雲客《うんかく》＝雲の上人《くものうへびと》＝堂上《だうじゃう》

＝(雲《くも》の)上《うへ》＝内《うち》・内裏《だいり》＝九重《ここのへ》＝禁中《きんちゅう》・禁裏《きんり》

地下《ぢげ》＝堂下《だうか》

※「内」や「上」は、もともと「宮中」を指す言葉であったが、次第に、そこの君主である「天皇」も意味するようになったと考えましょう。

## 天皇の妻

## STEP 17 夢と現《うつつ》

本冊 ▶▶P.134

夢を見る ← 夢解《ゆめと》きに相談 ← 夢占《ゆめうら》をする

- 吉夢《きちむ》 → 内緒にする（盗まれないように）
- 凶夢《きょうむ》 → 夢違《ゆめちが》へをする

### 夢に現れる人物

## STEP 18 方違《かたたが》へと物忌《ものい》み

本冊 ▶▶P.140

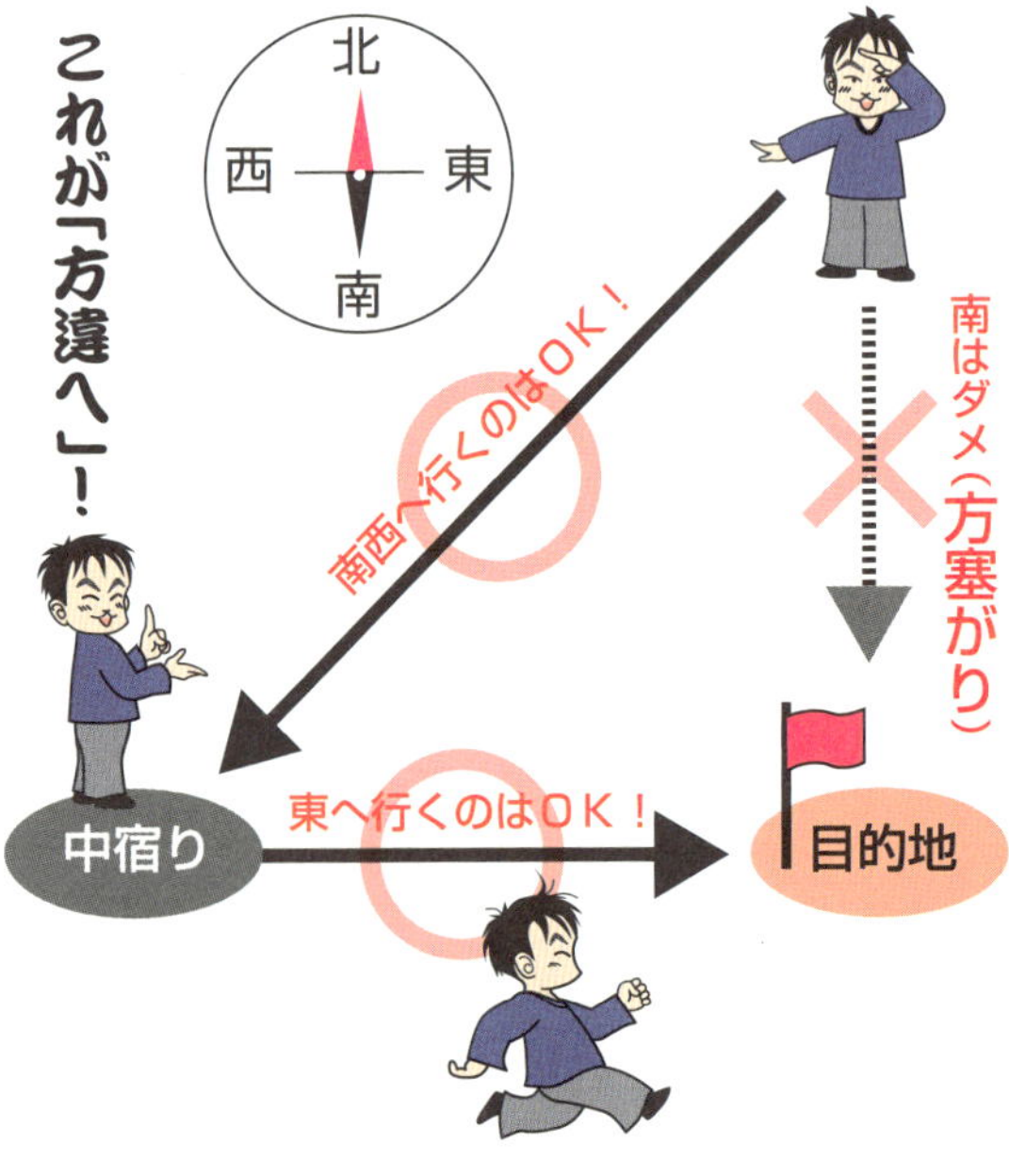


**Word Check**

- □「方塞《かたふた》がり」のとき、「中宿《なかやど》り」に泊まることで目的地まで行く方法を「方違《かたたが》へ」という。
- □一定期間家に閉じこもる風習を「物忌《ものい》み」という。
- □庚申の日に一晩中寝ない風習を「庚申待《かうしんま》ち」という。

STEP 19

# 病気・祈祷・出家・死

本冊 ▶▶ P.144

## 病気の流れと古語

物《もの》の怪《け》が原因 ▶

**病気(になる)**

心地《ここち》例《れい》ならず
心地悪し
乱《みだ》り心地
おどろおどろしき心地
悩《なや》む
わづらふ
あつし

↓

by 験者《げんざ》・僧侶 ▶

**加持祈祷《かぢきたう》**

業《わざ》
修法《す(ず)ほふ》

**出家する**

世《よ》を捨つ
様《さま》を変ふ
発心《ほっしん》す
頭《かしら》おろす
やつす
やつる

↓

**死ぬ**

言ふかひなくなる
はかなくなる
いたづらになる
むなしくなる
いかにもなる
隠《かく》る　失《う》す　消ゆ
身まかる　見捨つ

**治る**

験《しるし》あり　怠《おこた》る
さはやぐ
うつしざまなり

↓

**死後の法要**

後《のち》の業《わざ》

生前にやるのが「業」で、
死後にやるのが「後の業」よ！

## STEP 20 「説話」の読解

本冊▶▶P.156

### 説話の読解法

説話
- 世俗説話……一般的な民間伝承
- 仏教説話……仏教関係の伝承

説話の形

今は昔、…………
…………けり。
…………けり。…………
…………けり。…………
…………けり。
（まとめ部分）…………。

▼「今は昔（昔・中頃・近頃）」で始まり、文末に「けり」が付くという形が多い。

▼章末のまとめ部分を最初にチェックすること。

▼話の展開を予測しながら読むこと。

### 説話にありがちな内容

A　仏教の霊験話をあげて、仏道のありがたみを説くもの

B　すばらしい求道者・歌人・施政者の話

C　不思議な体験談

D　有名な人物の回想記

※すばらしい和歌を詠んだために願いが叶《かな》うという歌徳《かとく》説話も多い

## STEP 21 「物語」の読解

本冊▶▶P.166

### 物語の読解法

物語

**歌物語**（伊勢物語・大和物語・平中物語）

▼最初に和歌をチェックし、和歌と本文の同じ部分を比較しながら読解する。

**大鏡・今鏡・無名草子**（語り手のいる物語）

▼「語り手」が登場。主語のない心情語・謙譲語の主語は語り手（私）。ただし例外に注意。

**その他の物語**

▼ふつうにマニュアル②・③を使って読めばよい。地の文の尊敬語の有無には特に注意。

大根（大鏡・今鏡）は
無名（草子）でも
語り手がいるのだ！
無名

STEP 22

# 「日記」の読解

本冊 ▶▶ P.180

## 日記の読解法

**日記**

▼**作者**が登場する。

▼主語のない**心情語**・**謙譲語**の主語は作者（私）。

※逆に、古文に主語のない心情語があれば、その作品のジャンルは「日記（随筆）」であるといえる。

※助動詞「き」の主語は作者、「けり」の主語は他人。

▼**和歌**にも注意。日記は一種の**歌集**。和歌と本文の同じ部分を比較しながら読解する（歌物語と同様）。

日記では、自分を三人称で表記する場合もあるわよ♥
つらゆき

**Word✓Check**

□ **紀貫之**は『**土佐日記**』を書くとき、当時は女性用の文字であった「**仮名**」を使用して、男ではなく女が書いたことにした。この手法を「**女性仮託**《じょせいかたく》」という。

---

STEP 23

# 「随筆」の読解

本冊 ▶▶ P.190

## 随筆の読解法

**随筆**（評論）

▼日記と同じように読解するが、「**主張**」の部分に注目！

（**係結び**・当然「**べし**」・断定「なり」・願望「なむ・ばや・がな」）

※随筆は日記＋主張。テーマが和歌に絞られた随筆を評論（歌論）という。

**随筆の形**

……………………
……心情語……………
……………謙譲語……
（和歌）……………
……………。
…（係結び）。…べし。
……なり。……なむ。……
……ばや。……がな。……

「主張」の部分

**Word✓Check**

□ **和歌**の価値を決める一つの基準に「**幽玄**《ゆうげん》」がある。

□ **俳諧**の価値を決める基準に「**わび**」「**さび**」がある。

□ **朱子学**…**林羅山**・**新井白石**／**国学**…**本居宣長**

ミニマム作品常識

# 説話

要チェック作品
BEST 10
①〜⑩

**【説話全体の読解法】**

「今は昔・昔・中頃・近頃」などで始まり、伝聞過去の「けり」で結ぶという形が多いのが説話の特徴です。章末にわかりやすいまとめ部分のあることが多いので、最初に章末の内容を確認してから読み始めればスムーズに読解が進むことウケアイですよ。

説話は、大きく仏教説話・世俗説話の2タイプに分類することができます。仏教説話は仏教に関するありがたい話や不思議な話、偉人伝などがほとんど。世俗説話は、様々な階級の人が登場し、たくましく生きる人間像をイキイキと描写しています。

## 平安時代

### ① 今昔《こんじゃく》物語集（未詳）☆☆

千余りの説話から成り、天竺（インド）・震旦（中国）・本朝（日本）の三部に分かれている。説話の内容は、大きく**仏教説話**と**世俗説話**に分類できる。芥川竜之介や菊池寛などが、この『今昔物語集』にある話をもとにして執筆した作品を残している。

ほとんどの話が「**今は昔**」で始まっているので、説話であることに気づきやすい。説話だと気づいたら、最初に章末を確認してから読解に入ること。仏教的・教訓的な話が多いが、本朝部では様々な地域・階層の人々が描かれている。

## 平安時代

### ② 古本《こほん》説話集（未詳）☆

上巻には和歌に関する世俗説話、下巻には仏教説話を収めている。

和歌に関する説話には、紀貫之・小野小町・清少納言・和泉式部などが登場する。入試には、**歌徳説話**（「和歌を上手に詠めば願いがかなう」「和歌は奇跡を起こす」などの話）が出題されやすい。

## 鎌倉時代

### ③ 発心集《ほっしんしゅう》（鴨長明《かものちょうめい》）☆☆

『方丈記』の鴨長明が著した仏教説話集。仏道に入って俗世への執着を絶ったり、極楽往生を願うといった話が多い。基本的にほとんどの話は、仏教的**無常観**を説くための例え話であると思って読むこと。各話には作者である鴨長明の感想が付け加えられている。

### ④ 閑居友《かんきょのとも》（慶政上人《けいせいしょうにん》か？）☆

仏教説話集。作者自身の感想が色濃く表れている点が特異である。平家滅亡後の関係者の話（特に女性の説話）が頻出する。

### ⑤ 今《いま》物語（藤原信実《ふじわらののぶざね》）☆

短い説話（小話）五三編から成る。和歌を中心とした「みやび」の世界を織りなす逸話や、貴族社会の裏話や失敗談などの世俗説話

## 鎌倉時代

が収録されている。説話の読解法に従うこと。

### 6 宇《う》治《じ》拾《しゅう》遺《い》物語（未詳）☆☆☆

仏教説話が80話、世俗説話が120話ほどあり、場所も『今昔物語集』と同じく三国（日本・中国・インド）にまたがっている。

全体として教訓性・啓蒙性が弱く、破戒僧、盗賊、「こぶ取り爺さん」の話など、笑いやおかしみにまつわる庶民的な説話を多く収録している。

### 7 十《じっ》訓《きん》抄《しょう》（未詳）☆☆

約280話の世俗説話を十編に分類して掲載している。インド・中国・日本の説話の中から教訓的なものを集めてある。説話の読解法に従って読解を進めていくこと。

### 8 古《こ》今《こん》著《ちょ》聞《もん》集《じゅう》（橘成季《たちばなのなりすえ》）☆☆

約700話の世俗説話が年代順に収められてある。平安貴族社会に対する強い憧憬の念が見られる。

『今昔物語集』、『宇治拾遺物語』、そしてこの『古今著聞集』が三大説話とされる。

説話の読解法に従って読解を進めていくこと。

### 9 沙《しゃ》石《せき》集《しゅう》（無住《むじゅう》）☆

鎌倉時代の仏教説話集。仏教の教理をわかりやすく説く仏教説話など、約120話を収め、十巻からなる。説話の読解法に従うこと。

## 室町時代

### 10 御《お》伽《とぎ》草《ぞう》子《し》（未詳）☆

教養の高くない人々のための絵入りのわかりやすい短編物語。童話・空想話・教訓話などがその主な内容。

※作品名の下の☆印は出題頻度を三段階表示したもので、☆印の数が多い程頻度が高いことを意味します。

ミニマム
作品常識

# 物語

要チェック作品
BEST
20
⑪〜㉚

**【物語全体の読解法】**

説話と違って、長編が多いこのジャンル。入試には長編の一部しか出題されないわけですから、有名作品くらいは全体の内容をあらかじめ知っておきましょう。また、物語は平安時代という貴族社会（官位社会）が時代背景・題材になっていることが多いため、敬語が頻繁に使用されます。敬語を強化しておきましょう。

平安時代

**作り物語**

## ⑪ 竹《たけ》取《とり》物語（未詳）☆☆

かぐや姫の物語。竹の中にいたかぐや姫が、竹取の翁に見つけられて成人し、五人の貴公子および天皇に求婚された後、天人に連れられて月に帰るという話。竹取の翁・嫗が、娘のかぐや姫に向かって話す会話文の中に**敬語**が見られる点と、天皇の会話文の中に**自敬表現**（自分で自分に敬語を使う表現）が見られることに注意。

## ⑫ 宇《う》津《つ》保《ほ》物語（源《みなもとの》 順《したごう》か？）☆

「宇津保」とは「ほらあな」を意味する古語。その名の通り、生活するすべを失った母子が洞穴で生活するシーンから、物語の名称がつけられている。内容としては、琴（きん）の秘曲伝授・恋愛話・政治的紛争のどれかが語られる。

平安時代

## ⑬ 落《おち》窪《くぼ》物語（未詳）☆

いわゆる「継子いじめ」の話。虐待されていた継子の姫君が、左近少将道頼に救い出され、継母方が少将に復讐されるという話。『住吉物語』や『御伽草子』の「鉢かづき」もこの系譜にあたる。

少将と姫君には尊敬語を使用し、その従者の帯刀(たちわき)とあこきには尊敬語を使用していないことに注意して読解する。

## ⑭ 源《げん》氏《じ》物語（紫《むらさき》式《しき》部《ぶ》）☆☆☆

天皇の皇子として生まれた光源氏が、多くの女性との恋の遍歴を重ね、須磨退去の悲運を乗り越えて栄華を極める半生と、生まれながらに業を背負った宿命の子薫(かおる)、及び源氏の孫匂宮と宇治の姫君達との悲恋を描く。

五四帖の長編。前半は光源氏の一代記。後半（巻名「匂宮」以降の帖）は光源氏の子供（実は柏木の子供）薫と、光源氏の孫である匂宮が主人公。

現代語訳のダイジェスト版などを通読しておくと有利。読解時は、大きく分けて「光源氏関係の章段」か「薫・匂宮の章段」かを明らかにし、通読した内容をヒントにしながら読解していくとよい。

**■源氏物語の三部構成**

**第一部**（第一帖「桐壺」〜三三帖「藤裏葉」）
→光源氏の誕生から栄華まで

**第二部**（第三四帖「若菜上」〜四一帖「幻」）
→光源氏の苦悩の晩年

**第三部**（第四二帖「匂宮」〜五四帖「夢浮橋」）
→宿命の子薫と宇治の姫君たちの悲恋

※四五帖（橋姫）以降の十帖は、宇治が舞台となっているため「宇治十帖」ともいう。

鎌倉時代　　平安時代

### 15 狭《さ》衣《ごろも》物語（六条斎院宣旨《ろくじょうさいいんせんじ》）☆

狭衣大将の、中将の時代から11年間にわたる半生を描いた作品。才色兼備である主人公の狭衣が、源氏の宮を想いつつ、数々の女性と交際を続けていくという内容。前半は、源氏の宮にかなわぬ恋をする狭衣の悩みが中心に描かれている。

### 16 堤《つつみ》中《ちゅう》納《な》言《ごん》物語（小式部《こしきぶ》ほか）☆

日本最古の短編物語集。気高さや風流を優先する他の作品と違い、滑稽で奇妙な内容の話が多い。男女の立場を逆にして育てた結果、数々の混乱が生じる**『とりかへばや物語』**もこの系列。次の三つの短編の現代語訳をおさえておくと有利。

**「花桜折る少将」**▼月夜に通りかかった桜の花の美しい邸宅。小将はそこで垣間見した姫に恋し、姫を連れ出そうとするが、姫と間違えて乳母を連れ出してしまう、という話。

**「虫めづる姫君」**▼人並みの化粧もせず、虫を愛する変わり種の姫君の物語。当時の風習に疑問を抱く姫君をイキイキと描く。

**「はいずみ」**▼おしろいと眉墨を間違えて恥をかく姫の話。

### 17 夜《よる》の寝《ね》覚《ざめ》（菅原孝標女《すがわらのたかすえのむすめ》か？）☆

女主人公「寝覚の上（中君）」と権中納言の悲しい恋の物語。

### 18 住《すみ》吉《よし》物語（未詳）☆

典型的な継子いじめの話。『落窪物語』とセットで覚えること。

平安時代

## 歌物語

### 19 伊勢《いせ》物語（未詳）☆☆☆

色好みの代表、**在原業平**の一代記（元服から臨終までの話）として読まれてきた、数々の女性との遍歴を重ねていく主人公を描く短編完結型の物語集。平安貴族が理想とした「みやび」の精神が一貫して流れている。

**和歌**中心に成り立っている歌物語であるから、まず本文を読む前に和歌をチェックし、その和歌で使用されている言葉を本文でなぞるように読むとよい。以下の2作品も同様に読解すること。

### 20 大和《やまと》物語（未詳）☆☆

『伊勢物語』と違い、統一的な主人公は存在せず、天皇から遊女まで、幅広い層の主人公が登場する。数々の和歌を使った恋愛話や、あわれ深い話が多い。

### 21 平《へい》中《ちゅう》物語（未詳）☆

色好みの**平貞文**（さだふん）が、数々の女性と交際する歌物語。全三九段中、三〇段が女性との交際を描いている。抒情性あふれる『伊勢物語』とは違い、世俗的で滑稽な話も多い。

## 歴史物語

平安時代

### 22 栄華《えいが》（花《が》）物語（正編→赤染衛門《あかぞめえもん》／続編→出羽弁《いでわのべん》）☆

宇多天皇から堀河天皇までの約200年間の歴史。**藤原道長**の栄華を**賛美**。敬語に注意して人間関係を掌握、一気に読解すること。次の道長関係の人物系図を把握しておくと有利。

藤原氏系図

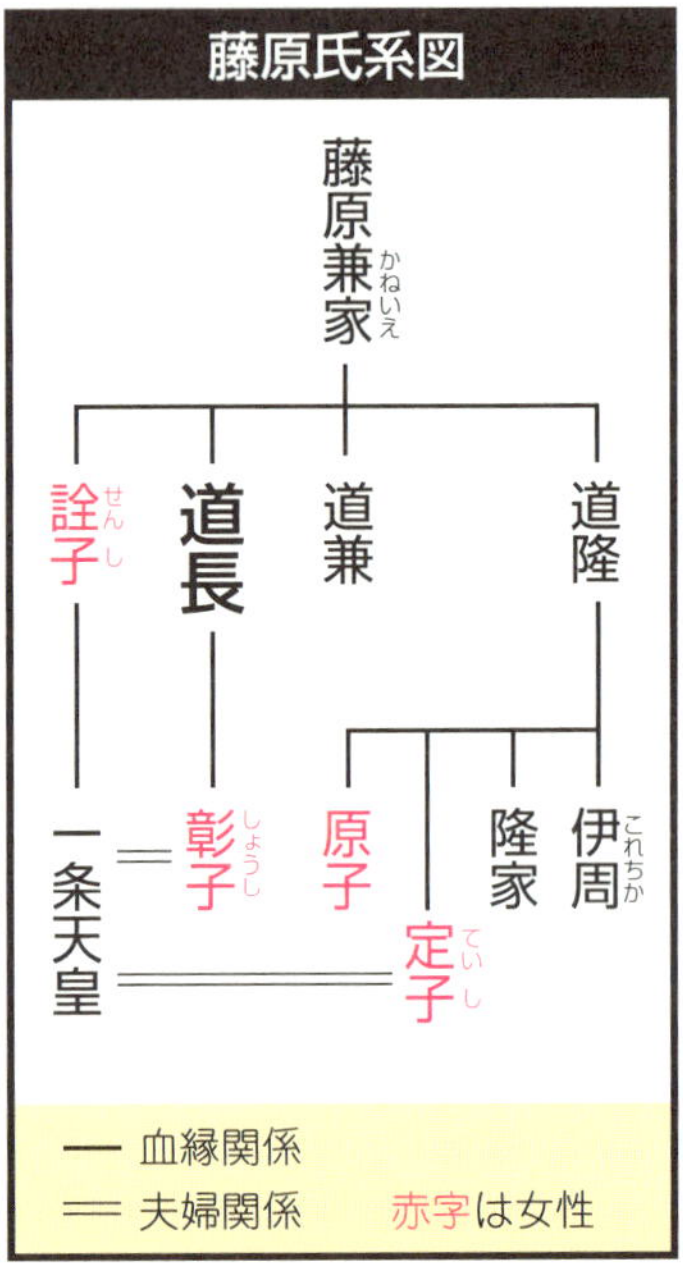


### 23 大鏡《おおかがみ》（未詳）☆☆☆

文徳天皇から後一条天皇までの歴史とその他30人の列伝。『栄華物語』と違い、藤原道長の栄華を**批判的**に語る。語り手（大宅世継・夏山繁樹）が若侍に語った言葉を作者が書き残したという設定がなされている。（尊敬語の文以外の）主語のない文の主語は、語り手であることが多い。

平安時代

### 24 今鏡《いまかがみ》（未詳）☆

後一条天皇から高倉天皇までの約150年の歴史を記す。敬語に注意して人間関係を掌握し、読解すること。『大鏡』『今鏡』『無名草子』の三つの作品は**語り手が登場する**ので注意。

南北朝時代

### 25 増鏡《ますかがみ》（未詳）☆

第八二代後鳥羽天皇から第九六代後醍醐天皇までの約150年の歴史を編年体で記す。朝廷に同情的な書き方がしてある。100歳あまりの尼が昔語りをし、作者が書きとめるという設定。

## 軍記物語

鎌倉時代

### 26 平《へ》家《け》物語（信濃前司《しなののぜんじ》行長《ゆきなが》か？）☆☆☆

平家一門の栄枯盛衰を描く。平家の栄華、都落ち、滅亡、悲話など様々な内容。**平清盛**の死が内容のターニングポイントになっている。清盛が死ぬ前は平家の全盛や横暴を描き、死後は平家の衰運を描いていく。小説風にまとまった文庫本を一冊読んでおくと有利。

南北朝時代

### 27 太《たい》平《へい》記《き》（小島法師《こじまほうし》か？）☆

鎌倉幕府滅亡から南北朝の動乱までを軸にした、中世公家・武士団の興亡盛衰記。比較的長文が出題されやすいが内容は平易なものが多い。敬語の差異に注意して読解すること。

●歴史（軍記）物語とその描かれている時代背景

| | 奈良時代 | 平安時代 | 鎌倉時代 |
|---|---|---|---|
| 天皇 | 1 神武 | 54 仁明　55 文徳　59 宇多　68 後一条　73 堀河　80 高倉　81 安徳 | 82 後鳥羽　96 後醍醐 |
| 歴史物語 | 水鏡（1 神武～54 仁明） | 大鏡（55 文徳～68 後一条）　栄華物語（59 宇多～73 堀河）　今鏡（68 後一条～80 高倉） | 増鏡（82 後鳥羽～96 後醍醐） |
| 軍記物語 | | 平家物語 | 太平記 |

## 近世小説

江戸時代

江戸時代になってくると、江戸の庶民が関心を持つ事件や人物をモデル化して人間の生き様を描く「浮世草子」が好評を博します。井原西鶴がその創始者。上田秋成は「読本」作家であり、日本や中国の古典を題材にした怪談短編小説を創作しました。

### 28 世《せ》間《けん》胸《むね》算《さん》用《よう》（井《い》原《はら》西《さい》鶴《かく》）☆

副題に「大晦日は一日千金」とあるとおり、町人の収支決算日である**大晦日**に限定して、その様子を克明に描いている。

難しい近世小説特有の表現があるが、難解な事項に関しては注が付くのであまり神経質にならずに読解すること。

### 29 春《はる》雨《さめ》物語（上《うえ》田《だ》秋《あき》成《なり》）☆☆

十編の短編小説から成る。その中身は歴史小説四編、説話的な小説六編に分けられる。近世小説ではあるが、「作り物語」などと同じようにふつうに読解すること。

### 30 雨《う》月《げつ》物語（上《うえ》田《だ》秋《あき》成《なり》）☆

九話から成る怪談短編小説。怪談というジャンルでありながら、深層心理や人間の真実の姿を克明に描き出している。

# 日記

要チェック作品 BEST 10 31～40

**【日記全体の読解法】**

説話や物語と違って、日記・随筆（評論）は、主語のない心情語・謙譲語には、基本的に「私（作者）」を主語として補います。

日記は省略が多く、何の予備知識もなく読んでも理解しづらい面があります。ただ逆に、だいたいの内容を知っていれば古文読解がスムーズに進みますので、次の有名な10作品の内容はしっかりチェックしておきましょう。

## 平安時代

### 31 土佐《と》《さ》日記（紀貫之《きのつらゆき》）☆☆

日本初の仮名日記。作者を女性に仮託した形（**女性仮託**）で書かれている。作者の貫之が土佐守を終えて京都に帰るまでの五五日間を、一日も欠かさず書き記してある。亡くした女児への愛惜、旅のつらさなどが主に見える五七首の和歌がある。

「いたれりし国」とあれば「土佐（高知）」、「昔の子・いにしへ人・見し人」とあれば「亡くなった子（亡児）」であると考えること。和歌の中だけではなく、本文（地の文）にも掛詞が見られる。本文における掛詞は一種の洒落であることが多い。

### 32 蜻《かげ》蛉《ろう》日記（藤原道綱母《ふじわらのみちつなのはは》）☆☆

夫の藤原兼家との愛と苦悩、子の道綱への母性愛が綴られている。上巻では夫への嫉妬が支配的であるが、中巻・下巻と話が終わりに近づくにつれ、自己を客観視するようになる。

物思いをする動作の主語はまず作者自身と考えてよい。また、家に出入りをする人間は、基本的に夫の兼家だととらえ、主語を補足するヒントにすること。ちなみに「蜻蛉」とはトンボに似た昆虫。短命ではかないものの例えとして使われる。

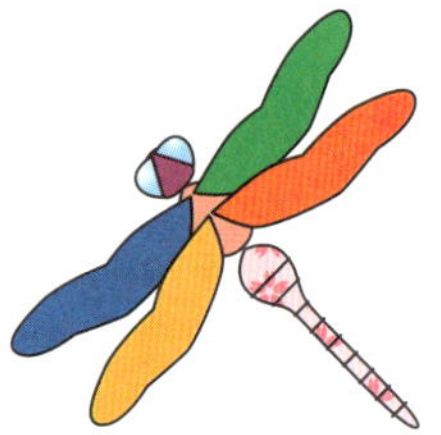

## 平安時代

### 33 和泉《いずみ》式部《しきぶ》日記（和泉《いずみ》式部《しきぶ》）☆

作者は中宮**彰子**に仕えた女房。**帥宮敦道親王**との一年にも満たない愛の日記。和歌も多く、歌物語に似た性格もある。歌は帥宮への贈答歌が中心。

尊敬語があれば、その主語は帥宮である場合が多い。なお、作者自身を「女」という三人称で表していることにも注意。物語風の日記であるため、『和泉式部物語』ともよばれる。

### 34 紫《むらさき》式《しき》部《ぶ》日記（紫《むらさき》式《しき》部《ぶ》）☆☆

人生の回想記。中宮**彰子**に仕えた女房のときの記述や、自己を凝視したりするシーンが見られる。『源氏物語』の作者という華々しい人物の日記でありながら、比較的孤独な思いを吐露したりする。尊敬語の有無に気を配りながら丹念に読解すること。

## 平安時代

### 35 更級《さらしな》日記（菅原孝標女《すがわらのたかすえのむすめ》）☆☆☆

約40年間にもおよぶ生涯の回想記。東国（関東）から帰京した13歳のときに始まり、以後52歳までの生活や心境が綴られている。『源氏物語』に憧れた少女時代や、親しい人（継母・乳母・姉）などと（死に）別れたり、年をとってからは物詣でに夢中になったり、夫の死に遭遇したりと、その内容は様々。**日記の中で最も頻出の作品**なので、現代語訳だけでも通読しておくこと。

### 36 讃岐典侍《さぬきのすけ》日記（藤原長子《ふじわらのちょうし》）☆

堀河天皇の発病から死までの悲しい有様を記する。そして作者は天皇の死後、天皇の息子の新帝鳥羽天皇に仕える。

高貴な子供が登場したら、それは鳥羽天皇。病気がちな貴人が登場したら、それは堀河天皇である。後半は故堀河天皇を追慕する心情描写が多いので、堀河天皇は過去の人として語られることが多い。

## 鎌倉時代

### 37 建礼門院右京大夫集《けんれいもんいんうきょうのだいぶしゅう》（藤原伊行女《ふじわらのこれゆきのむすめ》）☆

日記というよりも歌集ととらえられることの多い作品。**平資盛**との愛や、平家の滅亡に関する悲劇（平資盛は壇の浦で戦死）を書き記してある。

本文中にある和歌は、作者による、愛人の平資盛に対する愛惜の情を詠みこんだ和歌であるととらえて読解していくこと。

## 鎌倉時代

### 38 十六夜《いざよい》日記（阿仏尼《あぶつに》）☆

歌人阿仏尼の作品。領地の相続争いに関する訴訟のために、京都から鎌倉に下るという日記。紀行文ととらえてよい。有名な歌人である夫藤原為家の死後、自分の息子に歌道の宗家の家柄を継いでほしいという子供への愛情が書かれている。

### 39 うたたね（阿仏尼《あぶつに》）☆

『十六夜日記』の阿仏尼のもう一つの日記。若い頃、失恋し、出家求道の旅に出た日々のことを書き記す。

### 40 とはずがたり（後深草院二条《ごふかくさいんにじょう》）☆

前半は、後深草院（上皇）との愛欲の日々や、初恋の人との恋愛を赤裸々に綴り、後半は出家求道の日々を記した日記。作者が後深草院に愛された14歳のときに始まり、49歳にいたるまでの自伝的作品である。

# 随筆・評論

要チェック作品 BEST 10 41～50

【随筆・評論全体の読解法】
基本的に随筆・評論の読解は日記と同じですが、作者の「主張」の箇所をしっかりと見つけることが必要です。主張の箇所には係結びや「べし」等の強調表現を使用することが多いんですよね。

## 平安時代

### 随筆

### 41 枕《まくら》草《そう》子《し》（清少納言《せいしょうなごん》）☆☆

「すさまじきもの」などのような物尽くしの章、「春はあけぼの」などに代表される自然・人事の感想を書いた章、中宮定子の回想記、の三つの章に分類される。主語のない心情語・謙譲語の主語は作者（私）が多い。作者と女房たちが中宮**定子**に仕えている。高貴な人が多数登場するが、主語のない最高敬語（二重尊敬）の主語は中宮定子が多い。

**中宮定子の親族** in『枕草子』

藤原道隆（故殿）
- 伊周《これちか》（大納言殿・内大臣）
- 隆家（中納言の君）
- 隆円（僧都の君）
- 定子（宮・宮の御前）＝一条天皇（上・上の御前）
  - ←仕える　清少納言
- 原子（淑景舎）

## 鎌倉時代

### 42 方丈記《ほうじょうき》（鴨長明《かものちょうめい》）☆

仏教的**無常観**を基調とする漢文訓読調の和漢混交文。前半は安元の大火・治承の台風・遷都・養和の大飢饉・元暦の地震などの体験話。後半は日野山での隠遁生活の様子を記載する。仏教的無常観を説くために様々な体験談を展開していると考え、読解すること。

鴨長明の歌論**『無名抄』**も要チェック。歌の本質論・技巧論・歌人たちの逸話・自作の歌などについてエッセイ風にまとめている。

### 43 徒然草《つれづれぐさ》（吉田兼好《よしだけんこう》）☆☆

**無常**を生きる知恵の集大成。自然観照・人間論・処世論・芸道論・趣味論・仏道・逸話・奇談・有職故実など内容は多岐にわたる。和漢混交文＋和文の簡潔な文体。主張には係結びや当然の助動詞「べし」が使用されやすい。『枕草子』『方丈記』『徒然草』の三つを合わせて三大随筆とよぶ。

## 江戸時代

### 44 折《お》たく柴《しば》の記《き》（新井白石《あらいはくせき》）☆

上・中・下の三巻より成る。上巻は著者の身内や自分自身のことを中心に記し、中巻・下巻の大部分で将軍家や幕府関係のこと、特に**家宣**・**家継**時代を詳しく書き記す。

### 45 玉勝間《たまかつま》（本居宣長《もとおりのりなが》）☆☆

宣長の歌論や芸術論。彼の博学ぶりや、真剣な学問に対する姿勢を知ることができる。

江戸時代

## ㊻花月草紙《かげつそうし》（松平定信《まつだいらさだのぶ》）☆

寛政の改革の中心人物である作者が、政治・経済・学問・遊芸・道徳・日常生活・自然現象にいたるまで幅広い見識で論じている。

# 評論

平安時代

## ㊼俊頼髄脳《としよりずいのう》（源《みなもとの》俊頼《としより》）☆

「気高く遠白き」（気品があって奥深い趣があること）を和歌の理想と説く。和歌の良し悪しについての論が多い。

## ㊽無名草子《むみょうぞうし》（藤原俊成女《ふじわらのとしなりのむすめ》か？）☆

『源氏物語』を中心とする平安時代の様々な**物語**評をはじめ、小野小町・清少納言・紫式部や、皇后・中宮などといった優れた女性を、女性の立場で批評している。老尼と女房たちの対話形式であるため、**語り手**の存在を意識しながら読解すること。

江戸時代

## ㊾奥《おく》の細《ほそ》道《みち》（松尾芭蕉《まつおばしょう》）☆☆

評論というよりも俳論・紀行文のジャンル。江戸を出発した芭蕉が、東北から北陸を経て、美濃の大垣に至るまでに詠まれた俳句を掲載した紀行文。主語のない心情語・謙譲語の主語は芭蕉自身が多い。芭蕉は門人（曾良）と旅を続けているので、問答があれば、原則的に芭蕉と曾良との問答であると考えること。

江戸時代

## ㊿去来抄《きょらいしょう》（向井去来《むかいきょらい》）☆

芭蕉の弟子である作者が、芭蕉の理念をまとめた俳論集。発句（俳句）をあげ、その後、その句へのコメントを施すという運びになっている。芭蕉以外の門人も多く登場するので、しっかりと各々の俳句における考え方、とらえ方を区別しながら読解すること。

### ■評論で説かれる文学理念

**【歌論で説かれる理念】**

**ますらをぶり**▼『万葉集』に見られる男性的な力強い歌風。

**たをやめぶり**▼『古今和歌集』に見られる優美・繊細な歌風。

**もののあはれ**▼本居宣長が名付けた、『源氏物語』に見られるしみじみとした奥深い情趣。

**をかし**▼明るい知性美を表した概念。景色を客観的・主知的に表現する用語。『枕草子』以外でも和歌の是非を判断する用語として使う。

**長高し（たけたかし）**▼雄雄しさ、崇高さを表す用語。「もののあはれ」「をかし」と並ぶ重要な用語。

**幽玄（いうげん）**▼言葉の奥に漂う余情美をいう。表面的な表現を嫌うこの考え方は、芭蕉の「さび」などの理念に影響を与えた。

**有心（うしん）**▼幽玄を継承した理念。幽玄と同じように余情の美を重んじるが、より技巧的で色彩美を好む。

**無心（むしん）**▼有心に対する理念。初めは連歌における滑稽な表現のことを言ったが、室町時代になると世阿弥の能楽論における精神を超越した無我の境地の意味になった。

**【俳論で説かれる理念】**

**さび**▼江戸時代の文学の中心理念であると同時に、芭蕉の俳諧の根本理念。「**わび**」と同様に閑寂な枯淡の境地であり、自然と一体化した世俗を超越した精神をいう。

**しをり**▼「さび」が句の表に表現された、聞く者の心をひく風情のこと。

**ほそみ**▼「さび」の中に表現されている繊細な美しさのこと。

# ミニマム古語辞典

古文単語は、どんどん古文を読みながら、その都度この辞典でチェックしていきましょう。そして、チェックしたら下にある□□□を1つ塗りつぶしてください。3つ塗りつぶせば、だいたいその単語が身についてくると思います。この「ミニマム古語辞典」をどんどん使って古文単語に慣れましょう！

**【古文単語の頻度表示】**

- ●緑字→**最頻出**（最も大学入試に頻出する超頻出古語）＝282語
- ●青字→**頻　出**（意味が問われることもある頻出古語）＝205語
- ●黒字→**標　準**（意味が問われることは少ないが重要古語）＝125語

計612語

**【品詞と活用の種類】**

- 〔四〕→四段活用動詞
- 〔上一〕→上一段活用動詞
- 〔上二〕→上二段活用動詞
- 〔下一〕→下一段活用動詞
- 〔下二〕→下二段活用動詞
- 〔カ変〕→カ行変格活用動詞
- 〔サ変〕→サ行変格活用動詞
- 〔ナ変〕→ナ行変格活用動詞
- 〔ラ変〕→ラ行変格活用動詞
- 〔形ク〕→形容詞ク活用
- 〔形シク〕→形容詞シク活用
- 〔形動ナリ〕→形容動詞ナリ活用
- 〔形動タリ〕→形容動詞タリ活用
- 〔名〕→名詞
- 〔副〕→副詞
- 〔体〕→連体詞
- 〔感〕→感動詞
- 〔連〕→連語
- 〔接〕→接続詞
- 〔接尾〕→接尾語

**【早引きの秘訣】**

青い帯の中の白い字（-い や -か など）は、単語の**2文字目**です。ここを見ることにより素早い古語検索ができます。

※この辞典は一般の辞典と違い、大学入試に出る形・使いやすさ（覚えやすさ）を考慮して単語の意味を記した、大学入試専用の古語辞典です。

## あ

-い -か -き -く -け -さ -し -そ -た -ち -つ -て -な

- **あいぎゃう**【愛敬】〔名〕❶かわいらしさ ❷やさしさ □□□
- **あいなし**〔形ク〕❶つまらない ❷道理に合わない ❸不愉快だ □□□
- **あからさまなり**〔形動ナリ〕❶かりそめだ ❷浮気だ ※「あからめ〔名〕」→浮気・わき見 □□□
- **あからめ**【傍目】〔名〕❶浮気 ❷わき見 □□□
- **あきらむ**【明らむ】〔下二〕❶はっきりさせる ❷（態度を）明るくする □□□
- **あきる**【呆る】〔下二〕❶（意外なことに）途方に暮れる □□□
- **あく**【飽く】〔四〕❶満足する ❷嫌になる □□□
- **あくがる**【憧る】〔下二〕❶さまよい出る ❷（魂が）体から抜け出す □□□
- **あけくれ**【明け暮れ】〔名〕❶日常 ❷夜明けと夕暮 □□□
- **あけぼの**【曙】〔名〕❶夜明けの頃 □□□
- **あさまし**〔形シク〕❶（良い意味にも悪い意味にも用いて）驚きあきれるばかりだ □□□
- **あさむ**〔四〕❶驚きあきれる □□□
- **あし**【悪し】〔形シク〕❶悪い ❷見苦しい □□□
- **あした**【朝】〔名〕❶朝 ❷翌朝 □□□
- **あしらふ**〔四〕❶もてなす ❷扱う □□□
- **あそび**【遊び】〔名〕❶詩歌管弦の催し □□□
- **あだなり**【徒なり】〔形動ナリ〕❶一時的だ ❷浮気だ □□□
- **あたらし**【惜し】〔形シク〕❶惜しい □□□
- **あぢきなし**【味気無し】〔形ク〕❶道理に合わない ❷つまらない □□□
- **あつし**【篤し】〔形シク〕❶病気が重い □□□
- **あてなり**【貴なり】〔形動ナリ〕❶上品だ ❷高貴だ □□□
- **あな**〔感〕❶ああ □□□
- **あない**【案内】〔名〕❶取次ぎ ❷事情 □□□
- **あなかしこ**〔連〕❶決して《→禁止》❷ああ恐れ多い □□□
- **あながち**【強ち】〔形動ナリ〕❶強引だ〔副〕❷必ずしも《→打消》 □□□
- **あなかま**〔連〕❶しっ、静かに □□□

**あなづらはし**【侮らはし】〔形シク〕❶侮りたくなる ❷気を使わなくてもよい

は

**あはれ**〔感〕❶ああ〔名〕❷しみじみとした趣・情け

**あはれなり**〔形動ナリ〕❶しみじみと心うたれる ❷気の毒だ ❸趣深い ❹かわいい

ふ

**あふ**【会ふ・逢ふ】〔四〕❶結婚する ❷戦う

へ

**あへず**【敢へず】〔連〕❶…できない

**あへなし**【敢へ無し】〔形ク〕❶はりあいがない

ま

**あま**【海人】〔名〕❶漁師 ❷海女

**あまた**【数多】〔副〕❶たくさん ❷たいして《↓打消》

や

**あや**〔感〕❶ああ

**あやし**【怪し・賤し】〔形シク〕❶不思議だ ❷身分が低い ❸みすぼらしい

**あやなし**【文無し】〔形ク〕❶道理に合わない ❷はっきりしない

**あやにくなり**〔形動ナリ〕❶あいにくだ ❷意地が悪い

**あやめ**【文目・菖蒲】〔名〕❶道理 ❷菖蒲（植物）※❶と❷は掛詞として使用される

ら

**あらぬ**〔体〕❶他の ❷意外な ❸不適当な

**あらまし**〔名〕❶予定 ❷概略

**あらまほし**〔形シク〕❶理想的だ〔連〕❷あってほしい

り

**あり**【有り・在り】〔ラ変〕❶ある ❷生きる ❸…の状態である

**ありありて**【在り在りて】〔連〕❶結局

**ありがたし**【有り難し】〔形ク〕❶めったにない ❷（めったにない程）すばらしい

**ありく**【歩く】〔四〕❶歩き回る ❷あちこちで…する ❸ずっと…する

**ありし**【在りし】〔体〕❶以前の ❷生前の

**ありつる**【在りつる】〔体〕❶さっきの

る

**あるじす**【主す・饗す】〔サ変〕❶もてなす ※「あるじまうけす」も同じ

れ

**あれかにもあらず・あれかひとか**【吾かにも非ず・吾か人か】〔連〕❶茫然自失だ

## い

**いうなり**【優なり】〔形動ナリ〕❶優美だ ❷優れている ❸心が優しい

か

**いかが**【如何】〔副〕❶どのように…か《疑問》❷どうして…しようか（、いや…しない）《反語》

**いかがはせむ**【如何はせむ】〔連〕❶どうしようもない《反語》

**いかで**【如何で】〔副〕❶何とかして ❷どうやって《疑問》❸どうして《反語》

**いかに(して)**【如何に】〔副〕❶どのように ❷なぜ ❸なんとまあ〔感〕❹おい

**いかめし**【厳めし】〔形シク〕❶盛大である ❷おごそかだ

き

**いぎたなし**【寝汚し】〔形ク〕❶寝坊だ

**いきとしいけるもの**【生きとし生けるもの】〔連〕❶すべての生物

く

**いくばく**【幾許】〔副〕❶どれほど

さ

**いさ**〔副〕❶さあ《↓打消》〔感〕❷さあどうか知らない

**いざ**〔感〕❶さあ《↓意志・勧誘・命令》

**いざたまへ・いざかし**〔連〕❶さあいらっしゃい

**いさよひ**【十六夜】〔名〕❶陰暦十六日の夜

**いさよふ**〔四〕❶ためらう

そ

**いそぎ・いそぐ**【急ぎ・急ぐ】〔名・四〕❶準備（する）❷急用（がある）

た

**いたく・いたう**【甚く・甚う】〔副〕❶ひどく ❷たいして《↓打消》

**いたし**【甚し】〔副〕❶ひどく〔形ク〕❷すばらしい ❸ひどい

**いたづらなり**【徒らなり】〔形動ナリ〕❶退屈だ ❷役に立たない

**いたはし**【労し】〔形シク〕❶気の毒だ ❷大切に世話したい

つ

**いつく**【傅く・斎く】〔四〕❶大切に育てる ❷祭る

**いつしか**【何時しか】〔副〕❶早く《↓願望・意志》❷いつ《↓疑問》❸すでに〔形動ナリ〕❶早すぎる

いづち／いづら【何方／何ら】〔代〕❶どちら

いで〔感〕❶さあ❷いや《否定・反発》❸いやはや

いと〔副〕❶たいへん❷たいして《↓打消》

いとけなし・いときなし【幼けなし・幼きなし】〔形ク〕❶幼い❷未熟だ

いとど〔副〕❶ますます

いとふ【厭ふ】〔四〕❶嫌う❷出家する

いとほし〔形シク〕❶気の毒だ❷いとしい

いな【否】〔感〕❶いいえ

いなぶ【否ぶ】〔上二・四〕❶断る

いぬ【往ぬ・去ぬ】〔ナ変〕❶去る❷死ぬ

いぬ【寝ぬ】〔下二〕❶眠る　※「いもぬ」【寝もぬ】も同じ

いはけなし【稚けなし】〔形ク〕❶幼い

いはむかたなし【言はむ方無し】〔連〕❶（プラスにもマイナスにも）言いようがない

いぶかし【訝し】〔形シク〕❶気がかりだ❷はっきりしない

いふかひなし【言ふ甲斐無し】〔連〕❶つまらない❷どうしようもない

いぶせし〔形ク〕❶気が晴れない❷気がかりだ

いふもおろかなり【言ふもおろかなり】〔連〕❶言うまでもない❷言い尽くせない

いふもさらなり【言ふも更なり】〔連〕❶今更言うまでもない

いへばさらなり【言へば更なり】〔連〕❶今更言うまでもない

いまいまし【忌ま忌まし】〔形シク〕❶不吉だ❷嫌だ

いまめかし【今めかし】〔形シク〕❶現代風だ❷わざとらしい

いみじ〔形シク〕❶非常に❷恐ろしい❸すばらしい

いむ【忌む】〔四〕❶心身を清めて慎む❷不吉だと遠ざける

いもせ【妹背】〔名〕❶夫婦（の関係）❷兄妹（の関係）

いやし【卑し・賤し】〔形シク〕❶地位・身分が低い

いらふ【答ふ・応ふ】〔下二〕❶返事する❷返歌する

いろ【色】〔名〕❶官位ごとの服装の色❷顔色❸風情❹恋愛

## う

うし【憂し】〔形ク〕❶つらい❷嫌だ❸冷たい（薄情だ）

うしろめたし【後ろめたし】〔形ク〕❶気がかりだ

うしろやすし【後ろ安し】〔形ク〕❶安心だ

うす【失す】〔下二〕❶死ぬ❷いなくなる

うたて〔副〕❶ますます❷不快で

うたてし〔形ク〕❶嫌だ❷情けない

うち【内】〔名〕❶宮中（内裏）❷内心❸天皇

うちつけなり【打ち付けなり】〔形動ナリ〕❶突然だ❷軽薄だ

うちとく【打ち解く】〔下二〕❶慣れ親しむ❷油断する❸氷が溶ける

うちはへ【打ち延へ】〔副〕❶長々と

うつくし【愛し・美し】〔形シク〕❶かわいい❷立派だ

うつくしむ【慈しむ・愛しむ】〔四〕❶かわいがる

うつつ【現】〔名〕❶現実❷正気

うつつなし【現無し】〔形ク〕❶正気を失っている❷夢心地だ

うつる【移る】〔四〕❶色あせる❷心変わりする❸香が付く

うつろふ【移ろふ】〔四〕❶色あせる❷心変わりする

うとし【疎し】〔形ク〕❶疎遠だ

うとまし【疎まし】〔形シク〕❶嫌だ❷気味が悪い

うねめ【采女】〔名〕❶天皇の雑役に従事する女官

うひかうぶり【初冠】〔名〕❶元服❷初めて任官すること

うへ【上】〔名〕❶天皇❷宮中（清涼殿の殿上の間）

うべ【宜】〔形動ナリ〕❶もっともだ〔副〕❷なるほど

うらなし〔形ク〕❶ざっくばらんだ❷考え深くない

うるさし〔形ク〕❶わずらわしい❷賢い

うるせし〔形ク〕❶上手だ❷賢い

うるはし【麗し・美し・愛し】〔形シク〕❶整って美しい❷筋が通っている

うんず【倦んず】〔サ変〕❶嫌になる

## え

え（→打消語）【得】〔副〕❶…できない

えうなし【要なし】〔形ク〕❶つまらない

えならず〔連〕❶言葉にできない程すばらしい

えもいはず【えも言はず】〔連〕❶何とも言いようがない

えんなり【艶なり】〔形動ナリ〕❶優美だ ❷色っぽい

## お

おいらかなり〔形動ナリ〕❶穏やかである

おうな【嫗】〔名〕❶老女 ❷婆さん

おきつ【掟つ】〔下二〕❶指示する ❷決心する

おきな【翁】〔名〕❶老人 ❷爺さん

おく【置く】〔四〕❶（霜が）降りる

おくる【後る・遅る】〔下二〕❶死に遅れる ❷劣る

おこす【遣す】〔下二・四〕❶よこす ❷こちらに…する（補助動詞の用法）

おこたる【怠る】〔四〕❶病気が治る ❷なまける

おこなひ【行ひ】〔名〕❶仏道修行

おこなふ【行ふ】〔四〕❶仏道修行をする

おづ【怖づ】〔上二〕❶怖がる

おと【音】〔名〕❶便り ❷評判 ❸音（色）

おとど【大臣・大殿】〔名〕❶大臣 ❷～様・～殿 ❸貴族の邸宅を敬った言い方

おとなし【大人し】〔形シク〕❶大人びている ❷分別がある

おとなふ〔四〕❶手紙を出す ❷訪問する ❸音を出す

おどろおどろし〔形シク〕❶大げさだ ❷気味が悪い ❸うるさい

おどろかす【驚かす】〔四〕❶目をさまさせる ❷気づかせる

おどろく【驚く】〔四〕❶目がさめる ❷はっと気づく

おのがじし【己がじし】〔副〕❶おのおの

おのづから【自ら】〔副〕❶ひょっとして《→仮定》❷たまたま ❸自然に

おぼえ【覚え】〔名〕❶評判 ❷寵愛 ❸自信

おほかた【大方】〔副〕❶全く《→打消》❷普通

おほけなし〔形ク〕❶恐れ多い ❷身の程を知らない

おほす【仰す・負ほす】〔下二〕❶命じる ❷おっしゃる《尊敬語》❸（罪を・荷を）負わせる

おぼつかなし【覚束無し】〔形ク〕❶気がかりだ ❷はっきりしない ❸待ち遠しい

おぼほる【惚ほる・溺ほる】〔下二〕❶ぼんやりする ❷おぼれる

おほやけ【公】〔名〕❶天皇 ❷朝廷 ❸公共

おぼゆ【覚ゆ】〔下二〕❶思われる ❷思い出す ❸似ている

おぼろけならず〔連〕❶並一通りでない

おもしろし【面白し】〔形ク〕❶風情がある

おもだたし【面立たし】〔形シク〕❶名誉である

おもておこし【面起こし】〔名〕❶面目を保つこと

おもてぶせ【面伏せ】〔名〕❶面目を失うこと

おもなし【面無し】〔形ク〕❶面目ない ❷恥知らずだ

おもはずなり【思はずなり】〔形動ナリ〕❶意外である

およすく〔下二〕❶成長する ❷大人びる

おろかなり【疎かなり】〔形動ナリ〕❶いい加減だ

## か

かいまみる【垣間見る】〔上一〕❶のぞき見る

かうぶり【冠】〔名〕❶位階 ❷元服 ❸（頭にかぶる）かんむり

かきくらす【掻き暗す】〔四〕❶悲しみにくれる

かぎり【限り】〔名〕❶限り ❷最後 ❸臨終

かく【掛く】〔下二〕❶…しかける

かく・かう【斯く・斯う】〔副〕❶このように

かくる【隠る】〔四・下二〕❶死ぬ（亡くなる）❷隠れる

かげ【影・景】〔名〕❶光 ❷姿 ❸面影

かけて〔副〕❶決して《→打消》

かこつ【託つ】〔四〕❶…のせいにする ❷愚痴を言う ❸嘆く

かごとがまし【託言がまし】〔形シク〕❶恨みがましい
かしかまし【囂し】〔形シク〕❶うるさい
かしこし【畏し・賢し】〔形ク〕❶恐れ多い ❷優れている
かしこまる【畏まる】〔四〕❶恐縮する ❷きちんと座る ❸わびる ❹礼を言う
かしづく【傅く】〔四〕❶大切に育てる ❷仕える
かずまふ【数まふ】〔下二〕❶一人前に扱う
かそけし【幽けし】〔形ク〕❶かすかだ
かたくななり【頑ななり】〔形動ナリ〕❶頑固だ ❷みっともない
かたし【難し】〔形ク〕❶難しい
かたじけなし【辱し・忝し】〔形ク〕❶恐れ多い
かたち【形・容・貌】〔名〕❶容貌
かたはなり【片端なり】〔形動ナリ〕❶見苦しい
かたはらいたし【傍ら痛し】〔形ク〕❶気の毒だ ❷きまりが悪い ❸いたたまれない
かたへ【片方】〔名〕❶片方 ❷半分 ❸側にいる人
かたほなり【片秀なり・偏なり】〔形動ナリ〕❶見苦しい
かたみ【形見】〔名〕❶思い出（の品）
かたみに【互に】〔副〕❶お互いに
かたらふ【語らふ】〔四〕❶契りを結ぶ ❷親しく交際する
かち【徒・徒歩】〔名〕❶徒歩
かつ【且つ】〔副〕❶一方では
かつがつ【且つ且つ】〔副〕❶何はともあれ ❷ひとまず
かづく【被く・潜く】〔四〕❶褒美をいただく ❷頭にかぶる ❸海にもぐる
かど【才】〔名〕❶才能
かどかどし【才才し】〔形シク〕❶才気がある
かなし【愛し】〔形シク〕❶かわいい
かなふ【叶ふ・適ふ】〔四〕❶望みが叶う ❷合致する ❸できる
かぬ〔下二〕❶…しかねる・…できない

かへし【返し】〔名〕❶返事 ❷返歌
かまふ【構ふ】〔下二〕❶組み立てて造る ❷準備する ❸計画する
（あひ）かまへて【構へて】〔副〕❶気をつけて《→命令》❷決して《→打消・禁止》
かよふ【通ふ】〔四〕❶行き来する ❷似ている
からし【辛し】〔形ク〕❶つらい ❷危うい
がり【許】〔接尾語〕❶～の所に
かりそめなり【仮初なり】〔形動ナリ〕❶一時的だ ❷いい加減だ
かる【離る】〔下二〕❶遠ざかる
かれがれなり【枯れ枯れ・離れ離れ】〔形動ナリ〕❶枯れそうだ ❷途絶えがちになる
かんだちめ【上達部】〔名〕❶三位以上の貴族

## き

きこえ【聞こえ】〔名〕❶評判
きは【際】〔名〕❶身分 ❷程度 ❸辺り ❹端
きみ【君】〔名〕❶主君 ❷天皇
きよげなり【清げなり】〔形動ナリ〕❶きよらかである
きよらなり【清らなり】〔形動ナリ〕❶上品で美しい
きんだち【公達・君達】〔名〕❶貴族の子息 ❷あなた様（二人称）

## く

ぐす【具す】〔サ変〕❶連れていく ❷備わる
くすし【奇し】〔形シク〕❶不思議だ ❷生まじめで親しみにくい
くすし【薬師】〔名〕❶医師
くちをし【口惜し】〔形シク〕❶残念だ
くどく【口説く】〔四〕❶くどくど言う
くま【隈】〔名〕❶曲がり角 ❷かげり ❸へんぴな所 ❹秘密
くまなし【隈無し】〔形ク〕❶かげりがない ❷行き届いている
くもがくれ【雲隠れ】〔名〕❶死ぬこと
くもゐ【雲居・雲井】〔名〕❶宮中
くるし【苦し】〔形シク〕❶差し障りがある ❷苦しい

**くんず**【屈ず】〔サ変〕❶気がめいる

# け

**け**【褻】〔名〕❶日常

**けうなり**【希有（稀有）なり】〔形動ナリ〕❶めったにない ❷意外だ

**けさう**【懸想】〔名〕❶恋すること

**けし**【怪し・異し】〔形シク〕❶変だ

**けしう(は)あらず**〔連〕❶悪くはない

**けしからず**〔連〕❶不都合だ

**けしき**【気色】〔名〕❶様子 ❷機嫌 ❸きざし

**けしきだつ**【気色だつ】〔四〕❶顔色に表れる ❷きざしが見える

**けしきばむ**【気色ばむ】〔四〕❶顔色に表れる ❷きざしが見える

**げす**【下種・下衆】〔名〕❶身分の低い者 ❷使用人

**けに**【異に】〔副〕❶特に

**げに**【実に】〔副〕❶なるほど ❷実際に

**けはひ**〔名〕❶様子 ❷態度

**けやけし**〔形ク〕❶異様である ❷きわだっている

**げらふ**【下﨟】〔名〕❶官位・身分の低い者 ❷下人

# こ

**こうず**【困ず】〔サ変〕❶疲れる ❷困る

**ごかう**【御幸】〔名〕❶元天皇・女院の外出

**ここち**【心地】〔名〕❶気持ち ❷感じ・様子

**ここら・ここだ**【幾許】〔副〕❶たくさん ❷ひどく

**こころあり**【心有り】〔ラ変〕❶情趣がある

**こころうし**【心憂し】〔形ク〕❶つらい ❷嫌だ

**こころおとり**【心劣り】〔名〕❶期待はずれ

**こころぐるし**【心苦し】〔形シク〕❶気の毒だ ❷つらい

**こころづきなし**【心付き無し】〔形ク〕❶気に食わない

**こころづくし**【心尽くし】〔名〕❶様々に気をもむこと

**こころなし**【心無し】〔形ク〕❶趣がない ❷思いやりがない

**こころにくし**【心憎し】〔形ク〕❶奥ゆかしい

**こころばせ**【心馳せ】〔名〕❶性格 ❷気配り

**こころばへ**【心ばへ】〔名〕❶性格 ❷気配り

**こころまさり**【心勝り】〔名〕❶期待以上に優れていること

**こころもとなし**【心許なし】〔形ク〕❶じれったい ❷気がかりだ

**こころやすし**【心安し】〔形ク〕❶安心だ ❷親しい

**こころやまし**【心疚し】〔形シク〕❶不愉快だ

**こころゆく**【心行く】〔四〕❶満足する

**ござんなれ**〔連〕❶…であるようだ

**こしかた**【来し方】〔連〕❶通り過ぎた場所 ❷過去 ＝きしかた

**こしらふ**【誘ふ】〔下二〕❶機嫌をとる

**こちたし**【言痛し・事痛し】〔形ク〕❶うるさい ❷わずらわしい

**こちなし**【骨なし】〔形ク〕❶作法がなっていない

**ことごとし**【事事し】〔形シク〕❶おおげさだ

**こととふ**【言問ふ】〔四〕❶聞く（質問する） ❷訪問する

**ことなり**【異なり】〔形動ナリ〕❶格別だ ❷異なっている

**ことのは**【言の葉】〔名〕❶言葉 ❷和歌

**ことわり**【理】〔名〕❶道理 ❷理由

**ことわりなり**【理なり】〔形動ナリ〕❶当然だ

**ことわる**【理る・断る】〔四〕❶筋道を立てて説明する ❷判断する

**このかみ**【兄】〔名〕❶長男 ❷年長

**こほつ**【毀つ】〔四〕❶壊す

**こまやかなり**【細やかなり・濃やかなり】〔形動ナリ〕❶心がこもっている ❷色が濃い

**こよなし**〔形ク〕❶非常に…だ ❷この上ない

# さ

**さ**【然】〔副〕❶そう ❷そのように

**さいつころ**【先つ頃】〔名〕❶先日

**さうざうし**〔形シク〕❶さびしい

**さうなし**【左右無し】〔形ク〕❶ためらわない

**さうなし**【双無し】〔形ク〕❶並ぶものがいない

**ざえ**【才】〔名〕❶学問（の才能）❷漢文（の才能）

**さかし**【賢し】〔形シク〕❶利口ぶっている ❷賢い ※「さかしら〔名〕」→おせっかい

**さがなし**【性なし】〔形ク〕❶意地が悪い ❷やんちゃだ

**さくもん**【作文】〔名〕❶漢詩（を作ること）

**さすがなり**〔形動ナリ〕❶そうもいかない

**さすがに**〔副〕❶そうとはいってもやはり

**させる**〔体〕❶たいした

**さた**【沙汰】〔名〕❶処置 ❷命令

**さだめて**【定めて】〔副〕❶きっと《→推量》

**さて**〔副〕❶そのまま 〔接〕❷そこで 〔感〕❸なんとまあ

**さながら**〔副〕❶そのまま ❷まるで《→ごとし》❸全部 ❹全く《→打消》

**さはる**【障る】〔四〕❶じゃまになる

**さはれ**〔感〕❶ええい、どうにでもなれ

**さらなり**【更なり】〔形動ナリ〕❶言うまでもない

**さらに**【更に】〔副〕❶全く《→打消》

**さらぬ**【然らぬ】〔連〕❶そうでない ❷たいしたことない

**さらぬわかれ**【避らぬ別れ】〔連〕❶死別

**さらば**【然らば】〔接〕❶それならば

**さりとて**【然りとて】〔接〕❶だからといって

**さりとも**【然りとも】〔接〕❶それにしても

**さりぬべし**【然りぬべし】〔連〕❶そうするのがよい

**さる**【去る】〔四〕❶（季節・時刻が）来る ❷離れる

**さる**【然る】〔体〕❶そういう ❷しかるべき

**さるは**【然るは】〔接〕❶そうであるのは ❷そうなのに

**さるべき**【然るべき】〔連〕❶そうなるはずの ❷ふさわしい

**さるものにて**【然るものにて】〔連〕❶それはそれとして ❷それはもちろんのこととして

**されど**【然れど】〔接〕❶そうではあるが

**されば**【然れば】〔接〕❶だから

## し

**しか**【然】〔副〕❶そのように

**しかり**【然り】〔ラ変〕❶その通り

**した**【下】〔名〕❶内心 ❷身分の低いこと

**したたむ**【認む】〔下二〕❶きちんと…する ❷用意する

**しどけなし**〔形ク〕❶だらしがない ❷くつろいでいる

**しな**【品・級・科】〔名〕❶身分

**しのぶ**【偲ぶ】〔上二・四〕❶恋いしたう ❷賞美する

**しのぶ**【忍ぶ】〔上二・四〕❶我慢する ❷隠す ❸目立たない格好をする

**しも**【下】〔名〕❶和歌の下の句 ❷身分の低い者

**じゃうず**【上衆・上手】〔名〕❶高貴な人 ❷名人

**じゅつなし**【術無し】〔形ク〕❶方法がない

**…しろふ・…しらふ**〔接尾〕❶お互いに…する

**しる**【領る・知る】〔四〕❶治める ❷交際する

**しるし**【著し】〔形ク〕❶はっきりしている ❷予想どおりだ

**しるし**【徴・験】〔名〕❶きざし ❷霊験 ❸効果

**しれもの**【痴れ者】〔名〕❶愚か者 ❷くせ者

## す

**ずいじん**【随身】〔名〕❶警護の人 ❷従者

**すき**【好き・数寄】〔名〕❶風流 ❷好色

**すきずきし**【好き好きし】〔形シク〕❶好色めいている ❷風流である

**すくせ**【宿世】〔名〕❶前世（からの因縁）

**すくよかなり**【健よかなり】〔形動ナリ〕❶しっかりしている ❷そっけない

**すごし**【凄し】〔形ク〕❶寒々としている ❷ぞっとする程すばらしい

**すさぶ・すさむ**〔四〕❶気の向くままに…する ❷…する勢いがおとろえる

**すさまじ**【凄じ】〔形シク〕❶興ざめだ ❷寒々としている ❸薄情だ

**すずろなり**【漫ろなり】〔形動ナリ〕❶むしょうに ❷あてがない ❸思いがけない
**ずちなし**【術無し】〔形ク〕❶どうしようもない
**すなはち**【即ち・乃ち・則ち】〔副〕❶すぐに 〔接〕❷つまり ❸そこで
**すべなし**【術無し】〔形ク〕❶どうしようもない
**すまふ**【争ふ・辞ふ】〔四〕❶抵抗する ❷辞退する

## せ

**せうそこ**【消息】〔名〕❶手紙 ❷訪問
**せうと**【兄人】〔名〕❶（女性から見た）男性の兄弟
**せちなり**【切なり】〔形動ナリ〕❶はなはだしい ❷すばらしい ❸大切だ
**せむかたなし**【為む方無し】〔形ク〕❶どうしようもない ※「…かたなし」は一応「…しようもない」と訳す
**せめて**〔副〕❶強いて ❷ひどく ❸何とかして《→意志・願望・命令》
**せんざい**【前栽】〔名〕❶庭の植え込み
**せんじ**【宣旨】〔名〕❶天皇の命令（勅旨）
**ぜんちしき**【善知識】〔名〕❶仏道に入る良い縁（を結ぶ人）
**せんなし**【詮無し】〔形ク〕❶つまらない

## そ

**そこはかとなし**〔連〕❶とりとめもない ❷場所がはっきりしない
**そこばく**【許多・若干】〔副〕❶たくさん
**そこら**〔副〕❶たくさん ❷たいそう
**そぞろなり**【漫ろなり】〔形動ナリ〕❶何のゆかりもない ❷思いがけない ❸むやみだ
**そち・そつ**【帥】〔名〕❶大宰府の長官
**そのかみ**【其の上】〔名〕❶その昔
**そばめ**【側目】〔名〕❶横顔 ❷横目
**そよめく**〔四〕❶衣のすれる音がする



**そらごと**【空言・虚言】〔名〕❶うそ
**そらなり**【空なり】〔形動ナリ〕❶うつろだ ❷いい加減だ
**それがし**【某】〔名〕❶私 ❷だれそれ

## た

**たいだいし**【怠怠し】〔形シク〕❶けしからん ❷不都合だ
**たえて**【絶えて】〔副〕❶全く《→打消》
**たがふ**【違ふ】〔四〕❶間違う 〔下二〕❷気持ちに添わない
**たく**【長く・闌く】〔下二〕❶年をとる ❷高く昇る
**たぐふ**【比ふ・類ふ】〔下二〕❶連れ添わせる 〔四〕❷似合う
**ただ**【直・唯・只】〔副〕❶まるで《→ごとし》❷ひたすら
**ただなり**【徒なり】〔形動ナリ〕❶空しい ❷なんでもない
**ただびと**【直人・徒人】〔名〕❶臣下 ❷一般の貴族 ❸普通の人間
**たづき**【方便】〔名〕❶手段 ❷手がかり
**たのむ**【頼む】〔四〕❶頼みにする 〔下二〕❷頼みに思わせる
**たばかる**【謀る】〔四〕❶計画を立てる
**たふ**【堪ふ・耐ふ】〔下二〕❶我慢する
**たまのを**【玉の緒】〔名〕❶命
**ためし**【例し】〔名〕❶例
**たゆむ**【弛む】〔四〕❶勢いがなくなる 〔下二〕❷油断させる
**たより**【便り・頼り】〔名〕❶縁故 ❷機会 ❸手紙 ❹手段 ❺配置

## ち

**ちいん**【知音】〔名〕❶無二の親友 ❷知り合い
**ちぎり**【契り】〔名〕❶前世からの因縁 ❷夫婦の関係 ❸約束
**ちぎる**【契る】〔四〕❶約束する ❷夫婦の縁を結ぶ
**ぢげ**【地下】〔名〕❶殿上の間への昇殿が許されない人
**ぢもく**【除目】〔名〕❶（大臣以外の）官位任命式

## つ

**ついたち**【朔日】〔名〕❶月の初め
**ついで**【序】〔名〕❶順序 ❷機会
**ついゐる**【突い居る】〔上一〕❶膝をついて座る

つかさめし【司召し】〔名〕❶京都の役人（中央官）の任命式

つきごろ【月頃】〔名〕❶ここ何ヶ月の間

つきづきし【付き付きし】〔形シク〕❶似つかわしい

つきなし【付き無し】〔形ク〕❶ふさわしくない

つごもり【晦日】〔名〕❶月の終わり

つたなし【拙し】〔形ク〕❶運が悪い❷未熟だ

つつまし【慎まし】〔形シク〕❶遠慮される

つとめて〔名〕❶早朝❷翌朝

つぼね【局】〔名〕❶部屋❷女房

つま【端】〔名〕❶端❷きっかけ

つま【夫・妻】〔名〕❶妻が夫を呼ぶ言葉❷夫が妻を呼ぶ言葉

つまど【妻戸】〔名〕❶出入り口の両開きの戸

つゆ【露】〔名〕❶（露のような）はかない命❷涙

つゆ〔副〕❶全く《↓打消》＝つやつや

つらし【辛し】〔形ク〕❶薄情だ❷堪え難い

つれづれなり【徒然なり】〔形動ナリ〕❶退屈だ❷寂しい

つれなし〔形ク〕❶平気な様子だ❷薄情だ

## て

て【手】〔名〕❶筆跡❷手段❸腕前

てうず【調ず】〔サ変〕❶調達する❷調理する❸調伏する

てづつなり【手づつなり】〔形動ナリ〕❶下手だ❷不器用だ

てんじゃうびと【殿上人】〔名〕❶宮中（清涼殿）の殿上の間への昇殿が許された人

## と

と〔副〕❶あのように

とが【咎・科】〔名〕❶罪❷責任

とかく〔副〕❶あれやこれや❷全く《↓打消》

ときめく【時めく】〔四〕❶寵愛を受ける❷時流にのって栄える

とく【解く】〔四・下二〕❶打ち解ける❷ほどく

ところせし【所狭し】〔形ク〕❶窮屈だ❷堂々としている

とし【疾し】〔形ク〕❶早い

としごろ【年頃】〔名〕❶長年❷ここ数年の間

どち〔接尾語〕❶～同士〔名〕❷仲間

とのゐ【宿直】〔名〕❶夜勤❷夜間、天皇などの貴人に仕えて相手をすること

とふ【問ふ・訪ふ】〔四〕❶安否を尋ねる❷訪問する

とぶらふ【訪ふ】〔四〕❶見舞う❷訪問する

とまれ・とまれかくまれ〔副〕❶何はともあれ

とみなり【頓なり】〔形動ナリ〕❶急だ

## な

な（…そ）〔副〕❶…してくれるな

なかなか〔副〕❶かえって❷なまじっか

ながむ【眺む・詠む】〔下二〕❶物思いにふける❷（和歌や漢詩を）口ずさむ

なぐさむ【慰む】〔四〕❶心が晴れる

なさけ【情け】〔名〕❶風流心❷男女の情愛

なす【為す】〔四〕❶わざと…する❷する

なつかし【懐かし】〔形シク〕❶親しみやすい

なづむ【泥む】〔四〕❶行きなやむ❷思い焦がれる

なでふ〔体〕❶なんという　※「なんでふ」も同じ

など〔副〕❶どうして

なのめならず【斜めならず】〔連〕❶いいかげんではない❷格別である

なのめなり【斜めなり】〔形動ナリ〕❶いい加減だ

なべて【並べて】〔副〕❶一面に❷すべて❸並みの

なべてならず【並べてならず】〔連〕❶並一通りではない

なほ【猶・尚】〔副〕❶やはり❷もっと❸まるで《↓ごとし》

なほざりなり【等閑なり】〔形動ナリ〕❶いい加減だ

なまじひなり【生強ひなり】〔形動ナリ〕❶しぶしぶ❷無理に

なまめかし【艶かし】〔形シク〕❶優美だ❷みずみずしく美しい

**なまめく**【艶く】〔四〕❶若々しい ❷優美だ ❸物静かだ

**なめげなり**〔形動ナリ〕❶無礼だ

**なめし**〔形ク〕❶無礼だ

**なやまし**【悩まし】〔形シク〕❶病気である

**なやむ**【悩む】〔四〕❶病気になる

**ならふ**【慣らふ・習ふ】〔四〕❶慣れる ❷なじむ ❸学ぶ

## に

**にくし**【憎し】〔形ク〕❶嫌だ ❷無愛想だ

**にげなし**【似げ無し】〔形ク〕❶ふさわしくない

**になし**【二無し】〔形ク〕❶この上もない

**にほひ**【匂ひ】〔名〕❶美しい色 ❷良い香

**にょうばう**【女房】〔名〕❶宮中（貴人の邸宅）に仕える女性

## ぬ

**ぬ**【寝】〔下二〕❶寝る

**ぬかづく**【額突く】〔四〕❶額を地面につけて拝む

**ぬりごめ**【塗籠】〔名〕❶寝殿造において、周囲を壁で仕切った寝室・納戸

## ね

**ねたし**【妬し】〔形ク〕❶腹立たしい ❷ねたましい程すばらしい

**ねぶ**〔上二〕❶大人っぽくなる

**ねんごろなり**【懇ろなり】〔形動ナリ〕❶心がこもっている

**ねんず**【念ず】〔サ変〕❶我慢する ❷祈る

## の

**ののしる**【罵る】〔四〕❶大声で騒ぐ ❷評判になる

## は

**ばう**【坊】〔名〕❶東宮（の住む所）❷僧（の住む所）

**はかなくなる**【果無くなる】〔連〕❶死ぬ

**はかなし**【果無し】〔形ク〕❶頼りにならない ❷とるにたりない ❸つまらない

**はかばかし**【果果し】〔形シク〕❶思い通りだ ❷きわだっている ❸はっきりしている

**はしたなし**【端なし】〔形ク〕❶中途半端だ ❷決まりが悪い

**はた**【将】〔副〕❶これもまた ❷そうとはいうものの ❸あるいは

**はつ**【果つ】〔下二〕❶…し終える ❷終わる ❸死ぬ

**はづかし**【恥づかし】〔形シク〕❶（こちらが恥ずかしくなる程相手が）立派だ

**はつかなり**【僅かなり】〔形動ナリ〕❶ほのかだ

**…ばら**【輩】〔接尾〕❶～たち

**はらあし**【腹悪し】〔形シク〕❶腹黒い

**はらから**【同胞】〔名〕❶（母親が同じ）兄弟姉妹

## ひ

**ひがこと**【僻事】〔名〕❶間違い

**ひがひがし**【僻僻し】〔形シク〕❶ひねくれている

**ひがめ**【僻目】〔名〕❶わき見 ❷見間違い

**ひぐらし**【日暮らし】〔名・副〕❶一日中

**ひごろ**【日頃】〔名・副〕❶数日の間

**ひたぶるなり**【頓なり・一向なり】〔形動ナリ〕❶一途だ ❷強引だ ❸すっかり

**ひつ・ひづ**【漬つ】〔四・上二〕❶ぬれる

**ひとやりならず**【人遣りならず】〔連〕❶自分の意志で（したことだ）

**ひとわろし**【人悪し】〔形ク〕❶みっともない

**ひなぶ**【鄙ぶ】〔上二〕❶田舎めいている

**ひねもす**【終日】〔副〕❶一日中

**ひま**【隙・暇】〔名〕❶隙間 ❷絶え間

**びんなし**【便無し】〔形ク〕❶都合が悪い ❷気の毒だ ❸けしからん

## ふ

**ふつつかなり**【不束なり】〔形動ナリ〕❶どっしりしている ❷ぶかっこうである

**ふびんなり**【不便なり・不憫なり】〔形動ナリ〕❶不都合だ ❷気の毒だ

ふみ【文】〔名〕❶文字❷手紙❸漢詩・漢文❹書物

ふる【旧る・古る】〔上二〕❶はやらなくなる❷年をとる

ふるさと【古里・故郷】〔名〕❶旧都❷なじみの土地

## へ

べちなり【別なり】〔形動ナリ〕❶同じではない❷格別である

## ほ



ほい【本意】〔名〕❶もともとからの（出家の）意志

ほいなし【本意無し】〔形ク〕❶残念だ

ほだし【絆】〔名〕❶出家の妨げになる妻子❷心を引き止めるもの

ほど【程】〔名〕❶時間❷辺り❸身分❹年齢❺様子

ほどほど【程程】〔名〕❶それぞれの身分

## ま



まうく【設く・儲く】〔下二〕❶準備をする❷得る❸作り構える

まうけ【設け・儲け】〔名〕❶準備❷ごちそう

まがふ【紛ふ】〔四〕❶似ている❷入り乱れる

まがまがし【禍禍し】〔形シク〕❶不吉だ

まさし【正し】〔形シク〕❶正しい

まさなし【正無し】〔形ク〕❶不都合だ❷意外だ

まだき【夙】〔副〕❶早くも

またし【全し】〔形ク〕❶完全だ

まだし【未だし】〔形シク〕❶まだ早い

まどふ【惑ふ・迷ふ】〔四〕❶迷う❷心が乱れる❸ひどく…する

まな【真名・真字】〔名〕❶漢字

まねぶ【学ぶ】〔四〕❶真似をする❷学ぶ

まばゆし【目映し・眩し】〔形ク〕❶恥ずかしい❷まぶしい

まほなり【真秀なり・真面なり】〔形動ナリ〕❶完全である❷よく整っている

まめまめし【忠実忠実し】〔形シク〕❶真面目だ❷実用的だ

まめやかなり【忠実やかなり】〔形動ナリ〕❶誠実だ❷実用的だ❸本格的だ



まもる【守る】〔四〕❶じっと見つめる❷大切に世話をする

まらうと【客人】〔名〕❶客人

## み



～(を)…み〔接尾〕❶～が…ので

…み…み〔接尾〕❶…たり…たり

みいだす【見出だす】〔四〕❶内から外を見る❷見つける

みいる【見入る】〔下二〕❶外から中を見る

みおこす【見遣す】〔下二〕❶（離れた所から）こちらを見る

みかど【御門】〔名〕❶天皇❷皇居

みそか【密か】〔形動ナリ〕❶こっそり

みち【道・路】〔名〕❶仏道❷道理❸芸道

みまかる【身罷る】〔四〕❶亡くなる

みやぶ【雅ぶ】〔上二〕❶上品で優美である

みゆ【見ゆ】〔下二〕❶（女性が）結婚する❷会う❸見える

みる【見る】〔上一〕❶結婚する❷会う❸思う❹見る

## む



むくつけし〔形ク〕❶不気味である❷風流心が無い

むげに【無下に】〔副〕❶むやみに❷全く《↓打消》❸ひどく

むすぶ【結ぶ】〔四〕❶（氷や露が）生じる❷約束する

むつかし【難し】〔形シク〕❶不快だ❷気味が悪い

むつぶ【睦ぶ】〔上二〕❶親しくする

むつまし・むつまじ【睦まし(じ)】〔形シク〕❶親しい

## め



めざまし【目覚まし】〔形シク〕❶興ざめだ❷思いのほか立派だ

めづ【愛づ】〔下二〕❶褒める❷かわいがる

めづらし【珍し】〔形シク〕❶すばらしい❷めったにない

めでたし〔形ク〕❶すばらしい

めやすし【目安し・目易し】〔形ク〕❶見苦しくない

## も

もていく【持て行く】〔四〕❶だんだんと…する

もてなす【もて成す】〔四〕❶扱う❷ふるまう

ものぐるほし【物狂ほし】〔形シク〕❶気がおかしくなってくる

ものす【物す】〔サ変〕❶（文脈）…する❷（文脈）…である

もののけ【物の怪】〔名〕❶人間にとりついて病気や不幸の原因になる生霊や死霊

## や

やうやう・やうやく【漸う・漸く】〔副〕❶だんだん❷やっと

やがて【軈て】〔副〕❶すぐに❷そのまま

やさし【羞し・優し】〔形シク〕❶身がやせ細るようだ❷恥ずかしい❸優美だ❹感心だ

やすし【安し・易し】〔形ク〕❶心穏やかである❷簡単である

やすらふ【休らふ】〔四〕❶たたずむ❷ためらう

やつす・やつる〔四〕❶わざと目立たぬ格好をする❷出家する

やむごとなし〔形ク〕❶高貴である❷捨ててはおけない

やや【稍・漸】〔副〕❶だんだん

やる【遣る】〔四〕❶（人や物を）送る❷はるかに…する　※❷は補助動詞の意味

やる【破る】〔四〕❶破る

やをら〔副〕❶そっと

## ゆ

ゆかし【床し】〔形シク〕❶（見・聞き・知り）たい❷心がひかれる

ゆかり【縁】〔名〕❶縁故

ゆくりなし〔形ク〕❶思いがけない

ゆふさる【夕さる】〔四〕❶夕方になる

ゆめ・ゆめゆめ【努・努努】〔副〕❶決して《↓打消・禁止》

ゆゆし【由由し】〔形シク〕❶不吉だ❷恐ろしい

ゆゑゆゑし【故故し】〔形シク〕❶由緒がありそうだ

## よ

よ【世・代】〔名〕❶男女の仲❷世間❸治世

よし【由】〔名〕❶理由❷由緒❸教養❹手段❺～こと❻縁



よし【良し】〔形ク〕❶とても良い❷身分が高い❸美しい

よしなし【由無し】〔形ク〕❶つまらない❷手段がない❸風情がない

よすが【縁】〔名〕❶縁故❷頼り❸手段

よそふ【比ふ】〔下二〕❶例える❷比較する

よに【世に】〔副〕❶たいへん❷決して《↓打消》

よのなか【世の中】〔名〕❶男女の仲❷世間

よばふ【呼ばふ】〔四〕❶求婚する

よも〔副〕❶まさか《↓打消推量の助動詞「じ」》

よも【四方】〔名〕❶四方

よろこび【喜び】〔名〕❶お礼❷昇進❸祝い事

よろし【宜し】〔形シク〕❶まずまずだ

## ら

らうがはし【乱がはし】〔形シク〕❶やかましい❷不快だ

らうたし【労たし】〔形ク〕❶かわいい

らうらうじ【労労じ】〔形シク〕❶もの慣れている

## れ

れいの【例の】〔連〕❶いつもの

れんりのえだ【連理の枝】〔名〕❶男女の関係が深く結びついていること

## ろ

ろんなし【論無し】〔形ク〕❶言うまでもない

## わ

わきまふ【弁ふ】〔下二〕❶道理などを理解する❷心得る

わく【別く・分く】〔四・下二〕❶区別する❷理解する

わざ【業】〔名〕❶法要❷加持祈祷❸～こと

わざと【態と】〔副〕❶わざわざ

わざとならず【態とならず】〔連〕❶さりげない

わたる【渡る】〔四〕❶（女性のもとに）通う❷ずっと…する❸一面に…である❹過ごす

**わづらふ**【煩ふ】〔四〕❶病気になる
**わびし**【侘びし】〔形シク〕❶つらい ❷寂しい
**わぶ**【侘ぶ】〔上二〕❶思いなやむ ❷落ちぶれる ❸…しかねる
**わりなし**〔形ク〕❶道理に合わない ❷情けない
**わろし**【悪し】〔形ク〕❶よくない ❷美しくない ❸下手だ

**ゐる**【居る】〔上一〕❶座る ❷とどまる
**ゐる**【率る】〔上一〕❶引き連れる ❷身につけて持つ

**ゑんず**【怨ず】〔サ変〕❶恨みごとを言う

**をかし**〔形シク〕❶趣がある ❷かわいい ❸滑稽だ
**をこなり**【痴なり】〔形動ナリ〕❶ばかげている
**をさをさ**〔副〕❶ほとんど《→打消》
**をさをさし**【長長し】〔形シク〕❶もの慣れている
**をとこで**【男手】〔名〕❶漢字
**をりふし**【折節】〔副〕❶ちょうどそのとき 〔名〕❷時節
**をんなで**【女手】〔名〕❶平仮名

**音声再生**

**★古文の「朗読音声」で本書の復習＆読解力アップ！**

◀この二次元コードを読み取ると、本書の例文や問題文に出てきた古文の朗読音声が再生されます。**本書の復習**になるだけでなく、一流ナレーターによる「本物」の古文の読み方（＝**「音読」の仕方**）がわかることで、（英語と同様に）**古文読解の速度も向上する**ことでしょう。古文は日本語。聞けばなんとなくわかるものです。その効果をぜひ体感してほしいと思います。

# 敬語早見表

| 五十音 | 敬語 | 種類 | 訳し方（本動詞の場合） | 通常語 | 補助動詞 | 備考 |
|---|---|---|---|---|---|---|
| あ | あそばす | 尊尊 | なさる | す | ー | |
| い | います | 尊 | いらっしゃる | あり・をり | 尊補 | 「います」には「行く・来」の尊敬語の意味もあり、「おでかけになる・おいでになる」などと訳す。 |
| | いまそがり | 尊 | | | | |
| う | 承る | 謙 | うかがう | 聞く・受く | ー | |
| お | おはす | 尊 | いらっしゃる | あり・をり・行く・来 | 尊補 | |
| | おはします | 尊尊 | | | | |
| | 仰す | 尊 | おっしゃる | 言ふ | ー | |
| | 思す | 尊 | お思いになる | 思ふ | 尊補 | 動詞の上に付いて「お～になる」のように訳す場合がある（例：おぼしなげく（お悲しみになる））。 |
| | 思ほす | 尊 | | | | |
| | 思しめす | 尊尊 | | | | |
| | 大殿ごもる | 尊尊 | おやすみになる | 寝・寝ぬ | ー | |
| き | 聞こす | 尊 | お聞きになる | 聞く | ー | 「聞こしめす」には「食ふ・飲む・治む」の尊敬語の意味もあり、「召し上がる・お治めになる」などと訳す。 |
| | 聞こしめす | 尊尊 | | | | |
| | 聞こゆ | 謙 | 申し上げる | 言ふ | 謙補 | 「啓す」は（元）中宮（皇太子）に向かって申し上げるという絶対敬語。「聞こえさす」はそれに準ずる謙譲語。 |
| | 聞こえさす | 謙謙 | | | | |
| け | 啓す | 謙謙 | | | ー | |
| こ | 御覧ず | 尊尊 | ご覧になる | 見る | ー | もともと「御覧ず」は天皇の動作によく使用された敬語。 |
| さ | 候ふ | 丁 | あります・おります | あり・をり | 丁補 | |
| | | 謙 | お仕え申し上げる | 仕ふ | 謙補 | |
| し | しろしめす | 尊尊 | お治めになる | 治む | ー | |

尊→尊敬語（尊尊→二重尊敬（最高敬語））
謙→謙譲語（謙謙→（準）絶対敬語）
丁→丁寧語

尊補→尊敬の補助動詞（お～になる・～なさる）
謙補→謙譲の補助動詞（～申し上げる・～させていただく）
丁補→丁寧の補助動詞（～です・～ます）
ー→補助動詞の用法は無し